Cent ans de socialisme en gironde

Alain Anziani

cent ans de socialisme en gironde

Éditions du Populaire girondin

REMERCIEMENTS

Un hommage particulier doit être rendu à **André Treuillé** qui a consacré sa vie au socialisme, d'abord comme militant, ensuite en collectant les informations sur le Conseil général. **André Grêze**, permanent de la Fédération, collecta, parfois avec émotion, nombre d'informations. **Bruno Sibé** procéda à des vérifications toujours justes et apporta son propre fonds documentaire. Au nom de la commission du « Droit des femmes », **Brigitte Nabet, Andrée Arquey, Béatrice Desaigues** réunirent des éléments permettant que le texte ne soit pas trop exclusivement masculin. Un grand merci aussi à **Jocelyne Landais** et à **Chantal Rouquié** qui procédèrent à une relecture du texte, éclairée par l'expérience acquise auprès des différents premiers secrétaires de la Fédération, et à **Didier Periz** pour l'attention patiente portée à l'impression.

Remerciements également à ceux ayant accepté de nous remettre leurs archives : **Michel Sainte-Marie** et la section de Mérignac, **Pierre Garmendia** et la section de Floirac, **Alain David** et la section de Cenon, **Philippe Madrelle** et son équipe du Conseil général, et plus généralement à tous ceux qui, à titre individuel, nous apportèrent des photographies, des journaux, des livres et des tracts.

Remerciements enfin aux **Archives départementales**, toujours disponibles, à **l'Office universitaire de recherche socialiste (O.U.R.S.)** qui collabora avec efficacité, aux **universitaires** cités dans la bibliographie, notamment **l'U.F.R. de Bordeaux III** qui, de thèses en mémoires, autour de **Bernard Lachaise** et de **Sylvie Guillaume**, reconstitue le passé de la Gironde. Un salut particulier à **Francis Heinrich** dont les travaux sur les socialistes sont incontournables.

Enfin, je n'oublierai pas d'associer **Annick Aguirre, Patrice Verdon, Christian Panonacle** sans lequel l'exposition sur le centenaire n'aurait pu se tenir.

SOMMAIRE

AVANT-PROPOS

J'ai écrit ces quelques pages en pensant à celles et à ceux qui depuis plus d'un siècle militent pour que l'Histoire soit moins une fatalité qu'une invention. La vie politique est passée de mode. Pire, les hommes politiques sont aujourd'hui perçus comme une espèce trouble, inutile et même dangereuse, œuvrant d'abord pour sa reproduction plutôt que pour le bien commun. Il est vrai que la réussite politique demande sans doute autant de défauts que de qualités. Il est tout aussi exact que la politique est comme l'air que l'on respire. L'une est indispensable à la vie organique, l'autre est indissociable de la vie sociale. Sans la première, le corps étouffe et meurt, sans la seconde, la liberté qu'elle suppose et produit, l'esprit s'asphyxie. Formons donc le vœu d'une activité politique qui se poursuive longtemps encore. Désespérons aussi moins que Faust pour qui la politique n'était qu'un « brouillamini d'erreurs et de violences ».

Cent ans de socialisme en Gironde illustre une vie politique qui nous agace autant qu'elle nous fascine. L'histoire des socialistes girondins s'intègre dans la vaste trajectoire nationale dont, en vérité, elle ne se sépare que rarement. Les parcours locaux décrivent plus des ambitions individuelles, avec leur heureux cortège d'initiatives municipales et de constructions territoriales qu'une épopée idéologique intemporelle. Il n'y a pas de socialisme girondin, il y a le socialisme qui, en Gironde, s'incarne dans des femmes et des hommes aux tempéraments particuliers. Personne n'était sans doute plus à gauche et plus collectiviste que le premier député socialiste de Gironde, **Antoine Jourde**, lorsqu'il menait campagne pour Blanqui, mais personne ne fut plus opportuniste et plus individualiste que lui au moment de la vague boulangiste qui porta son élection. Toujours au début du siècle, **Calixte Camelle** s'impose comme un « socialiste bourgeois » incontournable et d'abord pour les électeurs qui en feront leur élu socialiste favori. Son successeur, le secrétaire fédéral **Adrien Marquet**, fut longtemps un socialiste irréprochable jusqu'au jour où, maire de Bordeaux, il considéra que le socialisme comme tout mouvement social devait s'incarner dans un chef et qu'il était naturellement ce chef-là, incompris de Blum, mieux apprécié de Laval. En contrepoint, **Gaston Cabannes** apprend à rester fidèle à soi-même même lorsqu'une majorité de socialistes se laissent entraîner vers le néo-socialisme. **André Meunier**, dit **Mureine** représente d'autres valeurs : la vie n'est rien si elle n'est pas d'abord la défense de l'homme, la revendication des droits sociaux en période de paix, la résistance à l'oppression en période de guerre. Il en a perdu la vie et nous avons failli perdre jusqu'à sa mémoire. **Fernand Audeguil** apporte enfin une autre sensibilité : la politique bien sûr compte pour cet autre grand résistant, maire de Bordeaux et président du Conseil général à la Libération, mais, dans sa personnalité profonde, la politique importe sans doute moins que la musique.

Reconstituer une histoire n'est pas un exercice facile. Du passé, rien d'autre n'existe que des traces. En Gironde, elles sont faibles, les archives ayant été détruites le 7 septembre 1978 lors de l'incendie des locaux du parti situés cours Georges-Clemenceau. À l'occasion de ce centenaire, nous avons essayé de les reconstituer. Le résultat demeure incertain, y compris parfois pour la période récente. Malgré la faiblesse des références écrites sur la Fédération, je n'ai pourtant pas voulu m'en remettre, du moins pour l'essentiel, aux témoignages. La mémoire, déjà fragile, constitue un enjeu politique et personnel. Chacun exprime un point de vue aussi variable que l'estime portée à soi-même ou portée aux autres. Notre passé se reflète enfin, bien entendu, dans la presse, mais alors le miroir est également déformé par ces jeux d'images propres à toute vie publique.

En me chargeant de cette rédaction, j'étais conscient qu'en quelques mois, nul ne peut s'improviser historien, je n'ignorais pas non plus que ma qualité de pre-

mier secrétaire fédéral pendant les années 1993-2000 ne prédispose pas nécessairement à devenir l'auteur de sa propre histoire.

LES ORIGINES : DE LA DIVISION À L'UNION

un événement fondateur : l'affaire Dreyfus

En 1899, un événement bouleverse les esprits. Le 7 août, la justice militaire déclare le capitaine **Dreyfus** coupable de haute trahison. La Cour de cassation avait pourtant effacé la condamnation de 1894 fondée sur un document falsifié. L'Europe entière crie au scandale, Émile Zola lance un nouvel appel dans le journal *L'Aurore*, Jean Jaurès multiplie ses interventions. Rien n'y fait. Dans un procès truqué par l'état-major, la France préfère bafouer l'innocence d'un juif plutôt que de remettre en cause sa hiérarchie militaire et en vérité le fonctionnement de ses institutions. Dans le journal *La Feuille d'annonces de l'arrondissement de Libourne*, J. Cazautet 'S, rédacteur en chef, et G. Lussac, conseiller municipal de Lagorce s'adressent à **Ludovic Trarieux**, sénateur républicain de la Gironde, ancien garde des sceaux, futur fondateur de la Ligue des droits de l'homme :

> « Français, vous êtes enfin en train de trahir votre pays en vous associant à ses pires ennemis : les Prussiens et les Anarchistes. Et cela pourquoi ? Pour essayer de réhabiliter un traître avéré mais juif et riche[1]. »

Les socialistes eux-mêmes d'ailleurs sont divisés. Pour les uns, il ne s'agit là que d'une « querelle de bourgeois » à laquelle la classe ouvrière n'a rien à gagner. Jules Guesde lui-même déclare en juillet 1898 : « Nous ne pouvons reconnaître à la bourgeoisie lorsqu'une injustice frappe l'un des siens le droit de s'adresser au prolétariat ». D'autres comprennent que leur combat ne s'arrête ni à la défense de la République ni même à celle du prolétariat, que leur lutte concerne tous les hommes sans distinction de race, d'origine ou de sexe. Un jeune homme du nom de Léon Blum en fait partie. Lui, le dilettante littéraire, décide de s'engager en politique. En 1899, confronté au drame d'un non-socialiste, le socialisme français trouve son identité.

[1] *La feuille d'annonces de l'arrondissement de Libourne*, 10 au 15 novembre 1898, AD 3 m 297.

La même année, quelques militants, aux patronymes aujourd'hui oubliés, se réunissent à Bordeaux. L'un est patron ébéniste, l'autre négociant, le troisième cafetier. Après beaucoup de discussions, après des mots qui frisent l'injure, dans un bruit incessant de portes qui s'ouvrent et se ferment, ils décident de fonder un « Comité d'entente et d'union socialiste pour le département de la Gironde ». Ils veulent en finir avec un monde d'injustice et de pauvreté. Lors des premières grèves girondines, ils ont réclamé des augmentations de salaires permettant aux ouvriers de vivre. La journée de onze heures de travail est rémunérée 3,48 F pour un homme, de 1 à 2 F pour une femme, de 0,50 à 1,50 F pour un enfant alors que la livre de pain coûte 50 centimes. Les familles ouvrières ne sont jamais loin de la misère et s'y enfoncent dès qu'un des leurs se blesse ou disparaît. Avec, peut-être, quelque esprit de provocation, ces militants laïcs choisissent de faire naître leur mouvement le jour de Noël. En juin de l'année suivante, le comité prendra le nom définitif de « **Fédération socialiste de la Gironde** ». Il s'établira 23, de la rue Dauphine, devenue aujourd'hui la rue Nancel-Pénard. Quelques mois plus tard, lorsque la loi de 1901 reconnaît enfin la liberté d'association, ces mêmes hommes sont les premiers à déclarer leur groupement à la préfecture. Les 1 785 adhérents de la Fédération s'inspirent de principes énoncés avec vigueur :

> *« défendre par tous les moyens les institutions républicaines et unir toutes les forces socialistes révolutionnaires contre la bourgeoisie capitaliste et contre toutes les réactions telles que l'antisémitisme, le cléricalisme de toutes les confessions, le césarisme et le nationalisme. »*

la Gironde républicaine, 1871

En fait, l'histoire des socialistes a commencé quelques années plus tôt. Le choix même du nom de ce comité «Entente et Union» témoigne, *a contrario*, de la division permanente du monde ouvrier à la fin du XIXe.

Jusqu'au milieu du XIXe siècle, la Gironde est dominée par une classe politique de négociants qui tirent de la pratique des affaires une attitude marquée plus par l'opportunisme que par l'idéologie. Le syndicalisme y est faible. En 1848, Bordeaux s'est pourtant illustrée de manière contradictoire. Pour l'opinion publique, elle apparaît comme Bordeaux l'orléaniste, la dernière grande ville à proclamer la République. Pour le mouvement ouvrier, elle devient une cité capable de mobiliser le 22 octobre 1844, 8 000 personnes autour de la tombe de la féministe et socialiste **Flora Tristan** au cimetière de la Chartreuse. Avant la guerre de 1870, il existait d'ailleurs à Bordeaux une section de la Ière Internationale favorable à l'anarchiste Bakounine.

Le sort de la Gironde va suivre celui de la France. Le Second Empire ne survit pas à la défaite que Bismarck inflige à Napoléon III. L'émeute gronde à Paris. Dans tous les départements, le parti de l'ordre impose une république bourgeoise et autoritaire. En septembre 1870, devant la menace prussienne, le gouvernement s'installe à Bordeaux. Cette arrivée imprévue des pouvoirs publics donne à l'opinion républicaine l'occasion de saluer deux hommes qui incarnent un esprit progressiste. Le premier, **Léon Gambetta**, ministre de l'Intérieur et ministre de la Guerre, est applaudi par cinquante mille personnes place de la Comédie le 2 janvier 1871[2]. Il se portera candidat à Bordeaux aux élections législatives. L'événement retentira si fort dans les mémoires qu'en 1905, un monument en son honneur sera inauguré sur les allées de Tourny. Le second personnage, **Victor Hugo** siège dans une chambre des députés qui, au Grand Théâtre, va élire Thiers président de la République. Dans ses carnets, Victor Hugo a raconté son séjour bordelais :

> « À ma sortie de l'assemblée, une foule immense m'attendait sur la grande place. Les gardes nationaux qui faisaient la haie ont ôté leurs képis et tout le peuple a crié « Vive Victor Hugo ». J'ai répondu « Vive la République », « Vive la France ». Ils ont répété ce double cri. Puis ça a été un délire. Ils m'ont fait ovation. J'étais ému jusqu'aux larmes[3]. »

Malgré cette ferveur populaire, essentiellement bordelaise, aucun candidat républicain n'est élu le 8 février 1871 lors d'élections imposées, il est vrai, par

[2] Dans l'ouvrage de Cavignac, la date mentionnée est celle du 1er janvier 1871.

[3] Cité par Hélène Tierchant, ***Bordeaux Libertés***, Ed. Mollat, 1996.

Bismark, le vainqueur prussien. La République s'installe progressivement en Gironde, plus rapidement d'ailleurs que dans le reste de l'Aquitaine où le vote bonapartiste dépasse les 60 %. Mais déjà, la Commune de Paris file comme une comète incendiaire dans le paysage politique. Marx lui-même la salue comme l'avènement d'un nouveau pouvoir. Elle allume des feux républicains dans tout le pays, y compris en Gironde. En janvier 1871, la section de la Première Internationale est dissoute mais ses animateurs, le cordonnier Vezinaud et le gendre de Karl Marx, **Paul Lafargue**, la reconstituent aussitôt. En avril, trois cents personnes descendent dans les rues de Bordeaux, descellent des pavés et bombardent la caserne de la Garde nationale en criant « Vive la Commune ». Le même mois, à l'initiative de l'avocat Delboy, conseiller municipal, **Émile Fourcand**[4], chef du parti républicain, maire de Bordeaux, se rend à Versailles demander à Thiers de reconnaître des droits aux municipalités, l'amnistie de communards et la reconnaissance de la République comme gouvernement de droit inaliénable. Thiers éconduit la délégation et, en termes voilés, laisse entendre que si l'agitation ne cesse pas, leur ville s'exposera au même risque de répression que la capitale. Ces sentiments républicains sont largement partagés par les Bordelais. Aux élections municipales des 30 avril et 7 mai 1871, Émile Fourcand l'emporte. Sur une liste de soutien à la Commune de Paris, quatre membres de l'Internationale, dont Delboy, sont élus. Quelques jours plus tard, une semaine sanglante, 30 000 morts entre le 21 et le 28 mai, décapite le mouvement ouvrier parisien. Aux élections législatives partielles du 2 juillet 1871, les campagnes se détournent des partis conservateurs. Quatre républicains sont élus, en particulier Émile Fourcand. En janvier 1875, à une voix de majorité, l'Assemblée nationale adoptera définitivement les lois constitutionnelles établissant la République.

Un autre événement confirme le refus du conservatisme. Surnommé « l'éternel enfermé » **Auguste Blanqui** est de nouveau prisonnier pour avoir été l'« instigateur moral »

[4] Émile Fourcand est né le 14 mars 1819 à Bordeaux. De famille protestante, il est négociant en droguerie. Président du Tribunal de Commerce de Bordeaux (1868-1872). Chef du parti républicain, il est élu maire de Bordeaux le 23 avril 1870, député le 2 juillet 1871, conseiller général le 18 octobre 1871 et président du Conseil général. Révoqué de ses fonctions de maire en février 1874, il est élu sénateur inamovible le 14 décembre 1875, redevient maire en 1876 jusqu'en 1878 et de nouveau président du Conseil général en 1879. Il décède à Tresses le 2 février 1881.

de la Commune. Dans toute la France, à chaque élection partielle, ses amis déposent sa candidature pour sensibiliser l'opinion en sa faveur. En Gironde, Ernest Roche et Antoine Jourde mènent campagne. Le 20 avril 1879, Blanqui bat le puissant André Lavertujon, directeur du journal *La Gironde*. Il est élu député de Bordeaux. Mais inéligible depuis sa condamnation, Blanqui voit son élection invalidée par la Chambre des députés. Gracié par le président de la république Jules Grévy, le militant révolutionnaire accourt à Bordeaux défendre sa nouvelle candidature en août de la même année. Au premier tour, il obtient la majorité absolue des suffrages exprimés mais n'atteint pas le quart des inscrits. Au second tour, il sera cette fois-ci battu par le candidat républicain Achard, lui-même ancien proscrit de Napoléon III en 1852.

la révolution ou la réforme

Dans cette émergence turbulente de la République, les socialistes sont divisés en de nombreux groupes. Certes, ils ont en commun de poser avec force la question sociale, ce qui les distingue des radicaux, mais ils s'opposent sur une grande question : comment conquérir le pouvoir, seul ou par des alliances, et l'exercer à quelle fin ? Le Parti ouvrier français (P.O.F.) de Guesde demande la collectivisation de tous les moyens de production. La Fédération des travailleurs socialistes de Pierre Brousse est réformiste. Le Parti socialiste ouvrier révolutionnaire de Jean Allemane privilégie le combat syndical. Les blanquistes se prononcent pour des luttes municipales. Outre ces mouvements, eux-mêmes divisés, il existe des fédérations autonomes et des socialistes non-inscrits. Le plus connu de ces derniers se nomme Jean **Jaurès**, élu député du Tarn sur une liste républicaine, mais qui adhérera au groupe socialiste en 1893 après la grève des mineurs de Carmaux.

Jean Jaurès va s'opposer vivement à **Jules Guesde**. Ce dernier possède en Gironde un représentant très influent, **Raymond Lavigne**. Chaque année au cimetière de la Chartreuse, devant son tombeau fleuri par l'Institut d'histoire sociale de la C.G.T., la Fédération socialiste honore le militant syndicaliste qui proposa de faire du 1er mai une grande journée de manifestation internationale des travailleurs[5]. Le même homme fut le secrétaire girondin du **Parti ouvrier français** créé le 4 décembre 1892 et qui comptait parmi ses membres Calixte Camelle, trésorier, et Marcel Cachin, militant de Libourne, chargé de la propagande. Ce dernier a dressé le portrait de Raymond Lavigne :

> « Sous sa direction, sous son impulsion, les militants de Bordeaux se sont instruits et ont commencé à se grouper. Lavigne, de toutes pièces, a créé le parti ouvrier dans sa région. Il lui a consacré sa vie, son intelligence pratique, son dévouement de tous les jours, ses ressources, sa foi ardente, tenace et désintéressée. C'est lui qui a fondé le premier groupe de classes, le groupe des « Études sociales de Bordeaux ». Et il appela le premier journal du parti : *La Question sociale*[6]. »

Raymond Lavigne confie toutefois à Jules Guesde que son combat est parfois pénible :

> «J'aurais bien voulu savoir comment d'autres auraient procédé à ma place s'ils avaient eu dans les jambes un Jourde et depuis ces dernières années un Camelle[7]. »

Déjà marquée par de nombreuses scissions, divisée par l'affaire Dreyfus, puis par la participation d'Alexandre Millerand à un gouvernement « bourgeois », perturbée notamment en Gironde par l'aventure du général Boulanger, l'unification de 1899 échoue. Après le congrès de Wagram de septembre 1900, **Raymond Lavigne et Marcel Cachin** demandent au millier de militants girondins de choisir définitivement entre Guesde le marxiste et Jaurès l'évolutionniste. Les partisans du premier constituèrent le Parti socialiste de France. En nombre quasiment égal, les fidèles du second, **Calixte Camelle et Eugène Dondicol**, créèrent le 30 décembre 1900 la Fédération socialiste de la Gironde, adhérente du Parti socialiste français. Aux différentes élections, chacun s'affrontera parfois avec véhémence.

L'ensemble du mouvement socialiste compte alors son premier et unique député. **Antoine Jourde** illustre

[5] L'objectif du 1er mai était d'exiger l'application du programme élaboré à Londres par Marx, Engels, Guesde et Lavigne, au premier rang duquel figurait la journée des huit heures alors que la plupart des organisations ouvrières ne réclamaient que la journée des dix heures. La date du 1er mai a été retenue car le mouvement ouvrier américain l'appliquait déjà. La première manifestation du 1er mai eut lieu en 1890. Elle rencontra l'opposition des anarchistes pour lesquels de telles réformes n'avaient pour objectif que d'adoucir l'exploitation des travailleurs et ainsi de permettre au capitalisme de se poursuivre.

[6] Cité dans l'ouvrage collectif *Le mouvement ouvrier en Gironde 1870-1939*, P. Brana, J. Cavignac. Y. Cuq.

[7] Lette à J. Guesde, 20 décembre 1899, cité dans *Bordeaux au XIXe siècle*.

toutes les contradictions des socialistes du début du siècle. Médaillé militaire en 1870, il se fait connaître en organisant avec Étienne Roche la campagne victorieuse de Blanqui. Aux élections législatives de 1885, guesdiste, il conduit avec l'anarchiste Sébastien Faure, une liste regroupant les cinq groupes socialistes de Bordeaux et obtient 1 171 voix alors que ses colistiers plafonnent à 553 voix. Lors des législatives de 1889, il se laisse entraîner comme nombre de socialistes par le verbe « insurrectionnel et social » du général Boulanger. Grâce à l'appui des comités électoraux favorables à ce dernier, il est élu député « républicain socialiste réformiste » dans la troisième circonscription de Bordeaux en même temps que cinq autres candidats boulangistes. En 1890, il dissipe toutefois le trouble de ses amis, en prenant la tête de la première manifestation du 1er mai et réclame avec eux la journée de huit heures. Se rapprochant de Jaurès, il se fait réprimander par ce dernier lorsqu'en 1898, il demande aux socialistes de ne pas approuver la lettre qu'un écrivain bourgeois, Émile Zola, vient de publier en faveur de Dreyfus. Il sera réélu en 1893, battu en 1902 sous l'étiquette du P.O.F., refusera de rejoindre la S.F.I.O. naissante, avant d'être de nouveau élu sous la couleur réformiste de socialiste indépendant, et de nouveau battu par le socialiste « unifié » Calixte Camelle en avril 1910...

le pacte de Bordeaux et l'implantation électorale

Depuis 1892, les socialistes administrent leur première municipalité : **Lormont**. Ils sont élus dans trois cantons. Ils disposent de groupes à Bègles, Saint-Macaire, Saint-Médard, Libourne et bientôt dans chaque canton. Le 29 avril 1893, Jean Jaurès participe à un meeting présidé par Camille Cousteau. Pourtant les divisions locales ont repris et aboutissent à la création de la Fédération du Sud-Ouest du Parti ouvrier socialiste révolutionnaire qui rassemble deux cents militants proches de la tendance allemaniste.

Les élections municipales de 1896 sont marquées par la même inspiration que celle de l'élection de Jourde aux élections législatives de 1889. Elles connaîtront un épilogue surprenant dénoncé par Jaurès à la tribune de l'Assemblée nationale. Les guesdistes et les socialistes révolutionnaires présentent des listes distinctes. À l'issue du premier tour, la « liste opportuniste », c'est-à-dire la liste des républicains modérés, arrive en tête avec 12 840 voix. Les chiffres le montrent : elle peut être battue. Forts de leur 9 100 voix, les radicaux se mettent à la recherche d'alliés tant auprès des royalistes (5 970 voix) que du Parti ouvrier (1 200 voix) et des socialistes révolutionnaires. À la veille du second tour, après beaucoup d'hésitation, les socialistes, y compris Lavigne et Cachin, acceptent « une alliance anti-opportuniste » regroupant 18 radicaux, 8 socialistes – 6 guesdistes et 2 allemanistes – et 10 royalistes. « **Le pacte de Bordeaux** » prévoit que la nouvelle municipalité livrera des secours matériels et des fournitures scolaires aux enfants des familles les plus pauvres dans toutes les écoles laïques ou confessionnelles et modifiera le règlement de la Bourse du travail en faveur des syndicats. Cette alliance électorale permettra au mieux élu, le guesdiste **Camille Cousteau,** de devenir le premier maire socialiste de Bordeaux. Le 17 mai 1896, il succède à Alfred Daney, l'un des notables bordelais les plus influents. **Calixte Camelle** est nommé adjoint et sera élu deux ans plus tard conseiller général. Les socialistes entrent également dans les municipalités de Bègles, Saint-Macaire, Cenon, puis en 1900, dans celles de Grayan et de Saint-Vivien. Toutefois, ces victoires sont fragiles. L'alliance anti-opportuniste ne survivra pas à l'affaire Dreyfus ni d'ailleurs à la division entre guesdistes et jauressiens. Aux élections municipales de Bordeaux du 20 mai 1900, la liste ouvrière et socialiste de Cousteau et la liste de concentration républicaine de Camelle s'opposent. Si Cousteau arrive de nouveau en tête, il perd la mairie au profit de Paul-Louis Lande, colistier de Camelle, le 20 mai 1900. En 1904, l'affrontement réitéré permettra à Alfred Daney de reprendre la municipalité.

Parallèlement à ces luttes fratricides, les socialistes, surtout implantés à Bordeaux et dans son agglomeration, portent leurs efforts vers un monde rural qui les rejette :

> « Non, il n'est pas vrai que les populations agricoles resteront toujours fermées à la pénétration de l'esprit démocratique et réformateur, car aussi bien à la campagne qu'à la ville, les travailleurs souffrent de plus en plus du malaise résultant de l'anarchie économique qui est le fond même du régime de production capitaliste moderne... Il faut aller dans les campagnes, instruire les paysans, dissiper les malentendus qui les séparent des ouvriers des villes, faire justice des calomnies bourgeoises, anéantir les mensonges, présenter dans leur réalité les idées et le programme socialiste : dire la vérité en un mot !... Allons, les dévoués et les conscients de partout, tous à l'œuvre et jamais de repos jusqu'à ce qu'ait été délivrée de l'iniquité capitaliste moderne, l'Humanité. Vive la République sociale ![8] »

L'exercice de responsabilités est une grande nouveauté pour ces militants, le plus souvent employés ou commerçants d'origine rurale. Aucun ouvrier ne figure parmi leurs dirigeants. Au congrès fédéral de Macau en 1900, ils sont 1 017, répartis en 63 groupes, le plus important se situant à Libourne. Pour ces premiers socialistes, la vie politique ne va pas sans difficulté. Souvent la mise à disposition d'une salle leur est refusée et les réunions doivent se tenir dans une grange ou une étable. Parfois ils sont molestés par la police pour avoir arboré le drapeau rouge comme ce fut le cas de Raymond Lavigne lors du 1er mai 1897 :

> « Un incident a marqué à Bordeaux la journée du 1er mai. M. Raymond Lavigne avait placé à sa fenêtre un drapeau rouge et un drapeau tricolore. Un commissaire de police, escorté de nombreux agents, est venu enlever le drapeau rouge[9]. »

Après avoir rappelé les revendications ouvrières, Raymond Lavigne répondra dans le même journal :

> « Le travail et le capital sont les mêmes partout. Il est donc logique qu'en cette journée du 1er mai, ce soit un unique drapeau économique universel qui flotte chez les manifestants et pas un autre... En France, pays de République et de démocratie, on en est encore à s'effrayer de la couleur rouge ».

[8] Appel aux électeurs girondins de la Fédération de la Gironde du Parti Ouvrier Français en 1897 cosigné par Raymond Lavigne, secrétaire fédéral et Calixte Camelle, trésorier (cité par Compère-Morel).

[9] Extrait du journal *La France* du 2 mai 1877.

Quelques fois, leurs manifestations sont interdites. Le rassemblement des Quinconces en février 1905, organisé contre les atrocités du régime tsariste est dispersé par la cavalerie. Élus, ils peuvent être victimes de sanctions professionnelles. Eugène Dondicol, secrétaire fédéral, sera obligé de quitter la Gironde. À l'intérieur du parti, pendant longtemps, ils seront surveillés par des indicateurs rédigeant des rapports de police déposés aujourd'hui aux Archives départementales.

LA CRÉATION DE LA S.F.I.O. ET SES MUTATIONS

l'unité, 1905

L'éclatement de la famille socialiste ne pouvait durer. Dès 1895, la création de la C.G.T. donne un premier exemple de rassemblement du monde ouvrier. Lors des législatives de 1902, le succès du « Bloc des gauches » favorise l'unification. Le congrès international d'Amsterdam en août 1904 imposera l'unification au sein de la **Section française de l'internationale ouvrière**. Les **23-24-25 avril 1905**, lors du congrès de la salle du Globe à Paris, la **S.F.I.O.** regroupe enfin toutes les composantes du mouvement ouvrier, à l'exception des anarchistes. Cette fusion définitive des socialistes français intervient dix à quinze ans après celle réalisée dans les autres pays européens. Le nouveau parti, dirigé par un ancien blanquiste, affirme une orientation nettement marxiste. Pourtant, de congrès en congrès, les thèses de **Jaurès** en faveur de la réforme plutôt que de la révolution l'emportent : indépendance du syndicat par rapport au parti, retraites, dont le principe était jusqu'alors condamné comme un vol sur le dos des ouvriers, nationalisation avec indemnisation... Sous l'étendard du drapeau rouge, le nouveau parti ne cesse de progresser. En 1914, la S.F.I.O. compte 72 765 adhérents et représente 17 % de l'électorat.

La Gironde adhère au mouvement d'unité. Au congrès de Camarsac le 17 avril 1905, le Parti socialiste français vote « l'unité sans restriction, avec le vif désir de la faire aboutir, c'est-à-dire en oubliant les rancunes et les luttes fratricides du passé ». À l'issue du congrès d'unification, présidé par Marcel Cachin et Calixte Camelle, la nouvelle Fédération de la Gironde est dirigée par **A. Dréan-Chapel** (1905-1907), proche de Jules Guesde, puis par l'imprimeur **Eugène Dondicol** (1907-1908). Le socialisme est encore faible. Grâce à l'unité, il va rapidement se fortifier. En 1902, il ne compte aucun député dans l'une des 12 circonscriptions et un seul conseiller général dans les 49 cantons. Les socialistes s'engagent alors totalement dans des batailles électorales où les affrontements physiques avec l'adversaire ne sont pas rares. La Fédération dépêche d'ailleurs souvent l'un des siens, en particulier Dréan-Chapel, pour aller porter la contradiction dans les réunions. Dans toute la Gironde, les socialistes défendent l'émancipation des travailleurs et se réclament de la lutte des classes.

À chacune de ses venues en Gironde, **Jaurès** rassemble les foules. En mars 1908, à l'Alhambra, 4 000 personnes payent leur place pour l'écouter[10] :

> « Le leader socialiste va, pendant deux heures et demie, charmer et passionner tour à tour son auditoire. Il semble pourtant légèrement fatigué. Les interruptions les plus inoffensives, le bruit même qui vient du dehors, où la foule stationne, l'émeuvent, l'arrêtent net dans ses plus beaux effets. La chaleur d'ailleurs est étouffante dans la salle où des dames se trouvent mal. À chaque instant surgit un nouvel incident tumultueux ».

Devant les militants girondins, Jaurès définit la pensée socialiste :

> « Les conservateurs regardent les réformes comme une chimère, un scandale, un danger. Peu à peu, à mesure que la réforme recueille des adhésions et devient inévitable, ils se résignent... Les radicaux n'ont pas tout à fait ce sentiment-là. Il en est qui désirent sincèrement le vote de certaines réformes, mais ils s'imaginent que là est le bout du monde, qu'au-delà, il n'y a que le vide ou l'utopie. Ils veulent réaliser lentement le programme des réformes pour arriver moins vite au bout. Telle n'est pas la pensée socialiste. Les socialistes savent que c'est par degrés, par étapes, par une série de formes sociales que l'ordre communiste et collectiviste se réalisera. »

Jules Guesde participe également à des réunions publiques. En janvier 1911, avec Compère-Morel, il intervient salle Franklin à Bordeaux comme le rapporte le journal *La France* [11] :

> « Jules Guesde dont la parole peu à peu s'enflamme et qui est religieusement écouté par l'auditoire, dit

[10] Journal *La France*, 9 mars 1908, AD 1 m 552.

[11] *La France*, 29 janvier 1911 A.D. 1 m 552.

que l'ouvrier qui n'adhère pas au socialisme est un traître à sa classe et commet un véritable suicide. Il montre la nécessité de l'action politique... Les responsables au fond, s'écrie Jules Guesde, c'est vous tous les prolétaires qui n'avez pas su utiliser le bulletin de vote depuis 1848 que pour vos maîtres au pouvoir. »

Le militantisme est très actif. Outre les meetings animés par de grands orateurs nationaux, une réunion publique est organisée chaque semaine. Elle porte sur les sujets d'actualité, notamment la lutte contre la vie chère et les questions internationales, mais aussi sur l'histoire du socialisme, le marxisme, la laïcité. La Fédération publie un hebdomadaire, *Le Cri du Peuple* depuis 1907 qui s'impose comme l'un des journaux socialistes les plus importants. Les effectifs ont quasiment doublé passant de 1 785 adhérents en 1905 à 2 212 en 1914. Les hommes ont changé : Raymond Lavigne s'est retiré en 1902, Marcel Cachin est parti à Paris, les guesdistes sont devenus minoritaires, l'illusion boulangiste est dépassée, l'alliance avec les centristes est écartée. Des candidats socialistes unifiés se présentent contre les « socialistes indépendants », Jourde ou Cousteau par exemple. Désormais le mouvement socialiste est animé par **Calixte Camelle** et par le jeune **Adrien Marquet**, secrétaire fédéral depuis 1909.

Les résultats électoraux suivent ce travail de terrain et ces évolutions politiques. À la veille de la guerre, la S.F.I.O. compte trois conseillers généraux (Buscaillet, Camelle, Saint-Germain), deux municipalités (Saint-Yzan-de-Soudiac et Saint-Léger), 51 élus municipaux dont 13 à Bordeaux mais aussi à Libourne, Bègles, Saint-Médard-en-Jalles, Talence, Floirac, Cenon. Aux élections législatives de 1910 et 1914, les socialistes obtiennent 20 % des suffrages exprimés et un député, Calixte Camelle dans la 3e circonscription. Ils sont essentiellement implantés dans les quartiers ouvriers de Bordeaux-Bègles, de Bordeaux-Saint-Augustin, de la rive droite de la Garonne. Ils obtiennent des scores proches de leur moyenne départementale à La Brède,

Bazas ou Libourne mais sont nettement distancés dans le Médoc ou le Réolais.

Les enjeux électoraux provoquent de nombreux conflits. Ils naissent des investitures données, en dernier lieu, par la Fédération après le choix des assemblées de militants devant lesquelles chacun peut se porter candidat s'il compte trois ans de parti. Les tensions proviennent également des alliances électorales. Certains socialistes refusent en effet tout accord avec les radicaux. La question en Gironde est d'autant plus délicate qu'**Ernest Monis**, président du Conseil général en 1907 est pendant quelques mois nommé président du Conseil par le président Fallière avec l'approbation des socialistes et que ce républicain radical a soutenu les cheminots contre les grandes compagnies de chemin de fer. Le 1er mars 1914, des dissidents créent la Fédération du parti ouvrier dont le secrétaire sera André Laporte. et qui comptera parmi ses membres, Buscaillet, éconduit par la direction fédérale lors d'une élection. La nouvelle Fédération disparaîtra dans l'indifférence générale.

le refus de la guerre et la guerre, 1914

Désormais, la question de la paix ou de la guerre devient le thème dominant et déchirant des congrès. Les socialistes ont mené un combat âpre contre la loi dite « des trois ans » qui, votée en juillet 1913, impose un service militaire de longue durée. Ils adoptent les thèses défendues par Jaurès dans *L'Armée nouvelle*. Le pacifisme l'emporte dans le parti... Et puis tout s'écroule. Jean Jaurès, l'homme qui incarnait la paix et le socialisme, est assassiné le 31 juillet 1914. Deux jours plus tard, l'Allemagne déclare la guerre à la Russie, entre au Luxembourg et menace la Belgique.

La première guerre mondiale conduit pour la seconde fois les pouvoirs publics en Gironde. Pendant quatre mois, Bordeaux devient la capitale de la France. Raymond Poincaré, président de la République, s'installe rue Vital-Carles dans le palais de la Préfecture et René Viviani, président du Conseil à l'Hôtel de Ville.

Sous les quolibets, la Chambre des députés siège dans le music-hall de l'Alhambra et le Sénat dans une autre salle de spectacle, l'Apollo. Quelques mois plus tard, les cargos américains se ravitaillent à « New Bassens », l'une des sept bases des alliés en Europe. Grâce à sa position géographique, Bordeaux devient, en effet, le centre de ravitaillement de la France mais aussi de la Suisse et de l'Europe danubienne. Mais à partir de 1917, les effets de la guerre se font sentir dans la population : les prix explosent, le pain manque, la viande est vendue dans des boucheries municipales dont la création est soutenue par les socialistes bordelais, 20 000 réfugiés affluent, en particulier des Belges, des milliers de soldats blessés occupent des hôpitaux surencombrés, l'opinion exprime son mécontentement.

En août 1914, les dirigeants socialistes girondins ont pris position en faveur de la mobilisation. Ils n'avaient d'ailleurs jamais adhéré aux thèses pacifistes. En 1913, la pétition contre la prolongation du service militaire à trois ans n'avait recueilli localement que 6 500 signatures. Lorsque le conflit éclate, une majorité accepte « l'Union sacrée » qui associe les socialistes au gouvernement. Adrien Marquet, enrôlé, est remplacé par l'horloger **Antoine Cayrel**, puis ce dernier partant à son tour au front, laisse sa place à l'employé de commerce **Henri Périsse** (1917-1919). Les socialistes français qui se sentent trahis par leurs camarades allemands se prononcent maintenant sans réserve pour la guerre. Calixte Camelle rappelle ainsi :

> « Notre camarade défunt Jaurès lui-même était le premier à préconiser l'armement de nos frontières et principalement celle de la Belgique par laquelle notre territoire devait être envahi, ce que notre état-major ignorait totalement[12]. »

Toutefois, cette position n'est pas totalement partagée au sein de la Fédération. Au conseil fédéral du 8 juillet 1915, **Georges Gaye**, syndicaliste, militant de La Bastide, anime un courant minoritaire pacifiste qui condamne tout patriotisme. Il soutiendra les députés et

12 AD, 10 avril 1915.

les syndicalistes socialistes français blâmés pour avoir participé à la conférence de la paix de Zimmerwald en Suisse avec leurs homologues allemands. Au congrès fédéral de juin 1916, Gaye n'obtiendra que 36 mandats contre 148 à Cayrel et Camelle. Toutefois, les minoritaires amélioreront leur position avec la dégradation de la situation sociale. En 1917, un vaste mouvement de revendication parcourt la Gironde, et en particulier les rangs des cheminots et ceux des ouvriers de la poudrerie de Saint-Médard-en-Jalles. Bientôt 3 000 ouvriers se mettent en grève et exigent le retour à la journée des « trois-huit ». Au congrès fédéral de septembre 1917, la thèse pacifiste progresse sans toutefois dépasser la moitié des voix de la majorité. Lors du congrès national organisé du 6 au 9 octobre 1917, à Bordeaux, les Girondins soutiennent la motion majoritaire favorable à « l'Union sacrée ».

Pendant les combats, l'activité militante se poursuit. Les socialistes décident de remplacer *Le Cri du Peuple*, disparu en 1913, par un nouvel hebdomadaire *Le Cri Populaire* qui ne verra le jour qu'en juillet 1918. Ils s'inquiètent aussi de l'influence du clergé sur les populations et sur les troupes et évoquent:

> « La lutte que l'on va être obligé de mener contre les cléricaux qui, après les hostilités, vont chercher à susciter une révolution et ne manqueront pas de rendre les socialistes responsables de cette guerre en raison de l'opposition qu'ils avaient faite au vote de la loi de trois ans[13]. »

le retour de la paix et la victoire des clemencistes

En mai 1915, la Fédération adresse à tous ses militants mobilisés un mandat de 5 F et une lettre les tenant informés de l'action menée avec les différents groupes :

> « La Commission administrative leur a indiqué (aux groupes) l'œuvre qu'ils avaient à accomplir en raison même de leur esprit de solidarité et de leur vigueur organisatrice par la constitution de commissions de secours aux chômeurs, aux victimes de la guerre, de commissions de chômage, d'approvisionnement, en aidant à la correction des abus et illégalités commis dans l'attribution et la répartition des allocations par

[13] AD, 19 février 1915, cité par Quintin Laurent.

> l'utilisation du Comité d'action (Parti socialiste et C.G.T.) pour les renseignements aux familles des soldats tués, blessés, prisonniers[14]. »

la naissance d'un nouveau monde, 1917

Quelques mois plus tard, des milliers de girondins fêteront l'armistice sur le Pont de Pierre. L'histoire a bougé à l'Ouest, mais aussi à l'Est. En octobre 1917, la révolution russe a proposé un autre modèle même si la paix de Brest-Litovsk, signée en décembre avec les allemands, a laissé les socialistes perplexes. La république des « soviets » fascine les milieux syndicalistes et sa défense s'impose comme un impératif après l'intervention alliée en Russie. Pour beaucoup, la révolution va bientôt déferler sur l'Occident et emporter avec elle le capitalisme et la démocratie bourgeoise. Une question se pose désormais à chaque congrès : les socialistes doivent-ils rallier la IIIe Internationale constituée par Lénine à Moscou en mars 1919 ?

Les socialistes français ne comprennent pas encore que le nouveau siècle commence véritablement dans les soubressauts d'un exceptionnel mouvement social. Ils ne savent pas se situer face à un Georges Clemenceau, tout à la fois père de la victoire et chef de la répression ouvrière. Cette ambiguïté est illustrée par la décision du conseil fédéral qui met en place une commission chargée de surveiller le gouvernement... tout en demandant de le soutenir. Calixte Camelle justifie cette position paradoxale :

> « C'était l'homme de la situation, le sauveur attendu et prêt à tout faire. Clemenceau peut en effet faire beaucoup de bien ou le plus grand mal[15]. »

Pourtant, bientôt le climat social sera dominé par la combativité des salariés. Le pays compte un demi-million de chômeurs, le pouvoir d'achat a chuté, l'injustice n'est plus supportée. En 1919, l'annonce de l'acquittement de Villain, l'assassin de Jaurès, rassemble une foule considérable place de la Victoire. En avril, trois mille employés réclament la journée des huit heures à l'Athénée. Si, devant le risque d'explosion sociale,

[14] Lettre de la Fédération girondine de la SFIO, mai 1915, reproduite dans l'ouvrage de Compère-Morel.

[15] AD, 6 janvier 1918.

Clemenceau fait voter la loi, les grèves se poursuivent, notamment dans une Gironde totalement paralysée. Selon *La Petite Gironde*, le nombre de grévistes s'élève à 13 000 et il est certainement sensiblement plus élevé. Pourtant, à l'évidence, la C.G.T. n'entend donner aucune orientation révolutionnaire et préfère cantonner ces manifestations à des demandes salariales. Après les années de guerre, toute la gauche hésite d'ailleurs entre révolution et revendication. Mais sans coordination, le mouvement social se poursuit de secteur en secteur. Le conflit avec les grandes compagnies de chemins de fer se propage à toute l'économie. Le 1er mai 1920, la grève est totale : 12 à 15 000 manifestants en appellent à la révolution de la place de la Victoire au stadium de Talence. La G.G.T. réclame la nationalisation des transports et des voies ferrées. La police multiplie les interpellations et les perquisitions, notamment à la Bourse du travail et au domicile des syndicalistes. Le 15 mai, Bordeaux compte 18 000 grévistes. Le maire, Ferdinand Philippart, fait expulser les occupants des usines à gaz de Bacalan et de La Bastide et licencie 1 200 ouvriers de la régie municipale. 15 000 cheminots, dont 481 bordelais, perdent leur emploi. Ils ne seront réintégrés... qu'en 1936. La C.G.T. est dissoute par une décision de justice qui ne sera toutefois pas exécutée. Le mouvement social aboutit à un échec mémorable. La voie du redressement du monde ouvrier semble de plus en plus étroite.

des socialistes désorientés

La crise sociale s'accompagne d'une crise politique qui frappe particulièrement des socialistes à la recherche de leur identité. En octobre 1918, une majorité du congrès national, conduite par son nouveau secrétaire général Ludovic-Oscar Frossard[16], revient à son pacifisme initial et refuse toute participation ministérielle. La S.F.I.O. fait toutefois preuve de clairvoyance en expliquant que le traité de Versailles contient des clauses trop sévères pour permettre de rétablir des relations cordiales indispensables entre la France et l'Allemagne. La vie militante reprend. Un cercle socialiste se forme à Bordeaux, un autre à Blaye,

16 L.-O. Frossard deviendra secrétaire général de la SFIC (PCF) lors de la scission de Tours en 1920. Il sera ensuite député SFIO de la Martinique, ministre du Travail en 1935, ministre d'État en 1938. Il conservera ses fonctions dans le gouvernement du maréchal Pétain.

divers groupes fusionnent en sections, une école socialiste forme les adhérents. Les jeunes et les démobilisés rallient le Parti et renforcent son courant le plus extrémiste qui critique fortement les élus, coupable d'avoir collaboré avec les forces politiques de droite et prennent position en faveur de la révolution. Gaye, Rebeyrol, Lafaye, minoritaires depuis 1910, finissent par l'emporter sur Marquet, Cayrel, Costedoat. Rebeyrol trace la frontière entre les deux tendances : « seule la révolution peut apporter la solution rapide du problème relatif à la réorganisation sociale qui délivrera l'humanité de la spéculation qui est la principale cause de la cherté de la vie ». Lors d'un congrès syndical, Georges Gaye rappelle lui ses positions :

> « Nous sommes pour la lutte des classes, pour le retour aux tactiques d'avant guerre, nous sommes anti-patriotes et anti-militaristes[17]. ».

En juin 1919, le représentant de la nouvelle majorité, Laroque, remplace Périsse au secrétariat fédéral.

Les élections législatives du 16 novembre 1919 se déroulent dans ce climat particulièrement tendu. Les socialistes gagnent 300 000 voix mais subissent les rigueurs de la nouvelle loi électorale, mi-proportionnelle mi-majoritaire. Grâce à elle, le « bloc national », vaste regroupement allant des royalistes jusqu'aux radicaux, efface les divisions nées de l'affaire Dreyfus et obtient 70 % des sièges avec 55 % des suffrages. En Gironde, les socialistes conduits par Calixte Camelle affrontent un adversaire redoutable, chef de cabinet de Clemenceau, Georges Mandel, qui a décidé de s'implanter à Lesparre. Dans un scrutin proportionnel départemental, sa liste obtiendra la totalité des 12 sièges. Après avoir ainsi perdu leur seul député, les socialistes girondins seront privés également lors des élections locales de la même année de 3 de leurs 5 conseillers généraux et de leurs conseillers municipaux de Bordeaux. Une alliance dissidente avec les radicaux leur permet toutefois de conquérir la mairie de Floirac.

[17] Congrès de la Fédération des métaux, 1919. Cité dans le dictionnaire de Jean Maitron.

L'échec a une cause directe : l'injustice du sytème électoral et le refus de tout compromis. Il exprime plus profondément une mutation inévitable du mouvement ouvrier. Jaurès assassiné, reniant leur pacifisme, la S.F.I.O. et la C.G.T. ont adhéré à l'« Union sacrée ». Rompant avec la thèse anti-participationniste, Jules Guesde lui-même est devenu ministre d'État du gouvernement Viviani, installé à Bordeaux. Marcel Sembat et Albert Thomas figurent à ses côtés. Au retour de la paix, les socialistes n'ont pas su apporter de réponse à la question sociale dominante. Outre la défaite électorale, la chute des adhérents est l'autre conséquence de ces contradictions. En 1918, les effectifs sont au plus bas : 970 adhérents.

la femme, l'égale de l'homme

La société aussi a évolué comme en témoigne par exemple l'insertion des femmes dans le monde du travail, provoquée par la mobilisation des hommes. En mai 1918, un groupe girondin « Émancipation féminine » se crée et demande l'égalité politique et sociale. La même année, le groupe socialiste féminin de Bordeaux est animé par Mme Deschamps et Mme Dusseaux. Dès janvier 1913, à l'échelle nationale, les femmes se rassemblent au sein d'un groupe des femmes socialistes et publient un journal, *L'Équité*. Depuis des années, le droit de vote des femmes est en effet l'objet de discussions permanentes, y compris entre socialistes :

> « Il n'est pas vrai qu'il existe une opposition entre les intelligences différentes de l'homme et de la femme; il n'est pas vrai que les femmes d'intelligence supérieure soient inférieures encore à l'homme inférieur d'intelligence. La vérité c'est qu'elle est inférieure par la servitude dans laquelle elle a été maintenue.... Est-il bien certain que le vote des femmes appelle un péril réactionnaire ? Ce sont là les vieilles idées de Michelet sur la mainmise du confessionnal sur les femmes. Il n'est pas vrai que toutes les femmes se précipitent toutes dans les églises : celles-ci seraient trop petites pour les contenir. » (Madeleine Pelletier, de la Fédération du Nord, congrès de Limoges 1906.)

> « La citoyenne Pelletier a parlé en Parisienne. Mais dans d'autres régions de la France, la question clé-

> ricale est très grave. Donner le suffrage aujourd'hui aux femmes, ce serait le saut non dans l'inconnu mais dans le trop connu, ce serait un appoint énorme apporté aux ennemis. » (Lapicque, Fédération des Vosges, même congrès.)

La discussion continuera jusqu'en 1944 et au-delà.

la rupture de Tours, 1920

Le 29 décembre **1920**, le **congrès de Tours** sanctionne les bouleversements d'après-guerre. La question posée est simple : le socialisme français doit-il disparaître dans le mouvement international impulsé par la révolution soviétique ? **Léon Blum** met en garde les socialistes contre les dangers qu'il pressent :

> « Il y a opposition et contradiction formelle entre ce qui a été jusqu'à présent le socialisme et ce qui sera demain le communisme. »

Léon Blum ne peut accepter les 21 conditions imposées par le Kominterm pour adhérer à la **IIIe Internationale**. Dénonçant à l'avance ce qui aboutira au stalinisme, il refuse le centralisme démocratique qui subordonne tout organisme, y compris syndical, à un commandement central clandestin comme cette « discipline de fer conformément à la discipline militaire ». Il n'accepte pas davantage la critique du social-patriotisme qui doit être abandonné au profit de la patrie communiste soviétique. Il n'est pas plus écouté que Guesde qui partage les mêmes réticences. Aucun compromis n'est possible comme l'indique Frossard pour qui :

> « L'État socialiste, comme l'État bourgeois, ne peut être autre chose qu'une organisation de violence, l'organisation de la violence de la classe qui s'est emparée du pouvoir sur la classe qui en a été dépossédée. »

Pressés par Clara Zetkin, dépêchée par l'Internationale, les trois-quarts des adhérents de la S.F.I.O. adhèrent à la IIIe Internationale. Suivant les instructions de cette dernière, ils décident de se séparer de ceux qui comme Longuet ou Faure demandaient seulement à amender les conditions d'adhésion. La

Section Française de l'Internationale Communiste est créée. Son secrétaire général sera **Ludovic-Oscar Frossard**. Elle emportera avec elle *L'Humanité*, le journal de Jaurès.

Blum prend acte de la rupture :

> « Nous sommes convaincus jusqu'au fond de nous-mêmes que, pendant que vous irez courir l'aventure, il faut que quelqu'un reste garder la vieille maison. »

Un an plus tard, les mêmes causes aboutissent à la scission du mouvement syndical partagé entre la C.G.T. proche de la S.F.I.O. et la C.G.T.U. unitaire, proche de la S.F.I.C.

En Gironde, dès le congrès de février 1920, trois motions s'étaient opposées : celle de Marquet favorable à des alliances électorales et à l'action parlementaire, celle de Rebeyrol rejetant tout soutien à un gouvernement bourgeois mais acceptant des coalitions électorales au second tour, celle enfin de Lafaye affirmant le nécessaire attachement à la République. Bien entendu, la question de l'adhésion à la IIIe Internationale était déjà dans tous les esprits. L'extrême gauche imposa **Auguste Rebeyrol** au secrétariat fédéral. Au congrès fédéral du 12 décembre 1920, la motion Cachin favorable à l'adhésion sans réserve à la IIIe Internationale l'emporte avec 45 voix contre 32 à celle défendue par Blum (Unité internationale) et 12 à celle de Longuet-Faure (adhésion avec réserves)[18]. Dans toute la Gironde, les sections se scindent dans une haine réciproque, chacun accusant l'autre de dissidence. Les effectifs de la S.F.I.O., dirigée de nouveau par Marquet, se réduisent à 1 200 adhérents. La S.F.I.C. compte, elle, 1 650 adhérents parmi lesquels Dondicol qui deviendra son trésorier national, Rebeyrol, Olivier, son secrétaire général girondin, futur maire de Bègles ou Rieu qui lui succédera.

Dans les années qui suivent la rupture, deux scrutins, l'un local, l'autre national, permettent de mesurer l'influence des deux partis. Les socialistes comme les communistes font campagne sur les mêmes thèmes :

[18] Q. Laurent donne les chiffres suivants : Cachin 129 voix, Blum 91, Longuet 35. L'ouvrage *Le mouvement ouvrier en Gironde* indique toutefois que « la motion centriste emporte la majorité ».

réduction du service militaire de dix-huit à huit mois, respect de la loi des huit heures de travail, imposition sur le capital, amnistie pour faits de grève et d'insoumission, refus du rétablissement des relations diplomatiques avec le Vatican, que Calixte Camelle avait été seul à exprimer dans l'assemblée départementale. Les socialistes présentent un candidat dans chaque canton et y affrontent les communistes après des réunions contradictoires éprouvantes. En affirmant un même idéal laïque, les socialistes et les radicaux concluent un accord de désistement. Calixte Camelle et Marc Pinèdre sont réélus dès le premier tour, Antoine Cayrel, Edmond Costedoat, Georges Lasserre le seront à l'issue du second marqué par le désistement des communistes en leur faveur[19].

Grâce à son implantation locale et à la présence de Léon Blum, la « **vieille maison** » ne tarde pas à se redresser. **Paul Faure** est nommé secrétaire général et il le restera pendant vingt ans. Le congrès national de Marseille de janvier et février 1924 prépare les échéances législatives de la même année et tire les conséquences de la déroute électorale de 1919. Afin de faire face à « l'union des droites », au sein du « bloc national », et dans un scrutin de nouveau proportionnel, il admet le principe d'une coalition électorale tout en laissant les Fédérations libres d'en apprécier l'opportunité. Les socialistes girondins votent pour « une coalition des forces ouvrières, paysannes et démocratiques ». Une liste conduite par **Adrien Marquet**, devenu le leader socialiste depuis la disparition de Calixte Camelle en 1923, est constituée avec les radicaux. Ce « bloc des gauches » affronte une liste radicale dissidente conduite par Émile Labroue, mais surtout fait face à Georges Mandel et à deux autres listes de droite. Dans une campagne rude, le quotidien *La Petite Gironde* s'illustre par son agressivité aussi bien à l'égard de la S.F.I.O. qu'à l'égard de Georges Mandel qualifié de « personnage anormal qui a accumulé toutes les tares physiques et morales, le judas des temps modernes alignant des phrases filandreuses, inconsistantes et gélatineuses qui ressemblent à de la glaire filant entre deux eaux[20] ». À

[19] Cf. le mémoire de Q. Laurent. En contradiction avec les relevés d'A. Treuillé.

[20] *La Petite Gironde*, 29 avril 1924.

droite de la droite, un mouvement se forme autour de l'Action française et de son journal *La Nouvelle Guyenne* ou des groupes pour la défense et l'action religieuse de l'abbé Bergey.

Lors du premier scrutin national d'après scission, le 11 mai 1924, le « **Cartel des gauches** » l'emporte. En Gironde, il permet l'élection de 7 députés sur 11, 5 radicaux et 2 socialistes, Antoine Cayrel et Adrien Marquet, remplacé au secrétariat fédéral par **Marc Pinèdre**. Les communistes n'obtiennent que des scores marginaux. En France, cette victoire force Millerand, président de la République, à démissionner. Ayant toutefois décidé de n'accepter de responsabilité ministérielle qu'en obtenant la principale – celle de chef de gouvernement – les socialistes se limitent à soutenir le ministère du radical Édouard Herriot sans y participer. Après avoir transféré les cendres de Jaurès au Panthéon, le « Cartel » réoriente la politique française comme en témoigne la reconnaissance des syndicats dans la fonction publique et celle du pouvoir des soviets en Russie. Il devra toutefois renoncer à l'abrogation du Concordat, prévu dans son programme et échouera devant ce qu'Édouard Herriot a appelé « le mur de l'argent ».

la scission néo-socialiste

Les élections municipales de mai 1925 permettent aux socialistes de remporter les mairies du Bouscat, Bègles et Talence. Elles sont surtout dominées par un événement qui bouleverse l'histoire du socialisme girondin : **Adrien Marquet,** allié aux radicaux, succède à Ferdinand Philippart comme maire de Bordeaux après avoir obtenu la totalité des 36 sièges à pourvoir. Reconnu pour ses incontestables réalisations municipales, Adrien Marquet restera à la tête de la municipalité jusqu'à la Libération. En 1928, il est également réélu député de la 3e circonscription, fief des socialistes[21]. Dès lors le socialisme girondin allait être troublé pendant de longues années par la personnalité d'Adrien Marquet dont les succès seront salués par le congrès national qui se tiendra à Bordeaux du 8 au

[21] La 3e circonscription était alors constituée de 3 cantons de Bordeaux et de Bègles.

11 juin 1930. Avec Marcel Déat et Pierre Renaudel, le maire de Bordeaux pose deux questions intimement liées. La première est celle de l'identité du parti et de son projet de société. Lors du congrès national des 14, 15, 16 et 17 juillet 1933 à la Mutualité, Adrien Marquet demande de rompre avec le marxisme et de créer un grande formation nationale fondée sur **l'ordre, l'autorité et la Nation** :

> « Ordre et autorité sont, je crois, les bases nouvelles de l'action que nous devons entreprendre pour attirer à nous les masses populaires. »

Léon Blum l'interrompt d'une exclamation devenue célèbre : « Je suis épouvanté ». À la fin des débats, Léon Blum monte à la tribune et répond longuement à Marcel Déat et à Pierre Renaudel, puis il évoque le discours d'Adrien Marquet :

> « Je peux lui dire que ce sentiment d'épouvante ne s'est pas atténué et qu'il n'a fait que se fortifier, au contraire. Il y a eu un moment, Marquet, où je me suis demandé si ce n'était pas le programme d'un parti social-national de dictature... Je vous le dis en ce moment du plus profond de l'expérience que j'ai pu acquérir, gardez-vous en ce moment à tout prix contre le danger que le discours de Marquet faisait apparaître de façon si saisissante, c'est-à-dire dans votre haine du fascisme, dans votre volonté de le combattre et de le vaincre, dans votre volonté d'arriver au pouvoir avant lui, de lui emprunter ses propres armes et ce qui est pire sa propre idéologie[22]. »

Le 25 juillet, *Le Populaire Girondin* publie un communiqué :

> « Six députés ont remis leur mandat de député à la Fédération parce qu'ils ont été blâmés par le congrès national. La commission exécutive de la Fédération leur a renouvelé sa confiance et sa sympathie et leur a assuré de son entier soutien. »

Posée pratiquement à chaque congrès, la seconde question sera directement à l'origine de la rupture. Les socialistes doivent-ils ou non participer à des gouvernements aux positions éloignées de leur programme ou attendre d'être majoritaires sur leurs propres idées, y compris grâce à une alliance avec le

[22] Cf. *Cahier de l'OURS*, n° 9 qui publie le discours de Blum.

Parti communiste ? À l'Assemblée nationale, le groupe socialiste est favorable à la première hypothèse. Au sein des instances nationales du Parti, les dirigeants s'y opposent. À chaque congrès, les Girondins se prononcent pour la participation ministérielle immédiate. Après le succès électoral des élections législatives de 1932, le congrès fédéral du 29 mai soutient Adrien Marquet lorsqu'il déclare essentiel de « donner l'impression que le parti socialiste n'est pas effrayé par les responsabilités du pouvoir[23] ». Toutefois, le parti radical d'Édouard Herriot repousse les conditions posées par la S.F.I.O., notamment celles relatives à la diminution des crédits militaires et à la semaine de quarante heures.

Le congrès fédéral du 9 juillet 1933 se tient dans les locaux des loges maçonniques, rue Ségalier. La motion « Renaudel-Marquet » regrette l'intransigeance de la direction nationale et demande la participation. Elle obtient 287 mandats contre 134 à celle de Paul Faure en dépit de l'opposition de **Robert Vielle, Jean Meunier** et **Gaston Cabannes**. Sur 13 membres de la commission administrative, 9 sont favorables à Adrien Marquet[24]. Avec une trentaine de députés, ce dernier rejette alors la discipline du Parti et décide de voter le budget du gouvernement Daladier. Sanctionnée d'un blâme, une majorité du groupe parlementaire dépose une motion :

> « Les élus soussignés signalent aux militants que toute mesure qui tendrait à enlever au groupe son initiative et sa responsabilité propres serait funeste à la vie intérieure et à l'action du parti[25]. »

Refusant de jurer fidélité au parti, organisant une réunion publique à Angoulême pour exposer leurs thèses, Marquet et Cayrel sont exclus de la S.F.I.O. le **5 novembre 1933**. Avec Marcel Déat et Pierre Renaudel, le maire de Bordeaux crée le « Parti socialiste de France-Union Jean-Jaurès ». En 1934, Adrien Marquet est nommé ministre du Travail par Gaston Doumergue. Cette participation « à titre personnel » est condamnée toutefois par ses amis du P.S.F., y compris

[23] *Le Cri Populaire*, 29 mai 1932.

[24] Rapports de police au Préfet de Gironde, AD 1 m 555.

[25] *Cahier de l'OURS*, n° 59.

par le député de Bazas, Gabriel Lafaye. Elle conduira Adrien Marquet et Antoine Cayrel à fonder le Parti néo-socialiste de France en novembre 1935 alors que les autres scissionnistes (Lafaye, Lasserre, Luquot) se rassemblent dans l'Union socialiste républicaine.

La scission de 1933 provoque un véritable séisme en Gironde. Dans toute la France, seuls 20 000 adhérents et 35 parlementaires sur 129 suivent Déat et Renaudel. Les « dissidents » girondins sont, eux, majoritaires. Ils rassemblent la moitié des 7 000 militants, 9 conseillers généraux sur 10, les maires de Bordeaux, Le Bouscat, Talence, Bègles, Langon, Saint-Macaire, Coutras... Ils disposent d'un mouvement de jeunes « Les jeunes béliers de France » et bénéficient de l'hebdomadaire de la Fédération, *Le Cri Populaire*. Sur les 7 députés socialistes de Gironde, élus en 1932, 6, Gabriel Lafaye, Antoine Cayrel, Henri Cazalet, Georges Lasserre ainsi que Justin Luquot jusqu'en 1937, suivent Adrien Marquet. Seul Gaston Cabannes reste fidèle à la S.F.I.O. en affirmant haut et fort sa conception de la vie publique :

> « Si le respect des engagements pris constitue la garantie essentielle que l'on est en droit d'exiger d'un homme politique, je suis certain d'avoir respecté le mien[27]. »

Quelques jours avant la scission, Robert Vielle informe Paul Faure, secrétaire général, de la situation girondine :

> « La tâche est rude car, non seulement les six élus mais aussi leurs satellites courent de section en section pour enlever les mandats. Nous ne nous laissons pas faire et nous courons autant qu'eux. Depuis trois semaines, Audeguil, Costedoat fils, Mureine père et fils, Papin, Estequa, Guillet et moi-même et d'autres que j'oublie nous faisons une réunion tous les soirs... Maintenant, il faudra reconstruire... Nous prenons nos dispositions pour reconstituer immédiatement une C. A... Il est à prévoir que les caisses partiront avec les trésoriers...[28]. »

Aux élections municipales de mai 1935, la liste Marquet, rejointe par une partie des radicaux, obtient

[27] Cité par J. Maitron.

[28] Cf. lettre de R. Vieille à Paul Faure, in *Revue de l'OURS*.

plus de 26 000 voix de moyenne contre 11 800 à la liste de droite d'Henriot, 8 800 voix à celle, socialiste, d'**Edmond Costedoat** et 2 600 à celle du Parti communiste. Le socialisme est à reconstruire en Gironde. Malgré cette hémorragie, la S.F.I.O. demeurera une force influente. À partir de juin 1933, elle disposera même d'un hebdomadaire, *L'Unité* qui deviendra en 1937 *Le Populaire Girondin*, organe de défense du Front Populaire. Rédigeant article sur article, **André Meunier** dénoncera Marquet, sa gestion municipale et ses positions, relayées par *Le Cri Populaire*, qui accuse Léon Blum de « pousser à la guerre pour l'U.R.S.S. et la juiverie ».

L'ESPOIR DU FRONT POPULAIRE

La vie politique se déroule sur fond d'une activité économique particulièrement soutenue. Le marché des résineux (gemme, essence térébenthine...), essentiel sur la place de Bordeaux, commence pourtant son lent déclin. Le marché du vin se voit, lui, frappé par la prohibition américaine et la disparition de la clientèle russe. Mais l'industrie se développe grâce à la construction aéronautique et au secteur de la papeterie. En 1929, l'activité du port bat ses records. La Chambre de commerce en appelle à la main d'œuvre roumaine ou portugaise. La grande crise, venue des États-Unis, fera sentir ses effets à partir de 1930. La compagnie pour l'importation et la vente de rhum des colonies françaises est mise en faillite, des banques ferment, le chômage sévit. Toute la Gironde, en particulier, le milieu rural, connaît une grave dépression. Le cours du vin chute des quatre-cinquièmes et entraîne l'arrachage massif des meilleures vignes. Le trafic du port se réduit d'un quart. Pour relancer l'économie, le raffinage est autorisé à Ambès et Pauillac en 1928 et la décision est prise d'aménager un aéroport à Mérignac qui ouvrira en 1935. En 1934, 307 entreprises sont déclarées en faillite. La population change aussi profondément. Si le secteur agricole demeure stable, le nombre d'ouvriers de l'industrie augmente sensiblement en particulier au sein des entreprises de plus de cinq cents salariés. Quant au nombre de chômeurs, il reste inférieur à 2 % de la population active. L'analphabétisme, réduit à 5 %, est en recul net[28]. De 1921 à 1936, le nombre de journées de grève est très faible. La Gironde se transforme et avec elle la société.

[28] Recensement général de la population, 1926, cité par M. Rabau.

la droite dans la rue, février 1934

À l'occasion d'une affaire politico-financière, la politique descend dans la rue avec violence. Grâce à la complicité du député-maire de Bayonne et d'élus radicaux, **Stavisky** a émis deux cents millions de bons de caisse au nom du Crédit municipal... sans la moindre contrepartie. Riche de cette monnaie de singe, l'homme d'affaires fréquente le « Tout-Paris » politique et artistique et obtient qu'un passé déjà chargé soit oublié. En janvier 1934, son corps est retrouvé inanimé... Ce scandale, qui s'ajoute à d'autres comme celui du canal de Panama, déchaîne la droite conduite par **Philippe Henriot**, député de la Gironde et l'extrême droite. À Bordeaux, la Ligue des contribuables, l'Action française, les Croix de feu mettent en cause le régime parlementaire. La police évalue les membres de ces groupes fascistes à 6 000 personnes. Après la démission du radical Camille Chautemps, le président Lebrun nomme **Daladier**. Le **6 février 1934**, jour de son investiture par le Parlement, l'Action française et un conglomérat de ligues nationalistes provoquent une émeute comme Paris n'en a pas connu depuis la Commune. À peine constitué, le gouvernement démissionne. La guerre civile menace.

Cet événement est doublement considérable. Pour la première fois, les institutions ont dû céder devant la pression de l'extrême droite. Pour la première fois aussi, depuis la scission de 1920, toutes les forces de gauche se sont rassemblées, y compris la S.F.I.C. qui sort de son isolement et adopte le nom de **Parti Communiste Français**. La voie du Front Populaire est ouverte, celle de l'affrontement avec l'extrême droite aussi. En Gironde, avant même la manifestation parisienne, **Jean Meunier**, secrétaire fédéral, et **Robert Vielle**, secrétaire fédéral adjoint et responsable syndical, réunissent, le 8 février 1934, 7 000 à 10 000 personnes qui défilent de la place de la République aux allées de Tourny. Le 12 février, la grève lancée par la C.G.T. est totale sauf dans le commerce et les banques. Dans un nouveau rassemblement de 30 000 personnes, on entend crier, de la place des Quinconces aux Capucins, « les soviets à Bordeaux » mais aussi « Vive Marquet ».

Pourtant le Front Populaire va se diviser localement sur la place à accorder au maire de Bordeaux. Le 4 novembre 1935 à l'Américan Park, **Léon Blum** s'oppose à la présence d'Adrien Marquet dans un front commun :

> « M. Léon Blum, salué de nouveau par le chant de l'Internationale a pris la parole. Il a tenu la tribune pendant près d'une heure et demie. Il a mis tour à tour en cause M. Marquet d'abord, M. le président Doumergue ensuite. Avec une causticité très aiguë et une âpreté qui a fréquemment frappé l'auditoire, il a fait le procès politique de ces deux personnages[29]. »

[29] Rapport de police au Préfet de Gironde, AD 1 m 555.

Dans des réunions publiques contradictoires, **André Costedoat** et **Jean-Raymond Guyon** attaquent également Adrien Marquet sans ménagement au point de provoquer des affrontements physiques. Un rapport du commissaire de police au Préfet mentionne ainsi que « M. Marquet avait bondi sous l'outrage et fait le geste de gifler M. Guyon qui se reculant n'a pas été atteint mais a eu les oreilles tirées ». Le Parti communiste ne partage pas ce rejet. Le 9 janvier 1936, dans *L'Humanité*, Étienne Fajon défend la thèse selon laquelle

> « À Bordeaux, une partie non négligeable de la population laborieuse conserve sa confiance au citoyen Marquet. »

et explique que :

> « Le rassemblement des masses laborieuses ne saurait être subordonné à des amertumes particulières. »

En mars 1936, la Gironde sera le seul département à ne pas avoir constitué un Front populaire local même s'il existe un « Comité de rassemblement populaire » émanant du monde syndical.

le gouvernement du Front populaire

Lors des élections d'avril et mai 1936, les partis du Front populaire mènent campagne sur le thème « **le pain, la paix, la liberté** ». Malgré un résultat incertain au soir du premier tour, la nouvelle discipline républicaine donne une majorité à la gauche. La S.F.I.O. devance pour la première fois le Parti radical et devient le premier parti de France. Le Parti communiste double le nombre de ses électeurs. En Gironde, la S.F.I.O. n'est que la troisième force politique du département. Fortement concurrencés par les dissidents de 1933, les socialistes, avec 17,60 % obtiennent 3 députés. Le Parti socialiste de France a 2 élus comme les néo-socialistes de Marquet, lui-même réélu de 20 voix grâce au renfort de l'électorat de droite et au soutien du parti communiste. Globalement, et sans tenir compte du phénomène néo-socialiste, la géographie électorale demeure la même depuis le début du siècle : Bordeaux, les Landes girondines, le Libournais sont à gauche, le Médoc, le Blayais et le Réolais sont à droite.

En juin 1936, **Léon Blum** constitue son gouvernement. Les communistes promettent leur soutien, mais refusent de participer. Paul Faure, secrétaire général de la S.F.I.O., est ministre d'État. Immédiatement, une grève générale paralyse le pays. L'usine d'aviation de Bègles, les chantiers de la Gironde, les docks, les tramways, les raffineries, les grands magasins, mais aussi la Foire de Bordeaux ou les vignerons du Haut-Médoc comptent 30 000 grévistes. Avec le Nord, le Rhône et la Seine, la Gironde est le département qui connaît les grèves les plus longues et... les hausses de salaires les plus fortes. Le 4 juillet, l'accord dans la métallurgie girondine donne lieu à une grande fête au son de l'Internationale et de la Carmagnole. Le dernier conflit – celui dans le bâtiment – se termine le 30 juillet après cinquante jours de grève.

Le gouvernement du Front populaire réalise de grandes réformes : liberté syndicale, élection de délégués d'ateliers, conventions collectives, durée du travail à 40 heures. Les industries d'armement sont nationalisées. Six sociétés nationales d'aéronautiques sont constituées, notamment la Société nationale de construction aéronautique du Sud-Ouest avec ses établissements à Mérignac et Bacalan. Sous une dénomination différente, les Ateliers industriels de l'aéronautique s'installent également à Floirac. Pour la première fois, des milliers de travailleurs et leurs familles bénéficient de deux semaines de congés payés. Ils le doivent notamment au girondin de naissance **Léo Lagrange**, sous-secrétaire d'État aux Sports et aux loisirs.

La droite attaque violemment le chef du gouvernement et son équipe. Les milieux conservateurs réagissent vivement comme en Gironde où la chambre de commerce demande à la police de faire évacuer les usines occupées et aux industriels et commerçants de placer un drapeau national à leurs fenêtres. Le conseil municipal de Bordeaux condamne la grève des traminots. Le 22 novembre 1936, 10 000 girondins rendent hommage à **Roger Salengro,** ministre de l'Intérieur qui vient de se suicider après une campagne de calomnie sur un passé militaire pourtant irréprochable. La situation économique et financière souffre d'une inflation préoccupante. Par deux fois, Léon Blum demande les pleins pouvoirs en matière économique et financière, proposant notamment un impôt sur le capital et un contrôle des changes. Par deux fois, le Sénat les lui refusera, entraînant sa démission le 30 juin 1937 et son remplacement par Chautemps, puis Daladier.

rester pacifiste en 1938 ?

De nouveau, une majorité de gauche élue s'est dissociée. Elle s'était déjà séparée sur **la question espagnole**. Sorti vainqueur des élections en février 1936, le Front populaire espagnol est menacé par le soulèvement militaire. Pris entre les radicaux et le Parti communiste, isolé sur le plan international, Léon Blum, les larmes aux yeux, explique que la France ne peut apporter son soutien sans risquer d'importer la guerre civile en France ou de provoquer un conflit européen. Cette décision est l'une des plus contestée du Front populaire. En lançant une souscription en faveur des républicains, André Meunier tente de l'expliquer :

> « Puisqu'à moins d'encourir un risque terrible de guerre nous ne pouvons pas aider la République espagnole à vaincre, il nous faut proposer une médiation qui évitera le massacre des combattants républicains[30]. »

[30] *Le Populaire Girondin*, 24 février 1939 : « Quelle attitude devons-nous avoir en face du problème espagnol ?» par André Mureine.

Quelques mois plus tard, Hitler menace d'envahir la Tchécoslovaquie à laquelle la France doit assistance par traité. Le gouvernement rappelle les réservistes. En septembre 1938, afin d'éviter la guerre, Édouard Daladier négocie les **accords de Munich.** Les Parisiens comme les Girondins l'acclament et la Tchécoslovaquie est abandonnée... Dans *Le Populaire* du 30 septembre, Paul Faure se veut rassurant : « L'espoir renaît, le monstre ignoble de la guerre recule. C'est une phase émouvante. On verra demain... ». Léon Blum, beaucoup plus perplexe, est mis en minorité dans le groupe socialiste qui approuve les accords. Président du groupe, il devra défendre la position de ce dernier à la tribune de l'Assemblée nationale. La vie politique possède ses contraintes même pour un homme de la qualité de Léon Blum...

Comme à la veille de 1914, la discussion a repris dans les rangs socialistes : faut-il se prononcer pour ou contre la guerre ? La réponse sera la même, tout aussi vaine et désespérée. Tout en constatant la montée des fascismes en Europe, la grande majorité des socialistes se veut pacifiste. En avril 1936, à Cenon, le congrès fédéral des jeunesses socialistes adopte la motion antimilitariste de la « Gauche révolutionnaire » de **Marceau Pivert**. En Gironde comme dans toute la France, le débat devient de plus en plus vif entre les défenseurs de **Léon Blum**, résolus à préparer une guerre inévitable (André et Jean Mureine, Jean Costedoat, Pierre-Emmanuel Guillet, Robert Brettes), les amis du secrétaire général **Paul Faure**, satisfaits de l'accord de Munich, qui réclament la limitation de l'armement et l'organisation d'une conférence internationale (Gaston Cabannes, René Cassagne, Robert Vielle, Justin Luquot, André Naphle) et encore les fidèles de Marceau Pivert, chef de la gauche révolutionnaire (André Treuillé), opposés à toute union nationale. Les « pivertistes » seront bientôt exclus du parti. Les « blumistes » et les « paulfauristes » parviendront eux à une synthèse provisoire.

Afin de surmonter ses profondes divisions, la direction est alors assurée par deux secrétaires fédéraux représentant les deux grandes tendances nationales : **André Meunier** et **Robert Vielle**. Toutefois, le conflit demeure encore masqué :

> « Le bureau fédéral a été organisé sur de nouvelles bases. En raison de l'accroissement du travail, dorénavant, la direction sera assurée par deux secrétaires fédéraux. Notre camarade, André Mureine, s'occupera des relations intérieures du Parti (relations avec les sections, propagande) et Robert Vielle des relations avec les autres partis, le Rassemblement populaire, le secrétariat général et continuera comme par le passé à diriger le journal fédéral[31]. »

Consciente de ses divisions, la Fédération veut toutefois se montrer ambitieuse. Elle se fixe pour objectif de passer de 206 sections à 250, d'atteindre 9 000 adhérents et 2 500 jeunes.

Dans les mois qui suivent, les pacifistes l'emportent et imposent **René Cassagne**, comme secrétaire fédéral administratif, c'est-à-dire comme le numéro deux d'une Fédération où André Meunier est mis en minorité. Mais à l'évidence, aucune majorité n'est acquise. Au congrès du 22 mai 1938, la Fédération de la Gironde propose un projet de motion en faveur du gouvernement de rassemblement populaire, d'une réforme du Sénat, de l'institution du contrôle des changes et de la réouverture de la frontière espagnole du côté républicain. Au congrès du 18 décembre 1938 au Bouscat, la motion soutenue par Guillet obtient 56 mandats, celle de Vielle (Paul Faure) 118 mandats et celle de Meunier (Léon Blum) l'emporte avec 259 mandats. Il semble qu'alors André Meunier redevienne seul secrétaire fédéral, Robert Vielle devenant secrétaire fédéral adjoint[32]. À la veille de la guerre, la Fédération de la Gironde compte 6 810 adhérents, 3 députés, 12 maires, 7 conseillers généraux. Lors de la fête du 24 juillet 1938, le Parti socialiste avait rassemblé 25 000 personnes au parc Maurepas à Floirac.

Le débat est désormais vain. Le 23 août 1939, le **pacte germano-soviétique** est conclu. Une vingtaine de

[31] *Le Populaire Girondin*, 26 novembre 1937, article de R. Vielle. Cette direction bicéphale suit le congrès fédéral de Cenon du 31 octobre 1937. La commission administrative est composée de R. Vielle et A. Meunier, secrétaires fédéraux, Guillet, secrétaire adjoint de Meunier, PE, adjoint de Vielle, Frenel, secrétaire chargé des services administratifs, Vivez, secrétaire chargé des « Amicales », Cabannes, Lapoudge et Garrigou, trésoriers, Langril, J. Meunier, Naphle, Berry. Les suppléants : Deschamps, Audeguil, Marcade, J. Costedoat, Brettes, Guyon (cf. *Le Populaire Girondin*, 5 novembre 1937).

[32] Dans *Le Populaire Girondin* d'avril 1939 ou en novembre 1939, R. Vieille signe en effet secrétaire fédéral adjoint et dans celui de février 1939, A. Mureine, signe secrétaire fédéral.

députés communistes démissionnent d'un parti qui suit aveuglément les directives de l'Internationale. L'Allemagne et l'U.R.S.S. envahissent la Pologne. La guerre est déclarée le 3 septembre 1939. Les troupes françaises sont écrasées en moins de quatre semaines. Le 10 juillet 1940, le maréchal Pétain demande **les pleins pouvoirs**. Sur 560 parlementaires, seuls 80 refusent. Parmi eux figurent les socialistes girondins **Fernand Audeguil**, **Justin Luquot**, et de nouveau, bien sûr, **Gaston Cabannes**, l'homme des lucidités courageuses, mais aussi Jean Odin, sénateur de la gauche démocratique et Jean-Emmanuel Roy, radical-socialiste. Lorsque les hostilités militaires se sont déclenchées, Paul Faure, le secrétaire général de la S.F.I.O., désespéré selon son expression, s'est enfermé chez lui, laissant les socialistes sans directive ni coordination.

L'OCCUPATION ET LA RÉSISTANCE

la République suspendue

Comme en décembre 1870 après la défaite de Sedan, comme en septembre 1914 après la chute de Charleroi, les pouvoirs publics se réfugient à Bordeaux après la débâcle de 1940. Albert Lebrun, président de la République, s'installe à l'hôtel de la Préfecture. **Paul Reynaud**, président du Conseil, loge à l'hôtel du commandement de la 18e région militaire, Georges Mandel, ministre de l'Intérieur, emménage rue Esprit-des-Lois. Les ambassades prennent possession des châteaux du Sauternais ou du Libournais. Le 16 juin, Paul Reynaud démissionne et le maréchal Pétain propose de faire « don de sa personne ». Le 17 juin, le général de Gaulle, sous-secrétaire d'État à la Guerre, s'envole de l'aéroport de Mérignac pour Londres où le lendemain, il lancera son appel à poursuivre les combats. Le 25 juin, le **maréchal Pétain**, devenu président du Conseil, annonce l'armistice, puis assiste à une messe à la cathédrale Saint-André et à une cérémonie au monument aux morts, place du XI-Novembre. Le soir, il tente de justifier sa décision et en appelle au « redressement intellectuel et moral ». Le 27 juin, il remanie son gouvernement qui n'est plus composé que de 11 ministres dont Adrien Marquet qui succède à Georges Mandel comme ministre de l'Intérieur. Le 29 juin, Pétain quitte Bordeaux pour Vichy où il deviendra « chef de l'État français » et obtiendra les pleins pouvoirs. **Léon Blum**[33], lui, vit ses derniers jours de liberté, hébergé par son ami **Fernand Audeguil**, 151, rue François-de-Sourdis. Au domicile de ce dernier, les discussions portent notamment sur la réponse à donner au maréchal Pétain qui a proposé aux socialistes de figurer dans son gouvernement. Le secrétaire fédéral Robert Vielle demande que la vie du parti se poursuive. *Le Populaire Girondin* continue d'être publié.

La IIIe République, la République tout court, peut-on penser, prend fin. La Gironde est alors débordée par les réfugiés. Plus d'un millier de personnes et parmi

[33] Léon Blum sera arrêté dès septembre 1940. En février 1942, lors du procès de Riom, il défendra la République et le Front populaire. En prison, il écrira en 1942 *À l'échelle humaine*, ouvrage où il réfléchit sur les causes de la défaite et où il présente les réformes politiques nécessaires. En avril 1943, il est déporté au camp de Buchenwald où sa femme le rejoindra. Léon Blum meurt le 30 mars 1950 d'un infarctus.

eux, comme en 1914, beaucoup de Belges se pressent dans le Sud-Gironde, notamment à Bazas. Bordeaux voit sa population doubler avant d'être occupée par les troupes allemandes. Le 25 juin 1940, après des bombardements causant la mort de 68 personnes, la ligne de démarcation entre zone occupée et « zone libre » divise la Gironde en deux. Toute la partie située à l'ouest de l'axe Castillon-Sauveterre-Langon-Captieux se situe en zone occupée. Des blockhaus sont construits autour de la tour Pey-Berland ou place des Quinconces. Coupable d'avoir levé le poing devant la bannière à croix gammée, gare Saint-Jean, un homme de nationalité polonaise, Israël Leizer Karp est le premier civil fusillé sur le territoire français. Le Parti populaire français de Jacques Doriot s'installe en Gironde ainsi que divers mouvements de collaboration. Bientôt en octobre 1940, le journal *La Petite Gironde* s'interroge sur « Qui doit se considérer comme juif ? ». L'activité de Maurice Sabatier et de son secrétaire général, Maurice Papon, fait de la Gironde la deuxième préfecture de France par le nombre de juifs déportés (1 528 victimes) et la troisième pour les opérations de « S.T.O. ». 10 000 travailleurs sont envoyés de force en Allemagne au titre du **service du travail obligatoire**. La milice intervient à Sainte-Foy-la-Grande ou contre 12 adolescents à la ferme de Richemont à Saucats.

En octobre 1940, le régime de Vichy suspend les sessions du Conseil général et nomme un conseil départemental composé de conseillers généraux désignés par le maréchal. Dans toutes les communes de plus de 2 000 habitants, les municipalités sont également nommées.

les militants du refus

Les forces de gauche sont alors reléguées dans la clandestinité. Les structures nationales n'existent plus depuis la « disparition » de Paul Faure et l'emprisonnement de Léon Blum. La résistance sera d'abord une affaire de conscience et de réseaux d'individus.

Dès l'été 1940, un **Comité secret d'action socialiste** de la Résistance, futur Comité central girondin de la

Résistance, se met en place au domicile de **Fernand Audeguil**. Il ne regroupe qu'une dizaine de militants : Jean Costedoat, Bertrand Pinsolles, Roger Marcade, maire de Pessac, **André et Jean Meunier**, dits « **Mureine** », André Le Floch, Robert Brettes, Justin Luquot, **Georges Bonnac**. Ce dernier, directeur du bureau municipal de solidarité, devient responsable de l'antenne régionale du réseau de résistance clandestine « **Libé-Nord** » et assure la liaison avec le **Comité national de la Résistance**. Il ronéotype des numéros du *Populaire Girondin*, diffusés sous le manteau[34]. Arrêté le 26 mai 1943, Georges Bonnac trouvera la mort dans le camp de Mathausen. Devant la constante menace allemande, les réunions se déplacent. Elles ont lieu chez **Malbos**, au bar Delta, 125, rue d'Arès, devenue aujourd'hui rue Georges-Bonnac, puis au cabinet de l'avocat Jean Costedoat, et enfin à partir de 1943 tous les quinze jours au domicile d'**Edgar Domengine**, rue du Chai-des-Farines. Dans toute la Gironde, des socialistes s'engagent : Pierre-Emmanuel Guillet, Max Poumeyrol, Jean-Elien Jambon... Mobilisés Pierre Lagorce et André Treuillé sont prisonniers. Fernand Audeguil, Gaston Cabannes, Justin Luquot sont démis de leurs fonctions par le régime de Vichy. **Jean-Raymond Guyon** gagne le maquis. D'autres sont internés au camp de Mérignac ou, comme le docteur Marcade, au fort du Hâ. Bientôt toute la gauche entre dans la résistance. Charles Tillon, délégué du Parti communiste, n'attend pas que l'Allemagne envahisse l'U.R.S.S. pour distribuer des tracts à Bordeaux. La gauche subit la répression de la Gestapo installée au Bouscat. Cinquante otages sont exécutés au camp de Souge en octobre 1941. Parmi eux figurent un grand nombre de communistes et notamment le fils de René Duhourquet, lui-même déporté à Dachau ou le mari de Renée Reyraud, seule femme parlementaire de la IVe République, elle-même transférée à Ravensbrück. Redevenu simple député de la Gironde, arrêté dès le 17 juin 1940 à Bordeaux, envoyé en captivité en Allemagne, Georges Mandel ne ressort de détention que pour être abattu de 9 balles par la milice en juillet 1944 près de Versailles. Les opérations contre la

[34] Selon Gabriel Delaunay, cité par Maurice Rabau.

résistance sont particulièrement violentes comme celle menée à Blasimon et Mauriac où les corps des résistants sont carbonisés et des maisons incendiées. Au total, la Gironde connaîtra 7 500 arrestations, 500 fusillés, 15 000 « S.T.O. », 1 300 déportés politiques dont 900 ne reviendront pas, 1 690 déportés « raciaux » dont 223 enfants qui presque tous disparaîtront.

la collaboration

Pendant ces années, **Marquet** a choisi ouvertement l'amitié avec l'occupant. Ministre de Pétain, il intrigue pour que ce dernier, trop âgé, cède la place à plus jeune, en pensant sans doute à son ami **Laval.** Il sera démissionné par le maréchal au bout de quelques mois. À Bordeaux, l'opinion n'est pas insensible aux thèses de son maire. La conférence sur la collaboration franco-allemande connaît un tel succès que son auteur, Philippe Henriot, secrétaire d'État à la Propagande de Pierre Laval, doit la rééditer à trois reprises. Organisée après la dissolution des loges et la publication des noms des dignitaires francs-maçons dans le *Journal officiel*, l'exposition « anti-maçonnique » est également très fréquentée. L'exposition « Le bolchevisme en Europe »attire 100 000 visiteurs au musée de la mairie de Bordeaux. Le 27 mars 1942, Adrien Marquet inaugure une manifestation dans les jardins de la mairie : « Le juif et la France ». 61 213 personnes parmi lesquelles les enfants des écoles se presseront pour visionner notamment deux films « Le petit juif » et « Les corrupteurs ». Le journal *La Petite Gironde* tire les leçons de ce qui se veut une démonstration :

> « Quarante jours auront suffi pour que nos concitoyens se rendent compte du péril juif. Un vieil usage veut que dans toute enquête criminelle, l'on recherche la femme. Désormais, nous savons que dans les causes de toute misère, faillites, catastrophes financières, scandales ou guerres, nous devons rechercher le juif [35]. »

Pendant toutes ces années, un militant incarne l'idéal socialiste. Aujourd'hui, il semble presque oublié même

[35] Cité par René Terisse, Bordeaux 1940-1944.

le destin d'un socialiste résistant

si une plaque porte son nom à l'angle d'une place de Bordeaux. Par une journée froide d'hiver, son corps fut, il est vrai, jeté à la fosse commune. Dans le secret d'un camp proche du Tyrol, ses tortionnaires l'avaient destiné à l'oubli jusque dans sa mort. Il était coupable de s'être très tôt engagé contre l'occupant, d'avoir participé à la fondation de « Libé-Nord », d'être l'organisateur de groupes armés dans le département et l'instigateur d'opérations de parachutage ou de sabotage. Avant la guerre, **André Meunier**, dit **Mureine** représentait les socialistes à la tête de la Fédération où il avait succédé à son père Jean. Il s'était battu inlassablement contre Marquet et les néo-socialistes, il s'était opposé au pacifisme défaitiste de Paul Faure et avait soutenu Léon Blum. En 1937, il avait été élu conseiller général du 6e canton de Bordeaux. Arrêté une première fois le 4 août 1943, il est enfermé pendant cent jours au Fort du Hâ. Libéré, d'autres que lui auraient cessé tout engagement. Mureine les a poursuivis jusqu'à être dénoncé, arrêté de nouveau le 23 mai 1944, déporté à Dachau, puis à Hersbruck. Pendant plus de deux ans, personne ne sut s'il était vivant ou mort. Sa disparition survenue le 20 décembre 1944, selon un codétenu, ne sera officielle qu'en août 1946. André Mureine a marqué la mémoire socialiste :

> « Et voilà. Ce bout de papier administratif vient irrévocablement de mettre le point final à une destinée humaine. André Mureine est mort. Et c'est seulement maintenant, assis à ma table, tranquille, sous la lueur de la lampe, devant ma page blanche et dans le silence de la nuit que je réalise pleinement ce qu'était André pour nous et que nous l'avons perdu. Ce garçon jeune, aux yeux vifs et au sourire confiant avait été des quelques obstinés qui s'étaient acharnés à maintenir le Parti socialiste en Gironde lorsque Marquet l'ébranlait fortement du vent de son ambition déchaînée... Il fut des premiers à faire son devoir envers la patrie attaquée... Il fut un agent actif des premiers groupes de résistants, l'un des fondateurs du Comité d'action socialiste[36]. »

Très loin de la Gironde, André Mureine a disparu et sans doute avec lui une partie de notre futur. S'il était

36 *Le Populaire Girondin*, 21 septembre 1946, « Celui qui n'est plus », Pilar. La mort de Mureine est annoncée en première page du *Populaire Girondin* du 3 août 1946 : « André Mureine est mort en déportation au mois de novembre 1944 ». En fait, il semble que sa mort soit intervenue le 20 décembre 1944.

revenu de déportation, la vie du Parti socialiste n'aurait pu reprendre sans lui. Le secrétaire fédéral des années éprouvantes d'avant-guerre possédait une culture politique qui faisait défaut à Fernand Audeguil. Le résistant bénéficiait d'une aura dont était privé René Cassagne. Vivant, André Mureine aurait certainement joué les premiers rôles à la Libération.

LA LIBÉRATION ET SES BOULEVERSEMENTS

La Gironde sera l'un des derniers départements français à être entièrement libéré. Jusqu'en avril 1945, à la pointe du Médoc, transformée par l'occupant en camp retranché permettant de contrôler l'estuaire, plusieurs milliers de soldats allemands affrontent les nouvelles autorités militaires. Contrairement à une idée parfois répandue, la Gironde a durement été frappée par les années d'occupation. Si le port de Bordeaux est à peu près intact, les installations portuaires de Blaye et Pauillac sont détruites de même qu'une partie de l'aéroport de Mérignac. La plupart des axes routiers ou ferroviaires sont coupés.

la concorde nationale, 1944

L'Histoire se poursuit et comme d'habitude après une crise, elle bouge les lignes politiques traditionnelles. Les premiers mois de la Libération voient ainsi le retour des prisonniers et des déportés. Le climat est bien entendu à la concorde entre les opposants au nazisme.

> « Depuis notre rentrée en France, dès notre passage à la frontière et jusqu'à notre coin de démobilisation, partout, en s'adressant à nous, on nous dit : « Ah ! les prisonniers et déportés, on compte beaucoup sur vous. Il n'y a que vous qui puissiez faire redresser la situation ». À tous ceux auxquels j'ai répondu, j'ai dit : « Ne vous faites pas trop d'illusions avec les prisonniers ». Ceux qui étaient militants avant la guerre, le sont demeurés, leur esprit militaire y a certainement gagné, si nous en jugeons du moins par ceux du camp où nous avons milité, dans la clandestinité naturellement, car socialistes et communistes ont travaillé en commun et en parfaite fraternité. Là-bas, il n'y avait point de dosage électoral, de questions de principes, de virgule ou de ponctuation pour nous chicaner[37]. »

D'août 1944 à janvier 1946, **de Gaulle** forme plusieurs gouvernements d'unité nationale auxquels participent les forces de la Résistance parmi lesquelles la S.F.I.O., le Parti communiste ou encore **Pierre Mendès France**

[37] André Treuillé, « Pas trop d'illusions avec les prisonniers », *Le Populaire Girondin*, 20 juin 1945.

qui démissionnera dès 1945 afin de protester contre le refus d'un plan de rigueur monétaire.

Ces mois sont marqués par la vague des nationalisations (Renault, les Houillères du Nord, les transports avec la création de la S.N.C.F. et d'Air France) et des réformes sociales avec les ordonnances instituant la Sécurité sociale. Ils sont aussi ceux du renouveau syndical avec une C.G.T. réunifiée, rassemblant cinq millions d'adhérents, et l'extension du pouvoir des comités d'entreprises ou l'élaboration d'un statut de la fonction publique. Ils sont enfin également ceux d'une mutation de la presse. Interdite pour fait de collaboration, *La Petite Gironde* cède la place à huit quotidiens parmi lesquels *Sud Ouest*, *France Libre*, journal des F.F.I., *La Gironde Populaire* communiste et plus tard *Bordeaux Midi-Le Populaire du Sud-Ouest*, journal de la Fédération socialiste.

la domination de la S.F.I.O.

En novembre 1944, la S.F.I.O. est la première organisation politique à tenir un congrès extraordinaire. Elle procède à une épuration rigoureuse, elle exclut et frappe d'inéligibilité les parlementaires ayant voté les pleins pouvoirs au maréchal Pétain. Le renouvellement du personnel politique est d'ailleurs général. En Gironde, seul un tiers des maires, 3 députés sur 13, 13 conseillers généraux sur 50 retrouvent leurs mandats. Les consignes nationales ont été suivies avec rigueur :

> « Tous les camarades ayant fait acte de résistance doivent immédiatement se réunir et constituer un bureau dont la composition ainsi que l'adresse des camarades qui le composent seront envoyées au secrétariat fédéral du Parti, 125, rue d'Arès à Bordeaux. Doivent être impitoyablement refoulés hors du Parti les ex-camarades qui, sous une forme ou une autre, auraient depuis juin 1940 pris position contre la Résistance et contre le Parti. Doivent être assimilés à ces derniers tous ceux qui auraient pris place parmi les trafiquants du marché noir[38]. »

La Gironde a attendu en vain le retour de déportation de son secrétaire fédéral. En septembre 1944, **Pierre-**

[38] *Libération* n° 1, nouvelle série, article signé « Le bureau fédéral provisoire ».

Emmanuel Guillet, habitué aux responsabilités, assure le secrétariat fédéral par intérim avant que le congrès ne désigne Jean Meunier, père d'André, déjà lui-même secrétaire fédéral avant la guerre, **André Treuillé** devenant secrétaire administratif. Les instances fédérales retrouvent d'ailleurs la plupart de ses animateurs d'avant-guerre[39], à l'exception notable de Robert Vielle, exclu pour « paulfaurisme ». La cinquième Fédération socialiste de France dépasse les 10 000 adhérents – son record – répartis en 285 sections. La plus importante est celle de Mérignac, suivie de celle de Bègles animée par Max Poumeyrol. Depuis mars 1945, elle possède un quotidien *Bordeaux Matin-Populaire du Sud-Ouest*[40] dirigé par René Cassagne, deux hebdomadaires internes, *Le Populaire Girondin* qui a succédé à *L'Unité socialiste* et *L'Élan social* dans l'arrondissement de Libourne. L'union des groupes socialistes d'entreprises prépare sa propre revue *Le lien socialiste girondin*. Les « Jeunesses socialistes », à la tenue chemise bleue et cravate rouge, comptent 1 000 adhérents.

Le 21 octobre **1945**, lors d'un référendum, approuvé par la S.F.I.O., 96 % des Français répondent « oui » à la mise en place d'une assemblée constituante, c'est-à-dire à une nouvelle République. Le même jour, la dite assemblée est élue. Les résultats sanctionnent les attitudes pendant l'occupation. Avant la guerre, détenant 33 chefs-lieux de cantons sur 41, le radicalisme dominait la Gironde comme d'ailleurs l'ensemble de la France. Dans le pays, le Parti communiste arrive en tête (26 %), devant le M.R.P. (25,6 %) et la S.F.I.O. (24,6 %). En Gironde, les socialistes deviennent la première force politique du département. Aux élections législatives du 21 octobre 1945, ils obtiennent 35,76 % des voix et 4 sièges de députés (Audeguil, Guillet, Cabannes, Guyon). Ils comptent 81 maires dont 9 dans des chefs-lieux de cantons, 890 conseillers municipaux sur 6 687. Presque partout, ses scores dépassent les 20 % sauf dans le Blayais et le Médoc qui restent encore des terres de mission. Aux élections municipales d'avril et mai 1945, **Bordeaux avec Fernand Audeguil**,

[39] En 1946, la commission administrative fédérale est composée de : J. Meunier, Brettes, Guillet, Cabannes, J. Costedoat, Audeguil, Cassagne, Treuillé, J.-R. Guyon, Deschamps, A. Le Floch, Langril, Pommier, Estequa, Mothes, Blanc-Norbert, M. Blanc, R.M. Pilar, A. Texier., responsables fédéraux, avant la guerre et de Pinsolle, P. Euloge, Martron, Stuelsatz, Capdevielle, Marguerite Courserand, Yvette Guillet, G. Malbos, Gellibert, Hochard, nouveaux membres.

[40] *Bordeaux Midi*, créé en mars 1945 est devenu *Bordeaux Matin* en avril puis *Bordeaux Presse*, quotidien du soir en 1946.

Mérignac grâce à **Robert Brettes**, Audenge (Daniel Digneaux), Castillon (Robert Guichard), Langon (René Gandriaut), Auros (Adrien Cahon) deviennent socialistes. Libourne le reste avec Jean Bernadet comme Saint-Macaire (Jean Thomas), Coutras (Antoinette Luquot), Saint-Médard-en-Jalles (Antonin Larroque), Talence (Georges Lasserre), Le Bouscat (Marius Marchandou), Pessac (Roger Cohé). Bègles et Cenon sont dirigés par des municipalités communistes (Olivier et Rospide).

un président socialiste du Conseil général, 1945

Les **élections cantonales de septembre 1945** confirment cette omni-présence. *La Nouvelle République*, quotidien du « Mouvement de Libération Nationale », titre « Magnifique résultat ». Comme lors des élections législatives, les radicaux s'effondrent. Les socialistes doublent leur nombre de sièges et obtiennent 20 conseillers généraux sur 50 alors que le Parti communiste dispose pour la première fois de 2 élus à Bègles avec Duhourquet, futur conseiller de la République, sénateur et à Saint-Symphorien avec Coquet. Obtenant 45 voix sur 48, **Fernand Audeguil,** maire de Bordeaux, devient le premier président socialiste du **Conseil général.** Lors de la séance du 30 octobre 1945, le nouveau Président rappelle les particularités de son élection :

> « Une longue tradition qui n'était sans doute pas l'effet du hasard, avait voulu jusqu'ici que le Président du Conseil général de la Gironde ne soit ni le maire de Bordeaux ni un représentant de notre grande ville sans doute pour éviter même l'apparence que les intérêts ruraux pourraient être sacrifiés aux intérêts urbains. Pourtant, hier, dans un élan de quasi-unanimité, vous avez rompu la tradition... Je n'ai pas la présomption de croire que mon nom a été le symbole d'un ralliement tardif. J'ai plutôt la conviction certaine qu'un changement profond s'est opéré dans nos cœurs, au lendemain de l'épreuve commune que nous avons supportée sans fléchir et qu'il n'y a plus dans cette assemblée ni ruraux ni urbains mais simplement des Girondins dévoués à la France. C'est peut-être le tribut de notre souffrance mais sans doute aussi le gage de notre résurrection. »

De cette présidence de Fernand Audeguil, nous pouvons aussi retenir ces autres paroles prononcées le même jour :

> « La peur, le pays vient de dire qu'il ne la connaît pas et qu'il ne veut plus la connaître. Il appelle de ses vœux un nouveau tempérament de la France, une société conduite par des mobiles autres que le lucre mais avant tout inspirée par le dévouement au bien de l'État. C'est dans cet esprit nouveau que je vous engage à remplir la mission et la tâche qui vous sont confiées. »

Fernand Audeguil situe ainsi parfaitement la nouveauté de son exécutif départemental. La quasi-unanimité réalisée sur son nom salue d'abord le résistant. Elle s'effritera avec l'éloignement du souvenir de la guerre. En fait, très rapidement, Fernand Audeguil se verra reprocher l'omniprésence des conseillers généraux urbains et la constitution d'un bureau composé exclusivement d'élus de Bordeaux, Libourne et Arcachon. Comme lui-même le note, la direction du département rompt avec une profonde tradition rurale à laquelle seule avait dérogé la présidence d'Émile Fourcand, en 1871, également maire de Bordeaux. Élu avec des voix allant bien au-delà de la gauche socialiste, Fernand Audeguil sera critiqué pour son absence d'ouverture politique, renforcée par l'exclusion du communiste Duhourquet du bureau en 1946. En dépit d'une majorité socialiste confirmée – à un degré moindre – en 1949, l'unanimité de la Libération va progressivement disparaître.

les femmes votent

Lors de ces élections d'après-guerre, un grand événement est intervenu : les femmes votent. Depuis les années 20, le droit de vote des femmes a fait l'objet de fréquents débats parlementaires, en particulier dès 1920 à l'initiative de Jules Guesde. Il avait même été envisagé d'accorder le droit des femmes aux seules veuves de guerre, ce qui était toutefois une solution niant la femme en tant que citoyenne à part entière. Par trois fois, l'Assemblée nationale avait voté le texte. Par trois fois, le Sénat l'avait rejeté. En juillet 1936, de nouveau, une très forte majorité de députés demande l'égalité politique entre homme et femme. Pressé par la guerre, le Sénat n'aura pas le temps d'examiner le projet de loi. Ni électrice ni éligible, les femmes accèdent pourtant aux responsabilités dans le gouvernement du Front populaire. Léon Blum nomme, en particulier, la périgourdine **Suzanne Lacore**, sous-secrétaire d'État à l'Éducation nationale et à l'enfance.

Dès 1932, Suzanne Lacore a parfaitement résumé le sens du combat mené par les femmes :

> « Aujourd'hui, plus vigoureusement qu'hier encore, elle veut cesser d'être considérée comme l'esclave de l'homme. Elle entend être, non comme le disait récemment une voix autorisée d'universitaire, « une ménagère et une maman avant tout ». Avant tout, elle veut être elle-même. Non, un moyen, mais un être humain ayant sa fin en soi. Elle veut son droit au travail, garantie d'indépendance et de dignité. Elle veut sa libération de la tutelle juridique de l'homme. Comme ouvrière, comme ménagère, comme femme, elle est la victime de la mauvaise organisation sociale : elle réclame le droit de collaborer, par son entrée dans l'arène politique, à l'œuvre de réforme et de salut qui sollicite le concours de tous les êtres ayant un cœur et un cerveau[41]. »

En Gironde, **Jeanne Mureine** est l'une des militantes les plus actives. Elle est l'une des 31 titulaires du Comité national des femmes socialistes dès sa création au congrès de Tours en 1931. Elle sera constamment réélue aux côtés notamment de Suzanne Buisson, animatrice nationale du mouvement et de Suzanne Lacore. À leurs débuts, les groupes femmes sont peu nombreux : 220 dont la moitié dans le département de la Seine et 26 en Gironde. Dès 1933, les effectifs passeront à 3 400 dont 193 girondines. Ce faible nombre de militantes donne lieu à des débats lors des congrès. En 1936, à Paris, le bordelais Costedoat croit ainsi trouver une explication qui évidemment ne satisfera pas grand monde :

> « Une des raisons qui retiennent les femmes de nos camarades chez elles est souvent les frais de timbre qui les empêchent lorsque déjà leur mari cotise, de

[41] Suzanne Lacore, *Femmes socialistes*, Éditions du Parti socialiste SFIO, 1932.

> cotiser également. C'est la raison pour laquelle je suis amené ici pour notre Fédération, à demander de diminuer le prix du timbre pour les femmes dont les maris sont déjà au Parti. »

L'Ordonnance du 21 avril 1944 reconnaît enfin aux Françaises un droit qu'elles étaient seules à ne pas détenir en Europe et dont elles avaient été exclues lors de la Révolution française. Elles seront désormais électrices et éligibles. En Gironde, les femmes représenteront 54 % de l'électorat.

Si les femmes peuvent désormais prendre part aux scrutins, elles sont rarement candidates et encore moins souvent élues. Au congrès de Paris en 1946, le secrétariat aux questions féminines dresse le bilan des différents scrutins :

> « Le Parti socialiste ne semble pas consentir encore l'effort nécessaire pour que les femmes entrent en plus grand nombre au parlement. Certes, en vue du scrutin du 2 juin, il a mis de nombreuses femmes sur ses listes, 70 environ, cependant que le Parti communiste en avait plus de 100, le M.R.P. 60 environ. Mais très peu de femmes dans notre Parti étaient mises sur les listes en position d'être élues... Cinq femmes seulement ont pu être élues contre 6 à la dernière Constituante. »

Aux élections législatives de 1945 et 1946, les listes girondines comprennent 28 femmes et 167 hommes. À l'exception notable de **Renée Reyraud**, numéro 2 de la liste communiste en 1946, première femme à être élue députée de la Gironde, elles occupent des places symboliques. Sur les listes S.F.I.O., **Antoinette Luquot** est 7e sur 9 en octobre 1945, 6e sur 9 en juin 1946, 4e sur 10 en novembre 1946. Lors des élections municipales de la Libération, Antoinette Luquot sera toutefois l'une des 3 premières femmes maires (Coutras) avec la radicale socialiste Mme de la Seiglière (Les Baigneaux) et la radicale indépendante Mlle Charon (Mouillac). Au total, 40 femmes sont conseillères municipales. Aux élections cantonales, 9 femmes se présentent dont une seule S.F.I.O. Aucune ne sera élue. Il faudra d'ailleurs attendre 1982 pour qu'une femme socialiste, **Marcelle Amouroux**, entre au Conseil général.

Pourtant, cette faible représentation ne semble pas alors constituer la préoccupation première des femmes. Leur volonté est d'abord de mobiliser l'électorat féminin en faveur du changement :

> « La bataille électorale terminée, les femmes qui, pour la première fois, ont participé aux destinées du pays, peuvent être fières. Elles ont bien voté. Elles ont affirmé leur volonté républicaine... Il nous appartient donc à nous les militantes de rallier autour de notre drapeau celles qui hésitent et de les grouper dans la vieille maison du Parti... Nous avons certes, et les voix des femmes y sont pour quelque chose, réalisé des progrès sensibles dans le pays mais, si nous ne faisons pas un peu de doctrine, non seulement à l'extérieur mais dans nos propres rangs, nous connaîtrons à bref délai sinon le recul du moins la désorganisation de nos cadres et de nos militants pour la plus grande joie des partis voisins aussi bien du radicalisme bourgeois que de la réaction haineuse[42]. »

[42] *Le Socialisme et les femmes*, Paulette Artigolles, Groupe Marcel Sembat, *Le Populaire Girondin*, 29 juin 1945.

Au sein de la Fédération, pour la première fois, en 1946, deux femmes siègent à la Commission administrative : **Marguerite Courserand** et **Yvette Guillet**, déléguée aux femmes socialistes. **Marie-Antoinette Garrou** est déléguée régionale à la propagande.

LA IVe RÉPUBLIQUE QUEL SOCIALISME, AVEC QUELS ALLIÉS ?

Les premières années de la IVe République sont marquées par une discussion entre **Daniel Mayer**, secrétaire général depuis 1943, soutenu par Léon Blum, de retour de déportation, et **Guy Mollet**. Les premiers se prononcent pour un grand parti de type travailliste, englobant éventuellement le M.R.P., nouvelle force politique de l'après-guerre. Le second défend la fidélité à la doctrine marxiste et pose de nouveau la question de la laïcité en demandant la suppression des subventions accordées aux écoles privées, ce qui *de facto* rend impossible toute alliance avec les catholiques sociaux. Le 4 septembre 1946, à l'issue du congrès national, Léon Blum prononce son dernier discours et Guy Mollet l'emporte. Il restera à la tête du Parti jusqu'en 1969. Désormais, le leader du Parti deviendra celui de tous les socialistes. Guy Mollet, s'appuyant sur des Fédérations influentes, parmi lesquelles la Gironde, met fin à la dyarchie constante qui avait affaibli la S.F.I.O. entre d'un côté le secrétariat général du Parti et de l'autre le groupe parlementaire.

s'allier avec les communistes ou les centristes ?

Mais déjà, un nouveau cycle électoral est apparu lors des élections législatives d'octobre 1945. La géographie politique d'avant-guerre recouvre peu à peu les bouleversements de la Libération. En Gironde, les maires élus avant 1939, de nouveau candidats, sont systématiquement réélus. Abel Boireau, par exemple, à Libourne bien que nommé maire par le pouvoir vichyssois, réussit à reprendre la mairie au détriment d'un authentique résistant, Jean Bernadet, lors des élections municipales d'octobre 1947. Comme sous la IIIe République, les électeurs semblent de nouveau privilégier la notabilité de l'élu et ses attaches locales plus que son appartenance politique. En outre, après avoir bénéficié de son attitude pendant la guerre et d'un appareil capable de se mobiliser dès les premiers jours de la Libération, la S.F.I.O. se trouve de nouveau confrontée à la question du pouvoir, des hommes pouvant l'exercer, des alliances à passer pour le conquérir. L'interrogation est alors d'autant plus redoutable que tout gouvernement doit faire face à la pénurie, puis à l'inflation mais aussi à la décolonisation en Indochine et bientôt en Algérie avant de se heurter au choix européen en matière de défense. Entre 1951 et 1953, la Gironde connaîtra de grandes grèves souvent organisées par une C.G.T. très puissante sur des thèmes nationaux, en particulier l'augmentation du S.M.I.G. Les arrêts de travail et les occupations d'usines se multiplieront à Sidélor, Dassault, les Forges et chantiers de Gironde, les Aciéries Homécourt ou encore dans la fonction publique et chez les dockers.

Dans cet effacement progressif du consensus de la Libération, le choix des girondins révèle l'une des rares divergences avec les instances nationales représentées d'abord par Daniel Mayer puis par Guy Mollet. Les Girondins se déclarent, en effet, particulièrement favorables au rapprochement avec les communistes. Dès janvier 1945, ils ont constitué une « **Commission de l'Unité** ». Opposé à ces initiatives, le secrétaire fédéral Pierre-Emmanuel Guillet informe la direction nationale :

> « Il est bien exact qu'un groupe d'une section de Mérignac a décidé de fusionner avec une cellule communiste en déclarant constituer une section du Parti ouvrier français ». De même, le groupe Marcel-Sembat de Bordeaux a décidé d'établir des contacts permanents en vue de réaliser l'unité par la base avec le Parti communiste. Je t'envoie également un communiqué qui m'a été adressé en commun par la cellule communiste et le groupe S.F.I.O. de La Tresne... Il existe en Gironde un mouvement unitaire extrêmement fort. Je pense qu'il est absolument nécessaire de clarifier la situation. Ne serait-il pas opportun de publier un texte indiquant à nos sections et groupes que ceux d'entre-eux qui tenteraient de réaliser, au mépris de la discipline socialiste, l'unification par la base, s'exclueraient eux-mêmes du Parti ? [43] »

[43] Lettre de Guillet à Daniel Mayer, 26 mai 1945, archives OURS, A 7 74 mm. Le 4 juin 1945, D. Mayer répond : « Je dois te dire non seulement mon accord personnel complet et sans réserve avec ce que tu m'écris mais l'accord du comité directeur incontestablement unanime. Il est absolument inadmissible, impossible et contraire à la discipline du Parti que sous quelque prétexte que ce soit, se forment des comités d'entente, des alliances permanentes, des rencontres à caractère organique et à fortiori des fusions... »

En 1946, Henri Deschamps, René Cassagne, André Treuillé, Jean Meunier, Robert Brettes continuent pourtant de se prononcer en faveur de la réalisation d'un « **grand parti ouvrier français** ». La commission administrative[44] va jusqu'à créer le 27 janvier 1946 un « Comité d'entente fédéral ». Immédiatement, l'ancien girondin, Marcel Cachin, devenu directeur de *L'Humanité*, lance un appel à la fusion des deux partis. La direction nationale rappelle fermement à la Fédération que seul le comité directeur est habilité à traiter des relations avec les organisations politiques voisines. La révocation des ministres communistes du gouvernement Ramadier en mai 1947, les grandes grèves de la même année qui aboutissent à la scission entre C.G.T. et C.G.T.-F.O., l'alignement aveugle du P.C.F. sur la politique stalinienne, la guerre froide mettront un terme provisoire à l'alliance de toutes les forces de gauche. Dès lors, à chaque élection les deux principales forces de la gauche s'affrontent de plus en plus durement. Aux municipales de 1947, grâce à une alliance électorale avec le R.P.F., les socialistes s'emparent de 2 municipalités communistes : Cenon où Louis Duvin succède à Jean Rospide et Bègles[45] auprès d'un maire de droite, Marcel Bouc, vainqueur d'Olivier Marius.

Voulant se démarquer tant du gaullisme que du communisme, la S.F.I.O. se met à espérer dans l'émergence d'une **troisième force** qu'elle composerait avec le Parti radical et le M.R.P. Lors du congrès fédéral d'août 1946, les socialistes girondins s'opposent à la direction nationale de Daniel Mayer. **René Cassagne** et **Robert Brettes** défendent une même motion selon laquelle :

> « Le tripartisme conduit à une impasse. Réclamons du peuple une confiance accrue et laissons les autres organisations s'épuiser dans leurs efforts de sauvetage du capitalisme[46]. »

De nouveau en mai 1947, la motion girondine qui se prononce pour le retrait des ministres socialistes du gouvernement Ramadier devance largement le texte

[44] La commission administrative de juin 1946 est composée de Treuillé, Deschamps, Mureine, Martron, Texier, Brettes, Langril, Euloge, Studzas, Le Floch, Marguerite Courserand, Bernadet, Pommier, Digneaux, Blanc, Norbet, Capdeville, Estequa, Malbos, Pinsolle, Cabannes, Guillet, Garrou, Cassagne, Y. Guillet, Audeguil, Guyon.

[45] À Cenon, G. Bès, SFIO, maire en 1939 a été remplacé par J. Rospide, PCF en 1945, lui-même remplacé par L. Duvin SFIO en 1947 et R. Cassagne en 1953. À Bègles, le maire communiste O.Marius est battu en 1947 par le RPF M. Bouc, soutenu par la SFIO.

[46] Cité par Francis Heinrich, « La reconstruction de la fédération girondine du parti socialiste SFIO. », in *Bordeaux et la Gironde pendant la reconstruction*.

défendu par Guy Mollet. En 1948, les girondins expriment encore nettement leur position :

> « La Fédération considère que les deux ennemis du Parti et de la République sont sur le même rang le R.P.F. et le Parti communiste stalinien, que le Parti ne doit faire aucun choix entre eux en vue de s'allier avec l'un contre l'autre, que repoussant toute compromission avec les deux, il donne au pouvoir légal républicain la force suffisante pour protéger la République contre leurs entreprises[47]. »

Tout en refusant ainsi de choisir leurs alliés les Girondins réclament également « un virage à gauche »[48].

le reflux électoral

Le pouvoir local fuit progressivement les socialistes girondins malmenés d'abord par le M.R.P. d'Henri Teitgen, député de Bordeaux et garde des Sceaux, puis par les gaullistes. Une partie de l'électorat socialiste s'est également reportée sur le Parti communiste, notamment sur la rive droite. En deux ans, les socialistes perdent un tiers de leurs électeurs et la moitié de leurs députés. Lors des **élections municipales d'octobre 1947**, moins de deux ans après le triomphe de 1945, les socialistes cèdent Bordeaux à **Jacques Chaban-Delmas**. Se présentant sous l'étiquette radicale, Chaban a mené campagne sur le thème : « Je ne suis pas un professionnel de la politique » et s'est réclamé autant de Mendès France que du général de Gaulle... Dans l'ensemble du département, le R.P.F. concrétise son implantation au détriment des socialistes. La S.F.I.O. perd ainsi Libourne (Bernadet), Audenge (Digneaux), Talence (Lasserre), Pessac (Cohé)[49], Saint-Médard-en-Jalles (Menaut), Villenave-d'Ornon (Coin), Soulac (Marcade), Pauillac. Elle n'a aucun maire élu dans un chef-lieu de canton sauf à Carbon-Blanc. Elle accède toutefois aux responsabilités à Cenon et Bègles dans des conditions ambiguës (cf. supra), et demeure fortement implantée dans le Sud-Gironde (Langon, Saint-Macaire, Grignols, Captieux). Lors des élections cantonales de 1949, les mauvais désistements entre socialistes et communistes

[47] rapport A. Treuillé, secrétaire administratif, 20 avril 1948, archives de l'OURS, A 9 49 mm

[48] En avril 1948, P.E. Guillet est secrétaire fédéral. R. Cassagne est nommé secrétaire général à l'organisation, Treuillé, secrétaire administratif, Le Floch, trésorier, Pilar, archiviste. Jeanne Mureine, présidente d'honneur de la commission « Femmes » avec Antoinette Luquot et Paulette Artigolles, secrétaire.

[49] À Pessac, R. Cohé, SFIO a succédé à R. Marcade, SFIO en 1945, a été battu en 1947 et a été réélu maire en 1953. À Talence, G. Lasserre, SFIO, battu par M. Winaert en 1947, retrouvera son siège en 1953.

font perdre aux premiers Pauillac de 7 voix et aux seconds Bègles et Bordeaux-VI. Le R.P.F. s'empare également des cantons de Libourne et Saint-Macaire. Même si Fernand Audeguil est réélu à la présidence du Conseil général, il doit désormais composer avec une opposition plus forte et avec un groupe communiste qui refuse de voter le budget en 1950 et 1951.

L'année 1951 est celle de nouvelles sanctions. Les socialistes girondins emmenés par Guillet refusent les « apparentements » avec les Indépendants proposés par la direction nationale. En juin 1951, seul Fernand Audeguil est élu député. En octobre, le reflux aux élections cantonales est accentué par la division de la gauche. Le Parti communiste maintient ses candidats au second tour dans les cantons urbains et fait ainsi battre Audeguil, Brettes, Guillet, Costedoat alors que le total des voix de gauche dans ces cantons dépasse 55 % au second tour. La majorité de gauche du Conseil général est défaite. **Raymond Brun**, soutenu par Chaban, est élu président. Il le restera jusqu'en 1976. De 1945 à 1955, la droite a, il est vrai, gagné 14 des 15 cantons ayant changé d'élu. Refusant l'alliance avec le Parti communiste tout en n'acceptant que ponctuellement des accords avec les radicaux, les socialistes se sont isolés. Pour longtemps, ils viennent de perdre le milieu urbain sans avoir réussi à s'implanter en milieu rural.

Parallèlement au déclin électoral, la Fédération s'affaiblit. En mars 1947, son quotidien *Bordeaux Matin* disparaît. En juillet 1949, *Le Populaire Girondin* cesse également. En 1950, en dépit de la création des cercles Jean-Jaurès destinés aux enseignants et aux intellectuels et des liens noués avec Force Ouvrière, le nombre d'adhérents s'est réduit à 2 750[50] . Étroitement encadré, considéré comme un lieu d'éducation plus que d'expression – il est vrai souvent dissidente – le mouvement de la jeunesse socialiste compte seulement quelques dizaines d'adhérents.

50 Les effectifs de la Fédération proviennent des tableaux publiés par l'OURS à partir des rapports préalables à chaque congrès nationaux : 1938 : 6 810, 1939 : 5 125, 1945 : 8 200, 1946 : 10 250, 1947 : 9 260, 1948 : 7 000, 1949 : 3 750, 1950 : 2 750. Pour comparaison, les effectifs nationaux en 1938 étaient de 275 357, en 1946, de 354 842 et en 1950 de 135 598.

de nouveaux leaders

Fin juin 1951, après les élections législatives, **Henri Deschamps** succède à Pierre-Emmanuel Guillet à la tête de la Fédération. Selon les rapports nationaux, ce remplacement a amélioré une vie interne troublée par de constantes dissensions. Henri Deschamps impose, en effet, un nouveau style, comme en témoigne la lettre adressée à Flocard, délégué national du Parti :

> « J'apprends par la presse parisienne. que d'un seul coup de poing, d'un seul, tu as envoyé dans les décors un contradicteur communiste qui au cours d'une réunion avait émis la prétention de s'emparer du micro alors que tu entendais bien en conserver l'usage ! Je viens donc te présenter des félicitations chaleureuses... J'ai pris bonne note de ton exploit et je te réserve pour ton futur passage en Gironde quelques coins un tantinet agités où tu pourras donner toute ta mesure[51]. »

A la veille du congrès fédéral administratif de janvier 1952, Henri Deschamps publie un rapport dans lequel il rappelle les motifs de sa nomination :

> « La Fédération a connu au moment des élections législatives une crise profonde. Des camarades, à tort ou à raison, ce n'est pas à moi de juger, ont pensé que le rang qu'ils avaient reçu dans les listes de candidats du Parti ne correspondaient ni à leur valeur ni à l'intérêt du Parti. D'où enquêtes et démissions spectaculaires, retraites sur l'Aventin, démissions, d'où désarroi et colère dans le Parti. »

Nous apprenons aussi que :

> « La Fédération a conservé ses effectifs » (2 800 adhérents), que « la comptabilité est extrêmement bien tenue », « que la section de Villenave-d'Ornon a fait couvrir par la Fédération les dépenses résultant de la campagne électorale municipale, certains conseillers généraux ont demandé le remboursement de dépenses créant ainsi des précédents qu'il serait dangereux de généraliser », qu'enfin « l'insuffisance du montant des cotisations des élus est regrettable. Sur les 400 élus du département, 80 seulement se sont acquittés de leurs cotisations. »

[51] Lettre d'H. Deschamps à R. Flocard, 25 mars 1952, correspondance OURS.

Jugé responsable de la dégradation politique des années cinquante, Fernand **Audeguil** n'est plus le porte-parole de la S.F.I.O. en Gironde. En 1947, il a cédé la mairie après une calamiteuse campagne au cours de laquelle ce partisan authentique de la rupture avec le capitalisme a demandé de ne pas politiser les élections municipales... Chaban-Delmas ne s'est pas privé de lui répliquer qu'en ces temps de malheur, choisir était nécessaire[52]. En 1951, s'il a pu conserver sa circonscription, il a perdu la présidence du Conseil général. Fernand Audeguil a en outre été sanctionné par la direction nationale pour avoir refusé, comme la moitié des députés socialistes, la création d'une Communauté européenne de défense, question qui déchira profondément les socialistes dans les années 50. Au scrutin législatif de liste de 1956, Fernand Audeguil est ainsi relégué à la seconde place derrière **André Le Floch** qui sera seul élu dans la 1re circonscription. Fernand Audeguil quitte tristement une vie politique où il était toujours apparu comme un personnage atypique, passionné plus de musique que de tactiques électorales. Pendant longtemps, ceux qui l'ont fréquenté conserveront de lui le souvenir de voyages en train où, inlassablement, il pianotait sur son mini-harmonium.

Sur la scène publique, le mouvement socialiste sera désormais représenté par le premier socialiste girondin à accéder à des responsabilités ministérielles. **Jean-Raymond Guyon** a été nommé secrétaire d'État au Budget dans le gouvernement Blum de décembre 1946 et, à nouveau – à la demande de la S.F.I.O. précise *Le Populaire* – dans les gouvernements radicaux de Bourgès-Maunoury et de Félix Gaillard en juin 1957 et en novembre 1957. À Bordeaux, lors de la désignation interne des candidats à la mairie en 1953, il s'était imposé face à l'ancien maire Fernand Audeguil et aux conseillers généraux et municipaux Jean Costedoat et André Treuillé. À côté de Jean-Raymond Guyon, le socialisme girondin est également représenté par deux grandes figures, **René Cassagne** et **Robert Brettes**, maires des deux places fortes du socialisme girondin, Cenon et Mérignac. Ils seront tour à tour secrétaires fédéraux en 1957 et en 1965. Eux comme leurs succes-

52 Cf. deux tribunes publiées par le journal *Sud Ouest*. Le 15 octobre 1947, Audeguil, sous le titre « Politique ou Travail », considère que la politique n'a pas à jouer de rôle dans les mairies. Le 17 octobre, Chaban lui répond.

seurs, **Philippe Madrelle** et **Michel Sainte-Marie**, marqueront durablement les uns la rive droite, les autres la rive gauche au point que l'on évoquera la coexistence, pas toujours pacifique, de deux Fédérations socialistes en Gironde.

la crise bordelaise

Pendant ces années, un double événement va structurer, jusqu'à nos jours, la vie politique girondine. Ils donneront lieu à diverses interprétations sur un « Yalta » bordelais, voir une « vassalisation » des socialistes à l'égard de Jacques Chaban-Delmas. L'examen des faits montre en réalité d'abord des situations de crise que les socialistes vont tenter de contourner avec pragmatisme. Seuls les débats locaux et nationaux permettent d'apprécier la position des socialistes face à celui que *Le Populaire Girondin* surnomme « le Pin Up Boy radical ». Le Chaban des années 50 est alors, peut-on l'oublier, moins le représentant d'une droite pure et dure que l'ancien résistant radical, ministre des Travaux publics de Mendès France et prochain ministre d'État de Guy Mollet.

Le premier de ces événements remonte aux **élections municipales du 26 avril 1953. Jean-Raymond Guyon** n'a pu reprendre la mairie de Bordeaux, mais surtout il a obtenu deux fois moins de sièges que la liste « indépendante » de l'ancien député Paul Estèbe (5 contre 10). En réalité, ce membre du cabinet du maréchal Pétain n'est que le prête-nom d'Adrien Marquet, amnistié mais encore inéligible du fait d'un décret qui tarde à être publié. Après une campagne menée sur les thèmes locaux, le résultat électoral est d'une grande complexité : Chaban, malmené, reste majoritaire, mais ne dispose que de 17 sièges sur 37. Les communistes ont obtenu 5 sièges. Lors de l'élection du maire, chaque groupe vote pour son candidat et Chaban est donc élu à la majorité relative de ses 17 voix. Il parvient également à faire adopter son budget de l'exercice 1954 en faisant voter article par article et en refusant un vote global qui, s'il était en usage, ne constituait pas une obligation. La crise municipale est dès lors rendue encore plus inévitable par une habileté vécue comme une véritable provocation. Les séances du conseil municipal suivantes, en janvier et en février 1954 ne permettent l'adoption d'aucun texte faute de majorité. Le 31 mai, Jean Costedoat obtient que soit votée une motion dénonçant l'indignité du maire et demandant la dissolution du conseil municipal. Le 21 juin, après une grève des agents des transports en commun, le conseil municipal est saisi d'un projet de délibération permettant de leur accorder une augmentation de salaires. Après une année de crise, les socialistes girondins se trouvent face à un choix qui ne sera pas sans conséquence. S'ils acceptent de s'allier au groupe des néo-socialistes, ils peuvent bien entendu mettre le maire en minorité. Une tel blocage conduirait à la dissolution du conseil municipal et à de nouvelles élections où chacun craint une victoire d'un Marquet redevenu éligible. Une telle décision renierait toute leur histoire depuis 1933. Ils peuvent, au contraire, suivre les recommandations de la direction nationale de la S.F.I.O. et permettre au ministre des Travaux publics de Mendès France d'administrer la ville. En définitive, avec l'accord de René Cassagne et l'intervention de Robert Brettes, Jean-Raymond Guyon et les socialistes bordelais voteront l'augmentation des salaires et par la suite pratiqueront « une abstention constructive[53] ». Les communistes feront d'ailleurs de même. Dans les mois qui suivront, 4 élus de la liste Estèbe rallieront Chaban et lui donneront une majorité plus certaine[54]. Le « Yalta » bordelais n'est autre qu'une fidélité aux années de résistance. Par la suite, chacun, Chaban le premier, respectera la puissance électorale de l'autre tout en étant vigilant sur ses faiblesses comme le montrera l'épisode suivant de la Communauté urbaine (cf. conclusions).

Parallèlement le débat sur « **un grand Bordeaux** » a surgi. Dès 1949, relayé tant par le préfet **Delaunay** que par le maire de Bordeaux, **René Cassagne** a demandé une politique d'ensemble de l'agglomération, puis a proposé la création d'un syndicat intercommunal regroupant les communes de rive droite et de rive gauche [55]. René Cassagne souhaite d'ailleurs une élection au suffrage universel des représentants. La dis-

[53] Lors du conseil municipal suivant, le 10 juillet 1954, J.-R. Guyon précise la position du groupe socialiste : « Nous voterons en dehors de toute considération d'ordre politique pour les dossiers ayant par leur incidence un caractère social » (Cité par Robert Manciet, *La reconstruction de la Gironde, après-guerre*).

[54] Sur ces semaines de crise, cf. l'article de R. Manciet, collaborateur de Chaban Delmas, in *Bordeaux et la Gironde pendant la reconstruction*.

[55] Cf. les développements de F. Heinrich sur la politique d'urbanisme et la mise en place des ZUP.

cussion, parfois violente entre socialistes, se poursuivra pendant des années entre ceux qui considèrent que seul un « district » assurera le développement de l'agglomération et ceux qui, comme Le Floch à Floirac, s'y opposent au nom de l'identité communale. Elle aboutira en 1966 à la création d'une communauté urbaine présidée par Jacques Chaban-Delmas, et où René Cassagne, Henri Deschamps, André Le Floch et Robert Brettes deviennent vice-présidents au terme d'un accord longuement négocié. Avec clairvoyance, René Cassagne dénoncera d'emblée l'ambiguïté de la nouvelle structure :

> « Les conditions dans lesquelles s'installe la Communauté sont très mauvaises et seront génératrices de différents grandissants... La véritable représentation ne pourra se faire comme je l'ai proposé à l'Assemblée nationale (sans résultat hélas) que par le suffrage universel[56]. »

La crise bordelaise rebondira en 1977 lorsque Chaban n'acceptera pas que les socialistes soient majoritaires. Elle a donné lieu à des interprétations discutables sur les relations entre les socialistes et Chaban (cf. conclusions).

l'épreuve du pouvoir et de la décolonisation

Depuis le gouvernement d'Antoine Pinay, la S.F.I.O. pratique une opposition plus ferme à l'égard des gouvernements successifs. La capitulation de Dien-Bien-Phu le 7 mai 1954 provoque le départ de Laniel. Le président Coty nomme alors le radical socialiste **Pierre Mendès France**, chef du gouvernement. Pendant huit mois, s'adressant directement à l'opinion, il tente de gouverner en dehors des partis. Sans participer à son gouvernement, la S.F.I.O. sera son plus fidèle soutien. Il met fin à la crise indochinoise et obtient des pouvoirs spéciaux en matière économique Il semble alors incarner le renouveau de la gauche non-communiste. Le gouvernement Mendès France ne résistera pas à la crise en Afrique du Nord. Il est remplacé par Edgar Faure contre lequel les socialistes votent.

De janvier 1956 à mai 1957, la S.F.I.O. assume directement les responsabilités du pouvoir. Le Front répu-

56 René Cassagne, *Tribune de la République*, décembre 1967.

blicain conduit par **Guy Mollet** associe Mendès France et les radicaux, Jacques Chaban-Delmas et les républicains sociaux, **François Mitterrand** et l'U.D.S.R. Alors qu'il avait promis de mettre fin à une « guerre imbécile et sans issue » en Algérie, le gouvernement de Guy Mollet ne survivra pas à l'allongement de la durée du service militaire, à l'envoi du contingent, à la violence outre-mer et aux bombes qui éclatent en métropole. Malgré une politique sociale intense (troisième semaine de congés payés, fonds national de solidarité, logement social), Guy Mollet et la S.F.I.O. se verront pendant longtemps reprocher de ne pas avoir fait coïncider les paroles et les actes. Dans le même temps, le rêve d'un alternative soviétique s'effondre. Un rapport du nouveau secrétaire général Khrouchtchev dénonce les crimes de Staline. Une intervention de l'Armée rouge impose le silence en Pologne et en Hongrie. Le Parti communiste se refuse à prendre conscience de la réalité du stalinisme et continue à évoquer l'existence d'un complot international justifiant l'agression soviétique.

Rédigée après une tournée du 6 au 15 décembre 1954, une note d'Édouard Marquis, délégué général du Parti, nous renseigne sur l'état de la Fédération avant le grand tournant de 1958 :

> « Dans la Gironde comme ailleurs le nombre est très limité de Fédéraux qui fournissent un effort susceptible de faire progresser le Parti alors que le terrain est excellent. Notre camarade Deschamps, secrétaire fédéral, a une cote personnelle dans la campagne bordelaise qui lui permet de regrouper des camarades isolés dans des sections cantonales. Sous son influence et celles de Raymond Guyon et de Brettes on peut dire que la Fédération marche. Le seul point noir est la section de Bordeaux où j'ai pu constater une certaine divergence entre la Fédération et des éléments qui ne suivent pas toujours la discipline du Parti. D'un côté Costedoat, avocat au barreau, Audeguil, député et autres, par ailleurs, Raymond Guyon et la majorité de la C.A. De même au Conseil général de la Gironde, Cassagne n'est pas toujours d'accord avec ses autres camarades socialistes et on peut noter un certain malaise que s'efforcent de dissiper Raymond Guyon, Brettes et Deschamps. »

AUTRE RÉPUBLIQUE, AUTRE GAUCHE

la S.F.I.O. confrontée à la question algérienne et aux institutions

Intervenu sous la menace des généraux d'Alger, le retour au pouvoir du général de **Gaulle**, en **juin 1958**, oblige tous les partis politiques à des mutations. Une période particulièrement difficile s'ouvre pour la S.F.I.O. Pendant la Ve République, le nombre de militants poursuit d'ailleurs sa baisse amorcée depuis la Libération et passe de 2 800 en 1957 à 1 700 en 1964, ce qui relègue la Gironde au 8e rang des Fédérations de France.

Aux élections législatives de novembre 1958, toute la France assiste à un raz de marée de l'U.N.R., nouveau parti gaulliste. L'Aquitaine n'est pas épargnée : 13 députés U.N.R., 4 modérés, 3 radicaux. René Cassagne, dans la 4e circonscription, est le seul élu de gauche des Pyrénées à la Loire[57].

Dans un climat dominé par une volonté de stabilité et de paix nationale, le conseil fédéral en mai 1958 suit les orientations nationales et approuve l'investiture du général de Gaulle comme la nomination de Guy Mollet comme ministre d'État. À l'issue de débats houleux, notamment avec les sections bordelaises, **René Cassagne**, secrétaire fédéral depuis 1957, parvient également à obtenir que les socialistes girondins se prononcent en faveur de la nouvelle constitution lors du référendum du 28 septembre 1958. La motion Laurent, soutenue par Guy Mollet, rassemble 1 583 mandats contre 217 à celle de Gazier et 327 à celle de Depreux. Jean-Raymond Guyon explique la position de la Fédération dans un long article « Ce sera oui », construit autour de la fidélité à Jean Jaurès :

> « Ne nous le dissimulons pas, le pire était à redouter. La guerre civile pouvait être la première conséquence inéluctable de la cassure effroyable qui s'est faite le 13 mai. Pour la première fois, dans notre histoire, l'armée prenait position politique sur le Forum. Je voudrais pouvoir citer à cet égard les pages admirables dans lesquelles notre grand Jaurès a exprimé sa foi et la ferveur qu'il éprouvait pour notre armée française...[58]. »

[57] Dans une 4e circonscription bénéficiant d'un redécoupage favorable aux socialistes, la première élection de R. Cassagne est conflictuelle sinon difficile. Outre J. Rieu, député sortant communiste, il doit affronter plusieurs candidats de droite, conseillers généraux de Créon et de la Bastide mais aussi M. Blanc qui a quitté la SFIO en refusant l'investiture donnée au général de Gaulle et qui a le soutien de D. Mayer, ancien premier secrétaire national. Au premier tour, Cassagne arrive en tête avec 30,66 % des exprimés. Au second, il l'emporte avec 42 % des voix face à Goussebaire, UNR (38 %) et Rieu, communiste (20 %). (cf l'ouvrage d'Heinrich sur René Cassagne).

[58] *L'élan social*, hebdomadaire, 13 septembre 1958.

Comme l'ensemble du Parti, la Fédération approuvera également les référendums sur l'**Algérie** et les accords d'Évian. Elle doit alors faire face aux critiques acerbes du Parti communiste.

Toute la gauche politique et syndicale se retrouve en revanche rassemblée autour de la défense de la laïcité lorsque Michel Debré fait voter en 1959 une loi relative aux contrats entre l'État et les établissements privés d'éducation. La rupture avec le gaullisme est alors consommée. Elle sera confirmée lors du référendum du 28 octobre 1962 proposant l'élection au suffrage universel du Président de la République. En Gironde, si le « oui » l'emporte avec 57,8 %, il est toutefois nettement inférieur au 61,7 % national. Le « non » avait réuni outre les socialistes et les communistes, des centristes comme Portman et Ramarony.

Les socialistes sont confrontés au phénomène gaulliste et aux questions qui l'ont fait naître : crise algérienne, crise des institutions. Le rapport moral de l'année 1962 présenté par René Cassagne, secrétaire général et Roger Sol, secrétaire administratif, fait état des difficultés rencontrées par la S.F.I.O. :

> « Les effectifs marquent une régression », « un effort spécial de recrutement envers les jeunes aux yeux desquels le Parti socialiste doit constituer un recours.
>
> « Le journal ne peut vivre des seuls abonnements, il faut également rechercher la publicité et s'assurer d'une manière certaine le concours de la trésorerie fédérale pour pallier un déficit éventuel.
>
> « Durant l'année 1962, la politique générale du Gouvernement de Gaulle-Debré puis de Gaulle-Pompidou a été combattue par le Parti socialiste notamment sur le plan économique et social... Notre opposition s'est également manifestée à l'occasion de la création d'une force de frappe dont nous avons su mettre en lumière tous les inconvénients...
>
> « Notre conseil national du 24 mars s'est prononcé pour l'acceptation des accords d'évian qui aboutissaient au cessez-le-feu en Algérie et à la définition de la coexistence des deux communautés... Depuis il s'est avéré que le pouvoir concevait les accords

> d'Évian comme un dégagement quelque peu honteux sur le plan humain, laissant à l'intendance le soin de régler – dans l'improvisation – les problèmes les plus poignants...
>
> « La révision constitutionnelle proposée par le Président de la République traduisait une indiscutable violation de la Constitution... Notre Fédération a engagé une action très vigoureuse et organisé de nombreuses réunions dans différents points du Département...[59]. »

La même année, aux élections législatives de 1962, regroupés au sein du « Front démocratique », pratiquant pour la première fois des désistements réciproques avec le Parti communiste, les socialistes ne peuvent éviter une majorité absolue en faveur du gouvernement Pompidou. Les socialistes girondins, eux, réussissent à ajouter à la 4e circonscription constamment acquise, celle de Mérignac grâce à **Robert Brettes**.

une autre gauche ?

En dehors de la S.F.I.O. **François Mitterrand** refuse le « coup d'État permanent » et crée la **Convention des Institutions Républicaines** en juin 1964. En Gironde, les « conventionnels » sont représentés par le docteur René Bach, puis par Jacques Maugein, Georges Layère, Marcel Join. **Pierre Mendès France** s'oppose également au nouveau pouvoir. Des minoritaires de la S.F.I.O. fondent le **Parti Socialiste Autonome** qui deviendra **le PSU** (Daniel Mayer, Alain Savary, Édouard Depreux et en Gironde, Marcel Blanc). La C.F.T.C. se scinde et **la C.F.D.T.** apparaît. De nombreux clubs politiques de gauche suscitent de nouvelles idées. Le parti communiste se refuse lui toujours à se démarquer du stalinisme et procède à de nombreuses exclusions.

À l'évidence, les socialistes sont à la recherche de leur place sur un échiquier politique profondément modifié. **L'élection présidentielle de 1965** – la première au suffrage universel – impose de nouvelles règles du jeu. Quel candidat choisir ? Dès 1963, l'hebdomadaire *L'Express* a dressé le portrait du futur challenger du

[59] Rapport moral relatif à l'année 1962, R. Cassagne et R. Sol, archives de la Fédération. Le bureau fédéral est alors constitué de R. Cassagne, secrétaire général, R. Brettes, secrétaire général suppléant, R. Sol, secrétaire administratif, A. Le Floch, trésorier, M. Sicot, trésorier-adjoint, Castelnérac, secrétaire au P.V. Le bureau politique comprend en plus Deschamps, Guillet, Bernadet, Marcacci. En 1963, au congrès fédéral de Villenave-d'Ornon, entrent notamment à la commission administrative, D. Brettes, Bric, Fergeau, Flament, Mourlanne, Sainte-Marie, Verdon.

général de Gaulle. Ce « Monsieur X » doit en fait permettre de lancer la candidature de **Gaston Defferre.** En dépit de l'avis contraire de Guy Mollet, le congrès fédéral approuve à l'unanimité la candidature du maire de Marseille qui, accueilli par son ami René Cassagne, débutera d'ailleurs sa campagne en Gironde. Refusé tant par les communistes que par les centristes, Gaston Defferre renonce. Les instances nationales hésitent alors entre François Mitterrand, dirigeant de la Convention des institutions républicaines, Maurice Faure, voire Antoine Pinay qui a la faveur de Guy Mollet. La Fédération se prononce à l'unanimité pour la candidature de **François Mitterrand.** Avec 32 %, ce dernier met de Gaulle en ballottage. À la veille du second tour, un appel en faveur du candidat unique de la gauche réunit non seulement les parlementaires socialistes mais également les centristes A. Achille-Fould, R. Barrière, F. Cazenave, députés, R. Brun, président du Conseil général, M. Monichon, M. Pauzet et G. Portmann, sénateurs. Jean Lecanuet, leur candidat du premier tour, a demandé de ne pas voter pour de Gaulle au second.

Aux élections législatives de mars 1967, les forces de gauche non-communistes poursuivent leur regroupement sous l'étiquette de la **Fédération de la Gauche Démocrate et Socialiste (F.G.D.S.)** mise en place lors de l'élection présidentielle. À la surprise générale, la majorité du gouvernement Pompidou ne tient plus qu'à quelques sièges. La F.G.D.S. est dirigée par trois représentants de chacune de ses composantes[60]. Après des arbitrages nationaux, André Treuillé est préféré à Raymond-Georges Julien dans la 1re circonscription et Jacques Maugein est candidat dans la 10e circonscription[61]. Trois nouvelles circonscriptions sont conquises par la F.G.D.S. : le Blayais avec **Jacques Maugein**, membre de la Convention des institutions républicaines, le Sud-Gironde avec **Pierre Lagorce**, Talence-Villenave-Bègles avec **Henri Deschamps.** La même année, René Cassagne, secrétaire fédéral, doit faire face à de nombreuses difficultés internes, notamment à Villenave-d'Ornon où après un affrontement entre le

60 Pour la S.F.I.O. Cassagne, président, Bric, Larrère, pour les radicaux Delsol, Julien, Dennery et pour les clubs, Bayle, Couraud, Bach.

61 Actuelle 11e circonscription. Lors d'un congrès à Coutras, la SFIO avait désigné P. Madrelle comme candidat. Après intervention de R. Cassagne qui, contrairement à J. Madrelle ne pensait pas que la circonscription puisse être conquise et dans le cadre des accords avec la CIR, J. Maugein représentera finalement la FGDS Après de violents incidents la veille du scrutin, il sera élu. Cette élection surprise fera dire amicalement à R. Cassagne que J. Madrelle était bien meilleur politique que lui. En fait, non-candidat dans le Blayais, P. Madrelle est toutefois suppléant de R. Cassagne, dans la 4e circonscription. Il lui succédera un an plus tard en 1969 alors que J. Maugein sera battu en 1968.

maire et le secrétaire de section, la section est dissoute et la mairie perdue. Alors qu'un projet de fusion est en préparation, les tensions sont aussi fortes entre la S.F.I.O. et la Convention des institutions républicaines.

mai 1968, une rupture culturelle

Un an plus tard, la S.F.I.O. comme toutes les formations politiques est surprise par la tourmente de **mai 1968**. A Bordeaux comme à Paris, des milliers d'étudiants et de grévistes défilent dans les rues. Toute activité est suspendue, les usines mais aussi le Grand Théâtre sont occupés, des barricades sont construites, une banderole révolutionnaire est tendue au-dessus de la grande porte du palais Rohan. Mais là où certains attendaient la révolution, la peur l'emporte et en définitive conforte un pouvoir un moment déstabilisé. Après avoir spéculé sur le départ du général de Gaulle, les socialistes subissent un échec douloureux aux législatives de juin. En Gironde, la F.G.D.S. progresse en voix, mais elle perd les circonscriptions de Jacques Maugein et de Henri Deschamps. Aux élections présidentielles de juin 1969 qui verra la victoire de Georges Pompidou, la gauche se divise. Le tandem **Defferre-Mendès France** chute à 5,01 % (6,69 % en Gironde). Il est devancé par le communiste Jacques Duclos qui culmine à 21,27 %, talonné par le représentant du P.S.U., Michel Rocard (3,61 %) et distance à peine Alain Krivine et l'extrême gauche. La S.F.I.O. est à l'agonie. La société a bougé. Les socialistes comme toute la classe politique n'ont pas perçu l'évolution des mœurs qui lentement depuis la guerre a modifié les comportements et qui désormais, dans une société de plein emploi, prend le pas sur les questions institutionnelles du début des années soixante. L'ère des contraintes semble révolue, celle du désir de liberté et de maîtrise de sa vie s'impose. Le mouvement féministe en faveur de l'avortement et plus généralement de la libération du corps participe également de cette rupture culturelle qui marquera longtemps toute une génération.

L'UNION DE LA GAUCHE, UN PRÉSIDENT SOCIALISTE

Épinay, le congrès du renouveau

Au lendemain des événements de mai, une question se pose : le socialisme appartient-il au passé ? Comme ils ont si souvent su le faire, les socialistes se ressaisissent et se recomposent. Dès juillet 1969, au congrès d'Issy-les-Moulineaux, la S.F.I.O. fusionne avec les clubs animés par Alain Savary et ceux de Jean Poperen et adopte le nom de **Parti socialiste**. Après vingt ans de direction, Guy Mollet cède sa place à **Alain Savary**. Deux ans plus tard, en juin 1971, au **congrès d'Épinay**, soutenu par Gaston Defferre, Pierre Mauroy et le C.E.R.E.S. de Jean-Pierre Chevènement, **François Mitterrand** l'emporte sur la coalition Savary-Mollet-Poperen et devient premier secrétaire. Le P.S. a pour ambition de « changer la vie » et pour stratégie l'union de la gauche autour d'un programme commun de gouvernement. La naissance du nouveau Parti socialiste ne va pas sans heurt entre ses différentes composantes. En Gironde comme dans le reste de la France, la « vieille garde » S.F.I.O., organisée autour des fiefs électoraux de Cassagne ou de Brettes, se sent désorientée par un mouvement qu'elle ne contrôle pas et qui va jusqu'à effacer son emblème des « trois flèches » par « le poing et la rose ». La cohabitation avec les « conventionnels » de François Mitterrand, jugés « doctrinaires » ou avec les militants du C.E.R.E.S., au verbe révolutionnaire ne va pas sans heurt.

Lors du congrès fédéral du 5 juin 1971 à Floirac, la motion Defferre-Mauroy est défendue par René Bonnac, André Treuillé, Odette Gaillardet (281 mandats), celle de Savary-Mollet par Yvan Bric, premier secrétaire, André Le Floch, Henri Deschamps, Max Poumeyrol et Claude Jaumouillié (512 mandats), celle de Mermaz-Pontillon-Labarrère par Jacques Maugein, Georges Layère et Marcel Join (424), celle de Jean Poperen par Christine Mora, Henri Fergeau et Maurice Belleaud (196) et celle du C.E.R.E.S. par Jean Briat, maire de Bouliac (144)[62].Une motion « Offredo » est

[62] Les résultats donnés sont ceux enregistrés lors du congrès national. Sans qu'il y ait d'écarts significatifs, ils diffèrent de ceux publiés dans la presse à l'issue du congrès fédéral et reproduits dans le mémoire d'A. Dellu.

également représentée par Roger Lacaze, adjoint au maire de Talence. Lors du vote, le fait déterminant est constitué par le soutien d'ex-S.F.I.O. à la motion Defferre-Mauroy (Michel Sainte-Marie, Pierre Lalumière). Grâce à cet appui, François Mitterrand est majoritaire avec 859 mandats contre 708 à Alain Savary et 2 abstentions. Lors du congrès suivant à Cenon, le 26 juin 1971, **Yvan Bric**, premier secrétaire depuis 1966, opposé à toute alliance avec le Parti communiste, distant également du nouveau premier secrétaire national, est remplacé par **Michel Sainte-Marie,** seul candidat, proche de Pierre Mauroy[63]. Les amis de ce dernier bénéficient en Gironde d'un fort réseau constitué autour de la Fédération Léo-Lagrange et de la puissante section de Mérignac. Attachée à Guy Mollet depuis la Libération, la Gironde accepte ainsi François Mitterrand avec toutefois une forte coloration mauroyiste.

En septembre 1970, un épisode électoral avait attiré l'attention de la presse sur Bordeaux[64] et montré la faiblesse de l'appareil socialiste. Il est provoqué par le décès de Jacques Chabrat, suppléant de Jacques Chaban-Delmas, député depuis la nomination de ce dernier comme premier ministre. L'élection partielle du 20 septembre 1970 apparaît pour certains comme l'occasion de s'affirmer sur la scène nationale. Alain Savary, alors responsable du nouveau Parti socialiste, semble avoir été parmi ceux-là pendant quelques jours. En fait, l'animation est surtout créée par **Jean-Jacques Servan-Schreiber** qui veut en découdre avec le Premier ministre. Député de Nancy, il feint de prospecter un candidat contre le maire de Bordeaux. Refusant de parrainer **Gabriel Taix**, candidat de la Convention des institutions républicaines en 1967 et 1968, il propose à un autre conventionnel, Jacques Maugein d'être le candidat de la gauche, puis devant son refus, il sollicite Robert Badinter qui accepte avec l'aval de François Mitterrand. Arrivé à Bordeaux, Robert Badinter participe à une conférence de presse où Jean-Jacques Servan-Schreiber, qui l'avait fait venir, finit par annoncer... sa propre candidature. Au-

63 Le secrétariat fédéral est alors composé de M Sainte-Marie, R. Bonnac (coordination des élus), A. Treuillé (trésorier), G. Layère (organisation et animation), J. Maugein (propagande). P. Lalumière est chargé de la préparation des statuts fédéraux.

64 Cf. l'ouvrage collectif d'Amouroux, Sanderin et autres.

delà de l'anecdote, cette élection partielle montrera l'implantation considérable de Chaban, réélu dès le premier tour avec 63,55 % des voix. Elle révèle aussi la fragilité du vote socialiste. Malgré une campagne agressive tant contre le maire que contre son challenger, en dépit de la venue de François Mitterrand, Gabriel Taix et son suppléant Jacques Maugein perdent 14 points par rapport à l'élection de 1967 et 10 points par rapport à celle de 1968[65].

Le 27 juin 1972, un **programme commun** de gouvernement est signé entre socialistes, communistes et radicaux de gauche. L'événement constitue un tournant dans notre histoire qui, désormais, va se tourner vers la gauche. Quelques socialistes n'acceptent pas cet accord et rejoignent le Parti social-démocrate : Victor Mazars, maire de Villenave-d'Ornon, Odette Gaillardet, syndicaliste F.O. et adjointe du maire de Talence. Le programme commun provoque, en fait, un profond mouvement d'adhésion. La pratique politique girondine va dès lors en être changée. Avant Épinay, les alliances électorales étaient quelquefois « rose-blanche » selon l'expression d'Yvan Bric. Jusqu'en 1976, les socialistes ont participé à l'exécutif départemental et votaient parfois son budget au nom de « majorité de gestion ». François Mitterrand va imposer, sous peine d'exclusion, une attitude beaucoup plus stricte d'alliance à gauche, y compris localement.

Dès mars 1973, les élections législatives donnent plus de 48 % à la gauche unie. Les socialistes obtiennent 4 députés : Henri Deschamps (3e), Philippe Madrelle (4e), Michel Sainte-Marie (6e), Pierre Lagorce (8e). Le 19 mai 1974, lors de l'élection présidentielle, **François Mitterrand**, candidat unique de la gauche, dépasse les 49 % en France et les 54 % en Gironde devant Giscard d'Estaing, lui-même largement devancé par Jacques Chaban-Delmas au premier tour. La même année, le Parti socialiste s'élargit lors des Assises du socialisme avec l'adhésion de **Michel Rocard** et d'une minorité du P.S.U., de Jacques Delors et de militants C.F.D.T. En Gironde, les assises régionales se tiennent à

[65] Elections du 20 septembre 1970 : Chaban 63,55 %, Servan Schreiber 16,59 %, Rivière PCF 8,63 %, Taix 7,76 %, Lataste PSU 1,36 %. En 1968, Chaban, 56,22 %, Taix 17,77 %, PCF 9,52 %. En 1967, Chaban 49,59 %, Taix 21,31 %.

Mérignac le 9 octobre, mais ne suscitent ni enthousiasme ni ouverture significative. Le désormais courant Rocard sera représenté par Pierre Brana, bientôt maire d'Eysines et Pierre Bernard de Libourne. Lors du congrès suivant le 25 janvier 1975 à Lormont, sur 2 970 mandats, la motion Mitterrand obtient 72,9 %, celle du C.E.R.E.S., 24,3 %, celle de Guy Mollet, 1,9 % et celle anti-communiste d'Arthur Notebart, 0,3 %. L'amendement présenté par Gilles Martinet, au nom des amis de Michel Rocard, a rassemblé 28,58 % soit 13 points de plus qu'au plan national. Le C.E.R.E.S., représenté par Kléber Haye, Daniel Tran, François Joly, est exclu du secrétariat fédéral et le Mouvement de la jeunesse socialiste qu'il contrôlait est dissous[66].

le département et la C.U.B. à gauche, 1976-1977

Les années qui suivent sont celles de deux grands succès locaux. Le premier survient aux **élections cantonales** des 7 et 14 mars 1976. Après une première conquête de 6 sièges en 1973, la gauche détenait 24 sièges contre 33 à la droite. À l'issue de l'élection, avec 38,40 %, elle devient majoritaire dans 31 cantons : 25 socialistes, 2 communistes, 2 M.R.G. et 2 divers gauche. Dans le groupe, Marc Boeuf qui ne maintiendra pas sa candidature et Pierre Lagorce sont candidats à la présidence ainsi que **Philippe Madrelle**. Après vingt-quatre ans d'élections cantonales perdues par les socialistes, Philippe Madrelle est élu président du Conseil général. Sous sa présidence, le département représentera un point d'appui essentiel des socialistes et leur permettra d'affirmer leur implantation dans le monde rural, clé de tout scrutin départemental. L'allocution du nouveau Président, lors de la séance qui suit son élection, très différente de celle prononcée par Fernand Audeguil deux décennies plus tôt, fixe la nouvelle orientation politique :

> « Nos agriculteurs connaissent à l'heure actuelle une situation particulièrement précaire : leurs revenus ont diminué de près de 20 % en deux ans, la crise de la viticulture sévit dangereusement, le désespoir, l'accumulation d'injustices, l'absence d'une authentique politique viticole expliquent des actes de violence toujours regrettables.

66 M. Sainte-Marie est réélu secrétaire fédéral. Le secrétariat fédéral comprend notamment M.Boeuf et H. Fergeau à la trésorerie, P. Brana aux entreprises, M. Join.

> « Il faut également regretter que la loi Haby, la réforme Soisson n'aient qu'un but : mettre l'homme au service de la profession. C'est une attitude du gouvernement actuel qui sacrifie l'éducation de l'homme à la rentabilité capitaliste...
>
> J'ajoute que je suis de ceux qui pensent qu'une véritable décentralisation s'impose et que le Président de l'assemblée départementale doit assumer le pouvoir exécutif à l'instar du maire dans sa commune. Cela suppose bien évidemment une modification législative. » (Séance du 17 mars 1976.)

Prenant acte de la défaite de son camp, Jacques Chaban-Delmas s'empresse de relativiser la portée de l'élection :

> « Je persiste à penser qu'une fois tombée la fièvre électorale, les notions de majorité et d'opposition doivent être dénoncées afin d'obtenir la meilleure gestion administrative dans l'intérêt de tous[67]. »

Dès les élections municipales suivantes en mars 1977, plus de la moitié des communes de plus de 2 500 habitants seront administrées par un socialiste. À ces élections, la gauche devient également majoritaire en milieu urbain. Malgré une forte division entre socialistes et communistes, la gauche l'emporte dans 19 municipalités de **la Communauté urbaine** sur 27[68]. Les commentaires sur les socialistes lors de cet épisode sont le plus souvent péjoratifs. En fait, il conviendrait d'abord de rappeler que subissant sa première défaite locale, Jacques Chaban-Delmas se cramponne à son siège de président. Écartant le fait que 52,88 % des électeurs de la Communauté urbaine se soient prononcés en faveur de la gauche, le maire de Bordeaux refuse en effet de voir les sièges se répartir entre les communes à la représentation proportionnelle des suffrages obtenus. Profitant du soutien de Jean Foyer, président de la commission des Lois et de ses amitiés nationales, l'ancien Premier ministre obtient qu'en des temps records, une modification de la loi autorise la ville-centre à quitter la Communauté urbaine. Les socialistes sont alors placés devant le choix d'une Communauté démembrée ou d'une Communauté cogérée. Pierre Lalumière, ou encore René Bonnac et Pierre

[67] Déclaration dans *Sud Ouest*, 15 mars 1976.

[68] Des listes séparées sont présentées à Cenon, Carbon-Blanc, Ambarès, Floirac (au premier tour) et à Bassens. Dans cette dernière commune, J. Étourneaud succédera au maire communiste. P. Lalumière l'emporte au Bouscat, C. Barande à Villenave-d'Ornon, A. Pujol à Pessac, H. Houdebert à Ambarès. R. Dumas est battu à Bordeaux. S. Rossignol est maire de Bègles.

Brana sont hostiles à tout accord. Après avoir consulté François Mitterrand, **Michel Sainte-Marie**, premier secrétaire fédéral, fait admettre par le bureau fédéral que les socialistes n'ont aucune raison d'abandonner une présidence qui leur revient mais n'en ont pas davantage à diriger une collectivité vidée de son sens. À la suite de négociations particulièrement difficiles, les socialistes concluent un accord de gestion : le président sera socialiste, mais les communes de gauche et de droite seront représentées à égalité. Le Parti communiste est toutefois écarté. La désignation du candidat socialiste à la présidence permettra à Michel Sainte-Marie de s'imposer largement à Pierre Lalumière. Le maire de Mérignac deviendra le premier et jusqu'à présent le seul président socialiste de la Communauté urbaine. Pendant des années, la question communautaire continuera à opposer les tenants d'une confrontation politique entre droite et gauche et ceux d'une coopération entre des communes dont une grande partie des compétences est déléguée (cf conclusions).

la préparation de l'élection présidentielle de 1981

Depuis Épinay, le Parti socialiste sait qu'il peut accéder au pouvoir. L'approche des échéances provoque de fortes turbulences. En 1977, lors des discussions sur l'actualisation du programme commun, l'union de la gauche se rompt. Le Parti communiste craint trop de faire le jeu des socialistes. En juin, le congrès de Nantes est marqué par le débat sur « les deux cultures de la gauche » alimenté par Michel Rocard. L'année suivante, l'échec aux élections législatives entraîne une profonde désillusion même si dans les 10 circonscriptions de la Gironde, cinq socialistes et un M.R.G. se sont imposés[69]. En avril 1979, au **congrès de Metz**, les débats se poursuivent à propos du projet socialiste et de celui qui le défendra lors de l'élection présidentielle. À deux ans de cette échéance, l'enjeu est capital. Une véritable chasse aux voix est organisée dans les sections. Avec Defferre, Poperen et le C.E.R.E.S., François Mitterrand sort vainqueur de l'affrontement qui l'a opposé à Michel Rocard et à Pierre Mauroy. Au

[69] H. Deschamps, Ph. Madrelle, M. Sainte-Marie, P. Lagorce sont réélus et deux nouveaux, B. Madrelle dans le Blayais et le MRG R.-G. Julien dans le Médoc.

congrès fédéral du Haillan, le 24 mars, la motion de François Mitterrand l'a également emporté (45,95 %) devant celles de Rocard (20,69 %), de Mauroy (18,29 %) et du C.E.R.E.S. (10,35 %). Après une présence de 8 années, du fait de l'interdiction statutaire de cumuler les fonctions de premier fédéral et de parlementaire, Michel Sainte-Marie avait quitté le secrétariat fédéral trois mois avant le congrès. Le 23 avril, la commission exécutive fédérale désigne un ancien conventionnel, **Marc Boeuf**[70].

Le Populaire Girondin de l'époque illustre la vie des socialistes girondins. Celui de mars 1979, par exemple, dont le directeur de publication est Michel Sainte-Marie et le rédacteur en chef Jacques Étourneaud, titre « La victoire des socialistes ». Il s'agit de l'élection d'André Labarrère à la présidence du Conseil régional qui marque une seconde défaite locale de Chaban-Delmas. Ce succès est aussi la conséquence d'une unité des socialistes puisque pour la première fois, le candidat à la présidence a fait le plein des voix de son groupe. Le même journal rend compte de la venue de François Mitterrand qui, à Bordeaux, ironise sur Giscard d'Estaing, d'une réunion tenue avec Jacques Attali sur les crises du capitalisme, des déclarations de Pierre Mauroy contre la division de la gauche et en faveur de la jeunesse. Il lance également une souscription pour remplacer le siège de la Fédération qui vient de brûler cours Clemenceau et qui va bientôt s'installer rue Foy. Le journal contient également... des publicités commerciales en faveur de la « boulangerie Auzarel » ou du « libre-service chaussure « Monique » ! Dans le numéro d'avril 1980, Marc Boeuf, devenu premier secrétaire, consacre son éditorial au projet socialiste que Jean-Pierre Chevènement est venu présenter au Grand-Parc, Pierre Brana rend hommage à Raymond Lavigne, un article fait état du centenaire de la fondation du parti ouvrier français, un autre publie la liste aux élections sénatoriales[71] conduite par Philippe Madrelle qui a obtenu le « plus grand nombre de points » à l'issue d'un vote des militants. En dernière page, encadrée par deux publicités, la fête fédérale de Cenon, en présence de **Lionel Jospin**, est annoncée.

70 Secrétariat fédéral : M. Boeuf, premier secrétaire, P. Garmendia, secrétaire administratif, P. Lalumière, (problèmes économiques et élus), M. Join, (sections,) P. Biondini, (communication), A.-M. Simon, (lutte des femmes), H. Fergeau (entreprises et emploi), G. Mitterrand (formation), M. Mercier (éducation, jeunesse), G. Despessailles (relations extérieures), K. Haye (étude, action culturelle), F. Joly (cadre de vie, environnement), G. Monges (trésorier), A. Pons, délégué au secrétariat pour les questions économiques.

71 La liste sénatoriale comprenait P. Madrelle, M. Boeuf, P. Brana, P. Lalumière, K. Haye. Les militants avaient voté pour chacun des candidats et les 5 mieux placés avaient été retenus dans l'ordre des votes.

la gauche au pouvoir

Lors de la campagne présidentielle de 1981, des dizaines de milliers de personnes se pressent pour assister au meeting du candidat **François Mitterrand.** Le **10 mai 1981**, le candidat de la gauche unie est élu. En Gironde, il obtient 57,5% des suffrages exprimés, soit 6 points de plus que le score national. Tout un peuple de gauche, tenu à l'écart du pouvoir pendant des décennies, exprime une profonde joie dans les rues.

> « Hier soir à Bordeaux, c'était la fête. L'ambiance de kermesse. On n'avait pas prévu les cotillons, par contre le concert de klaxons qui salua « l'avènement du changement » rappelait à s'y méprendre les « chaudes » soirées de la Saint-Sylvestre. Aucune artère ne fut épargnée. En tout cas, de mémoire de Bordelais, on n'avait jamais assisté à pareille explosion de joie à l'annonce d'une nouvelle présidence[72]. »

Ce succès est celui de la stratégie d'union et d'un programme résolument progressiste. Il traduit aussi une nouvelle culture qui conçoit la conquête et l'exercice du pouvoir comme la fin de toute action militante. **Pierre Mauroy** est chargé de constituer un gouvernement d'union de la gauche. **Lionel Jospin** devient premier secrétaire dès l'investiture de François Mitterrand au congrès de Créteil le 24 janvier 1981. Lors des élections législatives, les socialiste girondins triomphent avec 47 % des suffrages et 8 députés[73]. Dirigée depuis décembre 1980 par le maire du Bouscat, **Pierre Lalumière** – Marc Boeuf étant devenu sénateur – puis quelques mois plus tard par **Alain Pons**, la Fédération dépasse alors les 4 000 militants.

En quelques semaines, la France change. La justice militaire, toujours en vigueur, depuis les condamnations scandaleuses de Dreyfus, est enfin supprimée, la peine de mort, exception française, est abolie, le temps de loisir est élargi grâce à la réduction de la durée du travail à 39 heures et à de nouvelles améliorations des congés payés, le pouvoir d'achat est augmenté... Des réformes de fond interviennent : nationalisation du crédit et des grands groupes industriels, concertation dans les entreprises, libéralisation des médias qui permettra l'explosion des radios libres, décentralisation du pouvoir au

72 *Sud Ouest*, lundi 11 mai 1981.

73 P. Garmendia élu lors d'une partielle en 1980 est réélu sur la 4e circonscription ainsi que M. Sainte-Marie, P. Lagorce, B. Madrelle, R.-G. Julien (MRG). Sont élus G. Mitterrand dans le Libournais, K. Haye sur le bassin et le sud-gironde, et C. Lalumière dans la 3e circonscription. (Talence-Bègle-Villenave-Bordeaux-sud).

profit des communes, des départements et des régions... Les socialistes girondins vont bientôt s'installer dans des collectivités locales aux pouvoirs accrus. En 1981, **Philippe Madrelle** succède à André Labarrère, à la présidence d'un Conseil régional dont les membres étaient alors élus par un collège électoral de parlementaires, de maires et de conseillers généraux. Toutefois, lors des élections municipales de 1983, les socialistes perdent Le Bouscat, Talence et Pessac.

La roue électorale tourne de nouveau jusqu'à bientôt imposer la cohabitation. La politique économique du gouvernement donne désormais priorité à la lutte contre une inflation dont la réalité ancienne avait été sous-estimée deux ans plus tôt. La querelle scolaire rebondit une nouvelle fois et ne se résoudra que par le retrait du projet de loi sur l'enseignement privé, suivi de la nomination de **Laurent Fabius** comme premier ministre en juillet 1984. Le Parti communiste refuse de participer à ce nouveau gouvernement.

les années moroses

Parsemées d'échecs électoraux et de conflits internes, les années 1985-1986 constituent une période morose pour les socialistes girondins. En 1985, à la suite d'élections locales difficiles, **Philippe Madrelle** perd la présidence du Conseil général. Considérant ne plus disposer de la légitimité nécessaire, il démissionne également de celle du Conseil régional. Devant les difficultés financières de la Fédération, Marc Boeuf, redevenu premier secrétaire, menace publiquement de démissionner afin d'en appeler à la solidarité des élus. La préparation **des élections législatives et régionales de 1986** provoquera une crise comme en connaissent périodiquement les socialistes girondins. Les 8 députés sortants ne peuvent en effet prétendre être tous réélus. Le courant A, « mitterrandiste » et majoritaire, se déchire : Catherine Lalumière, Gilbert Mitterrand et Michel Sainte-Marie imposent leur liste à Philippe et Bernard Madrelle. Le courant rocardien défend la place de Pierre Brana et le C.E.R.E.S., celle de Kléber Haye. En définitive, la liste de **Catherine Lalumière**[74] qui a bénéficié de son aura ministérielle et

[74] La liste sera composée de C. Lalumière, M. Sainte-Marie, P. Garmendia, G. Mitterrand, P. Brana, K. Haye, P. Lagorce, M. Join, J. Sango, L. Lataste, B. Prévot. J.-M. Billa, F.-X Bordeaux. B. Madrelle, député sortant, n'y figure pas.

du soutien national, obtiendra 36 %, soit un score supérieur au résultat national et 4 élus : Catherine Lalumière, Michel Sainte-Marie, Pierre Garmendia, Gilbert Mitterrand. Malgré une baisse de 12,1 % à 7,7 %, le Parti communiste voit avec Michel Peyret l'un des siens entrer à nouveau à l'Assemblée nationale après trente ans d'absence. Le Front national fait élire Pierre Sirgue. Jacques Chaban-Delmas, Jean Valleix, Gérard César, Aymard Achille-Fould, Robert Cazalet représentent le R.P.R. et l'U.D.F.

Aux élections régionales du même jour, la liste de Philippe Madrelle avec 35 % ne parvient pas à devancer celle de Jacques Chaban-Delmas. Pour gouverner la région, ce dernier élargira sa majorité en confiant une vice-présidence à un élu du Front National.

En novembre 1985, lors du congrès de Toulouse, **Marc Boeuf** avait laissé sa place de premier secrétaire fédéral à **Marcel Join**, tout à la fois ancien suppléant de Catherine Lalumière et proche de Philippe Madrelle[75]. Après les élections, en avril, **Claude Barande** prendra, à son tour, la tête de la Fédération pendant une année.

[75] Le secrétariat fédéral est alors composé de M. Join, premier fédéral, C. Barande (élections, presse), H. Fergeau (entreprises, emploi), F. Mano (trésorerie), J.-Ph. Bozouls (communication), P. Verdon (sections), A. Dambon (administration), D. Rouhier (décentralisation), M. Mercier (formation des militants), F. Joly (études, problèmes économiques), M. Férillot (relations avec les groupes d'élus), K. Haye (formation professionnelle), J.-P. Marchais (jeunesse et association), S. Lamaison (délégué fédéral à l'organisation).

Mitterrand, de nouveau Président

Après deux ans de cohabitation avec Jacques Chirac, François Mitterrand est réélu président de la République le 8 mars 1988. En Gironde, il obtient près de 38,8 % des voix au premier tour et 56,96 % au second tour, soit 3 points de plus que le score national. En juin, les Girondins retrouvent 8 députés[76]. En octobre, Philippe Madrelle redevient président du Conseil général. En 1989, **Gilbert Mitterrand**, premier secrétaire depuis mars 1987, conquiert la ville de Libourne. D'autres villes importantes deviennent socialistes : Pessac (**Alain Rousset**), Blaye (**Bernard Madrelle**), Martignas (**Danielle M'Bomo**), La Réole (**Bernard Castagnet**), Le Teich (**François Deluga**). La C.U.B. reste toutefois à droite.

En juillet 1992, **Serge Lamaison**, nouveau premier secrétaire, accueille à Bordeaux un congrès national extraordinaire consacré à la modernisation du Parti et

[76] P. Garmendia, M. Sainte-Marie, B. Madrelle, G. Mitterrand, C. Lalumière sont réélus avec P. Lagorce dans la circonscription de Langon, P. Ducout qui bat Dalbos dans celle de Pessac-Cestas, P. Brana dans le Médoc. Le P.S. obtient 46,50 % des voix.

son nouveau dirigeant **Laurent Fabius**. Le congrès est marqué par l'annonce de la prochaine inculpation de l'ancien trésorier national, **Henri Emmanuelli** qui reçoit le soutien de l'ensemble du parti.

Dès le lendemain de l'élection présidentielle, **Michel Rocard** a été nommé premier ministre. **Edith Cresson** le remplace en mai 1991 mais elle ne résiste pas aux médiocres résultats des élections régionales de mars 1992. **Pierre Bérégovoy** doit alors préparer des échéances législatives qui s'annoncent redoutables. Pendant toute cette période, les réformes se sont pourtant succédées, notamment l'instauration d'un revenu minimum d'insertion, mais la priorité a désormais été donnée à « la politique de rigueur ».

DE LA DÉFAITE À LA RECONQUÊTE

les socialistes sanctionnés

Le monde, de nouveau, a changé. En 1989, le rêve communiste s'est définitivement écroulé en même temps que le mur de Berlin. Les jeunes semblent désormais avoir renoncé à changer la vie et manifestent des préoccupations plus immédiates et matérielles. Obsédés par la lutte contre l'inflation qu'ils vont réussir à maîtriser, les socialistes se heurtent à la forte montée du chômage. Alors qu'ils furent les premiers à tenter de moraliser la vie politique en réglementant le financement des partis politiques, ils sont aussi victimes du climat des « affaires ». Arrivée au pouvoir en voulant moraliser la politique, la gauche a déçu. En 1990, le **Congrès de Rennes** a également donné l'image d'un parti plus préoccupé par les jeux d'influence que par l'intérêt général.

En Gironde, lors du congrès fédéral de Lormont en mars 1990, les débats ont été rudes. La motion de Fabius est arrivée en tête avec 39,20 %, devant celles de Mauroy-Jospin-Mermaz (24,01 %), de Rocard (21,34 %), Poperen (6,95 %), Chevènement (4,85 %), Mélanchon (1,54 %).

La sanction nationale est devenue inéluctable. Le changement de premier ministre, **Pierre Bérégovoy** succédant à **Edith Cresson**, ne permettra pas de l'éviter. Elle se manifeste dès les élections régionales de 1992. Percevant la nécessité d'un renouvellement, la Fédération décide de désigner une tête de liste ne disposant d'aucun mandat électif, **Alain Anziani**. Au moment d'entrer en campagne, effrayé de sa propre audace, le Parti tentera de faire marche arrière en sollicitant Marc Boeuf qui, après quelques jours de campagne, renoncera devant l'incompréhension exprimée par les militants. Dans un climat national dépressif, les résultats nationaux et locaux sont médiocres. Le même jour, les socialistes parviennent toutefois à conserver d'un siège la majorité au Conseil général.

Un an plus tard, les **élections législatives de 1993** provoquent une terrible secousse qui conduira les observateurs à annoncer le déclin du socialisme. Le suicide de Pierre Bérégovoy, premier ministre sortant, ajoutera à l'échec un sentiment de profonde injustice. En Gironde, les socialistes, réduits à 23,68%, ne comptent plus que 2 députés socialistes, **Pierre Garmendia**, sur la rive droite et **Pierre Ducout** dans la circonscription de Pessac-Cestas. La campagne électorale a également été marquée par un nouvel épisode bordelais. Depuis les ambitions talençaises de Catherine Lalumière, François-Xavier Bordeaux est devenu le chef de file des socialistes bordelais. Il mène d'ailleurs une rude bataille municipale, notamment à l'occasion de l'affaire du financement du club de football des Girondins. Pourtant, il ne se porte pas candidat aux élections législatives contre Jacques Chaban-Delmas. Malgré de vives contestations lors du conseil fédéral, en dépit de la candidature dissidente de Daniel Jault, les socialistes soutiennent un candidat radical de gauche qui s'affiche lui-même comme « l'illustre inconnu ». Laminés au premier tour (4,62 %), les socialistes et leurs alliés assistent impuissants à un duel au second tour entre le maire de Bordeaux et le Front national. Après cet épisode peu glorieux, la nécessité de reconstruire le socialisme bordelais est alors de nouveau posée.

Dès le soir du second tour des législatives, **Serge Lamaison** quitte le secrétariat fédéral. **Alain Anziani** est élu par le conseil fédéral du 5 avril 1993. À l'automne, alors que les épreuves électorales semblaient terminées, les socialistes connaissent un revers politique inattendu : ils deviennent minoritaires au Conseil général. À la suite de la disparition de **Marc Boeuf**, Joëlle Dusseau, suivante de liste, lui a succédé, en effet, automatiquement au Sénat. Obligée de choisir entre son mandat de conseillère générale et de conseillère régionale, elle préfère conserver ce dernier plutôt qu'un mandat de conseiller général menacé. Elle provoque ainsi une élection partielle et la perte du siège et de la majorité départementale[77]... Beaucoup prédisent alors que la Fédération, affaiblie tant nationalement que locale-

[77] J. Dusseau sera exclue par la commission nationale des conflits le 17 décembre 1993.

ment, ne sera pas capable d'affronter la concurrence à gauche des Verts, force montante, et à droite d'Alain Juppé, premier ministre.

Pendant de nombreux mois, la tourmente nationale ne va plus cesser. En quelques mois, les premiers secrétaires se succèdent. **Laurent Fabius** qui avait remplacé Pierre Mauroy est contraint de se retirer après les élections législatives. **Michel Rocard** est élu président du Parti socialiste. Jean-Pierre Chevènement et ses amis de « **Socialisme et République** » fondent le M.D.C. À un an des élections présidentielles, le scrutin européen de juin 1994 marque un nouvel échec. La liste de Michel Rocard réalise un score inférieur à 15 %. Une partie de l'électorat socialiste a préféré Bernard Tapie qui tente d'apparaître comme l'homme providentiel d'une gauche moderne. Sa liste radicale de gauche est ralliée par la girondine Catherine Lalumière, injustement évincée du Conseil de l'Europe, mais qui de ce fait se placera désormais en dehors du Parti socialiste. Après le scrutin européen, Michel Rocard cède sa place à **Henri Emmanuelli**.

Au congrès qui se tient symboliquement dans les Houillères du Nord de **Liévin**, en novembre 1994, le nouveau premier secrétaire demande de s'opposer sans concession au libéralisme dominant. Les socialistes saluent également pour la dernière fois François Mitterrand qui vient s'adresser aux congressistes dans la salle de la mairie et leur dire que la victoire ne tardera pas à revenir. Le congrès est d'ailleurs dominé par l'élection présidentielle de 1995 et par l'attente d'une candidature de **Jacques Delors**. Lorsque le Président de la Commission européenne renonce à se présenter, chacun craint de nouveaux affrontements internes. En réalité, en recourant à l'arbitrage des militants, le Parti socialiste va sortir renforcé de cette « primaire », grande nouveauté en France. L'Aquitain Henri Emmanuelli est soutenu par une majorité de girondins dans un scrutin que Lionel Jospin emporte aisément. Après une campagne convaincante au cours de laquelle 8 000 personnes l'accueillent à Bordeaux,

Lionel Jospin réalise un score remarquable lors de l'élection présidentielle de 1995. Il obtient plus de 47 % dans l'ensemble du pays et dépasse les 51% en Gironde. Après avoir affiché ses réserves sur l'art de gouverner pendant le second septennat, marginalisé au congrès de Liévin, ayant annoncé son retrait de la vie politique, Lionel Jospin redevient subitement le premier des socialistes.

un parti qui se rénove

Pendant la tourmente nationale, les socialistes girondins se consacrent avec patience à leur propre rénovation. Peu médiatique, ce véritable chantier mobilise pourtant fortement les militants. Lors des **États généraux de Lyon,** en juillet 1993, au cours de débats particulièrement animés, les militants girondins comme ceux de toute la France demandent la fin de « la guerre des courants », « le retour à la base » mais aussi que l'on ne change ni le nom ni l'emblème du « poing et la rose ». Les assises de la transformation sociale, galerie Tatry à l'initiative du Parti socialiste, ou les « rencontres citoyennes » proposées par le Parti communiste rassemblent toutes les composantes politiques, syndicales et associatives de la gauche. La réflexion des socialistes s'élabore également lors de conventions sur la mondialisation (mars 1996), les acteurs de la démocratie (juin 1996) et les propositions économiques et sociales (décembre 1996)... Un comité de vigilance est également mis en place avec les autres forces de gauche afin de se prémunir contre l'idéologie du Front national. Enfin, les socialistes retrouvent le chemin de la rue oublié depuis les années de pouvoir. En janvier 1994, par exemple, la Fédération affrète des trains pour que 6 000 girondins puissent manifester à Paris en faveur de l'école laïque. Lors des grandes grèves de décembre 1995 contre le plan Juppé, au sein de cortèges rassemblant 20 000 personnes, les socialistes sont accueillis par des « enfin, vous voilà ».

La Fédération modernise également son fonctionnement. Elle quitte la rue Foy et s'établit rue du Jardin-Public. Elle adopte des règles financières précises et vote chaque année un budget rendu public. Elle se donne aussi des statuts mettant par exemple en place des délégués de circonscription afin d'assurer une meilleure coordination entre les sections et la Fédération ou réglant la lancinante question des cotisations des élus. Elle se dote également d'outils de communication réguliers comme *Le Populaire Girondin*, mensuel vendu en kiosque, ou le *Spécial Responsable*, véritable « journal officiel » de la Fédération.

Des décisions conjointes entre élus et Parti sont également obtenues sur des sujets délicats comme celui de la Communauté urbaine avec l'adoption d'une charte socialiste, du refus du métro V.A.L, symbole d'un chabanisme vieillissant ou sur les franchissements de la Garonne, enjeu essentiel du début du nouveau siècle. Tout en ne négligeant pas le milieu rural, la Fédération a également rompu l'isolement traditionnel des socialistes bordelais depuis la guerre. Désormais, grâce à **Gilles Savary**, le Parti socialiste existe pendant et en dehors des élections locales. Elle a enfin rétabli des relations constructives avec la Fédération communiste, considérée, malgré les divergences, comme une alliée privilégiée ou a pris en compte l'émergence des Verts.

le redressement électoral

Parallèlement à ce travail de fond, le redressement électoral se réalise. Aux élections cantonales de mars 1994, Philippe Madrelle, minoritaire dans son propre Conseil général depuis la défection de Joëlle Dusseau, est donné perdant par beaucoup, tant à l'intérieur du parti que dans la presse. Après une campagne acharnée, le Président du Conseil général et les socialistes créent la surprise et obtiennent de nouveau la majorité départementale. Les élections municipales de 1995 constituent toutefois une déception dans la Communauté urbaine qui, une nouvelle fois, reste à droite. À Villenave-d'ornon, engluée, dans une tourmente médiatico-financière ayant abouti à la démission du maire Claude Barande, l'unité ne peut se réaliser avec les Verts et le nouveau maire Patrick Bouillot ne peut que constater la défaite. À Parempuyre et au

Taillan, les successions de père en fils dans les familles Bric et Pometan, perturbées par des dissidences du P.R.G, n'emportent pas l'adhésion de l'électorat. Les victoires de Françoise Cartron à Artigues et de la liste de Georges Teyssier, Vert, soutenu par les socialistes ne peuvent suffire. Dans le reste du département, le bilan est plutôt favorable avec les succès d'Alain Renard à Saint-Savin-de-Blaye, de Jean Péringuey à Noaillan ou de Francis Gadou, allié aux socialistes, à Audenge. Le Parti socialiste a également réussi le renouvellement toujours délicat de ses élus municipaux à Lormont, où Maurice Belleaud cède son fauteuil à Jean Touzeau ou à Cenon qui voit Alain David écarter l'ancien maire René Bonnac.

des femmes députées ou comment renouveler la politique ?

Dans les scrutins de la fin du siècle, le Parti socialiste est confronté à des questions inédites : comment redonner un nouveau souffle à une vie politique dont la crédibilité a été durablement atteinte par « les affaires » mais aussi par l'incapacité à vaincre le chômage ? Comment également communiquer avec l'opinion dans un monde désormais totalement médiatisé ?

Les élections prévues en 1998 sont perçues comme le premier test du renouveau annoncé depuis les présidentielles. Les socialistes décident de se mettre rapidement en ordre de bataille et d'être porteur d'une nouvelle image. Dès février 1997, les candidats aux élections législatives, sénatoriales et régionales sont désignés. Encore marqués par l'échec de 1993, les socialistes comprennent que leur succès passe par un parti apaisé et rénové. L'un des signes de renouvellement consiste à reconnaître enfin aux femmes la place qui leur revient. Depuis des années, une règle statutaire prévoit d'assurer une représentation féminine minimale. Elle n'a jamais été véritablement appliquée. À la seule exception de la Grèce, la vie politique française est d'ailleurs la plus misogyne de l'Union européenne. Pire, aucun progrès n'a été accompli depuis la Libération, puisqu'en 1993, le nombre de femmes députés est inférieur à celui de 1946. L'éligibilité de la femme française demeure ainsi une fiction. Lionel Jospin, premier secrétaire, impose alors une vraie volonté politique : réserver un tiers des circonscriptions, notamment des circonscriptions gagnables à des candidates.

Comme toutes les Fédérations, celle de Gironde, se livre à un exercice plus difficile que prévu. Sur 11 circonscriptions, 3 candidates, ce qui est un minimum, doivent être désignées. Le principe en a été acté à la quasi-unanimité lors de la convention nationale sur la démocratie. Au moment des investitures, la parité se révèle soudain comme une excellente idée... surtout chez les autres. Malgré le scepticisme et des affrontements internes qui transcendent la logique habituelle des courants, l'objectif est maintenu par une majorité massive du conseil fédéral. Consultés pour avis, circonscription par circonscription, les militants votent pour une candidature féminine à Bordeaux. Ils demandent aussi qu'une femme soit candidate sur la rive droite si Pierre Garmendia, député sortant, ne se représente pas. À la quasi-unanimité, le conseil fédéral réservera ces circonscriptions. Il y ajoute également celle de Langon-Créon, où une femme a de réelles chances de l'emporter, plutôt que la 2e circonscription de Bordeaux, plus improbable, face à Alain Juppé. À la suite d'une dissolution hasardeuse de l'Assemblée nationale par le Président de la République, la gauche l'emporte lors des élections législatives anticipées de juin 1997. En Gironde, elle totalise 55,54 % et s'impose dans 9 circonscriptions sur 11, dont une au profit d'un candidat Vert malgré les réserves fédérales[78]. Pour la première fois, la Gironde compte deux femmes députées socialistes : Odette Trupin dans la 9e circonscription et Conchita Lacuey dans la 4e, meilleur score de tout le département malgré une candidature dissidente de l'ancien suppléant. Fondées dans le principe, couronnées de succès, ces réservations qui ont mis en cause des espérances personnelles compréhensibles ont divisé profondément la Fédération. Après que la parité ait été inscrite dans la Constitution, le bureau fédéral du 8 novembre 1999 a toutefois confirmé cette volonté,

[78] Imposée par les instances nationales au nom des accords de la gauche plurielle, la candidature de N. Mamère, maire de Bègles a fait l'objet de beaucoup de réticences des socialistes girondins qui, associés aux communistes, l'avaient combattu lors des élections municipales.

non seulement sur les listes municipales de 2001 mais également, dans des cantons réservés lors des cantonales de la même année.

les socialistes de nouveau majoritaires

À l'issue des élections législatives de 1997, Lionel Jospin, nommé premier ministre d'un gouvernement de la gauche plurielle, s'engage immédiatement dans de nouvelles réformes : création de 700 000 emplois pour les jeunes, réduction du temps de travail à 35 heures, limitation du cumul des mandats... En novembre 1997, au congrès de Brest, François Hollande lui succède comme premier secrétaire. Au congrès fédéral de Cestas le 15 novembre, la motion de François Hollande recueille 76,65 %, celle des amis de Jean Poperen 14,84 % et celle de la Gauche socialiste 8,51 %. Lors d'une élection qui pour la première fois permet à tous les militants de voter, Alain Anziani est réélu premier secrétaire fédéral avec 91,08 % des voix[79].

Bénéficiant de la dynamique de Lionel Jospin, les élections locales de 1998 confirment le redressement électoral. Le scrutin cantonal est l'occasion d'un succès sans précédent pour l'équipe de Philippe Madrelle. En gagnant 10 sièges, les socialistes portent leur majorité à 40 sur 63, le Parti communiste en détenant 3 autres. Ils comptent également, symbole de son renouvellement, le plus jeune conseiller général de France en la personne de Sébastien Hournau, animateur du Mouvement des jeunesses socialistes, élu à Pauillac.

Un an plus tôt en même temps que leurs candidats aux élections législatives et sénatoriales, près de 90 % des militants confient à Alain Anziani, premier secrétaire fédéral, la charge de conduire la liste régionale. L'évolution de la situation politique et des ambitions remettent pourtant en question cette désignation. Vainqueurs de législatives inattendues, les socialistes apparaissent désormais comme les grands favoris de l'élection régionale. Fin 1998, condamné en sa qualité de trésorier du Parti, Henri Emmanuelli, inéligible, ne

[79] Pendant toute l'histoire de la SFIO et du Parti socialiste, les responsables ont fait l'objet de « cooptation » au sein des courants. L. Jospin a institué l'élection directe tant pour le premier secrétaire national que pour les premiers secrétaires fédéraux ou les secrétaires de section.

peut plus prétendre à la présidence de la Région. Un groupe d'élus réclame alors dans la presse qu'Alain Rousset, premier vice-président du Conseil général et maire de Pessac, prenne la tête de la campagne et devienne président. Dès lors, la Fédération va vivre un épisode difficile opposant légitimité militante et notoriété électorale. Elle doit soit affirmer une nouvelle fois le pouvoir du Parti et risquer de perdre une élection compromise par les remous médiatiques, soit refuser la logique de l'échec en acceptant de remettre en cause les choix militants et l'autorité de la Fédération. Isolé de ses propres amis, depuis les choix faits lors des élections législatives, le premier secrétaire fédéral proposera la seconde solution. Alain Rousset fera jeu égal avec la liste R.P.R.-U.D.F. en Gironde et comme prévu, deviendra président d'une assemblée perdue par les socialistes treize ans auparavant.

Les socialistes terminent le siècle en s'imposant comme la principale force politique de la Gironde. En septembre 1998, Philippe Madrelle et Bernard Dussaut sont réélus sénateurs[81]. Aux élections européennes de juin 1999, Gilles Savary obtient un mandat de député européen sur la liste conduite par François Hollande. Avec près de 4 000 militants, répartis dans 114 sections, la Fédération de la Gironde est la 5e de France[82], avec 8 députés, 2 sénateurs, 1 député européen, la présidence du Conseil général et 40 conseillers généraux, la présidence du Conseil régional et 12 conseillers régionaux, des centaines de maires et d'élus locaux, les socialistes continuent leur longue marche commencée depuis un siècle.

[81] La liste socialiste comprenait P. Madrelle, B. Dussaut, A. Anziani, G. Boeuf, B. Prévot.

[82] Après le Nord, le Pas-de-Calais, les Bouches-du-Rhône et la Haute-Garonne.

CONCLUSIONS

QUELQUES RÉFLEXIONS SUR LE SOCIALISME EN GIRONDE

Il n'y a pas de socialisme girondin. Comme le soulignait Montesquieu, même si les climats modèlent les hommes, l'allure générale entraîne avec elle tous les accidents particuliers. Depuis cent ans, il n'y a pas de socialisme girondin, mais une histoire du socialisme à laquelle les Girondins ont participé localement.

des affirmations individuelles plus qu'une culture de parti

Les socialistes de Gironde ont toutefois leurs particularités. À la différence d'autres départements, celui du Nord, par exemple, la vie politique y est marquée plus par le pragmatisme que par l'idéologie, davantage par le poids électoral des hommes que par la puissance des appareils. Des élus très proches des préoccupations de la population ont permis une implantation locale forte même si dans un département de plus en plus urbain, elle résiste rarement, pour ne pas dire jamais, aux mouvements nationaux. Cet enracinement en « fiefs » autour de fidélités personnelles domine nettement une organisation en « courant » inspiré par des débats collectifs. Il s'opère évidemment au détriment de positions communes et donc d'une autorité fédérale plus admise comme un bras séculier que comme un organe d'arbitrage. Il contribue aussi à donner une image « plurielle » et pour tout dire « floue » composée de multiples expressions individuelles juxtaposées ou concurrentes là où l'opinion attend une identité collective. Cette absence de « culture de parti » tend enfin à isoler la Gironde de l'appareil national. Elle n'a sans doute pas aidé les membres d'une des Fédérations les plus puissantes de France à accéder à des responsabilités nationales qui furent seulement confiées à Jean-Raymond Guyon et Catherine Lalumière[89]. Un autre effet moins dommageable de ce repliement s'est traduit par l'échec de tout « parachutage ». Jean Glavany dans la 9e circonscription, Bertrand Delanoë dans

89 Outre les néo-socialistes A. Marquet, et G. Lafaye.

la 3e, Roland Dumas à Bordeaux n'ont pu ainsi convaincre les socialistes locaux que leurs mérites suffisaient à justifier leurs candidatures. Il est vrai que les socialistes girondins ont démontré depuis longtemps qu'ils n'avaient guère besoin de concours extérieurs pour remporter les batailles électorales.

une machine électorale animée par des mouvements collectifs

Depuis sa fondation, la Fédération fonctionne certainement comme une remarquable machine électorale dont les rouages sont constitués par un puissant réseau d'élus. Il serait caricatural de réduire pourtant le Parti socialiste en Gironde à un appareil consacrant son énergie à capter l'électorat par tous moyens. Même si les batailles électorales sont plus médiatiques, elles ne doivent pas faire oublier les innombrables et vives discussions sur la laïcité, les institutions, la politique étrangère ou le libéralisme. Jaurès vient en Gironde parler moins de joutes électorales que du Maroc. Guesde y expose son programme contre la vie chère. Meunier et Vielle ne s'opposent pas sur des sièges à occuper mais sur les positions à adopter face aux bruits de guerre. Cassagne et Le Floch s'affrontent sur la nécessité d'un regroupement intercommunal dans l'agglomération bordelaise. Marc Boeuf n'oubliait jamais de défendre la création d'un revenu social d'existence. En réclamant toute leur place, les militantes socialistes mettent d'abord en cause une société portée à conserver les pouvoirs en place, y compris celui de l'homme sur la femme. Michel Sainte-Marie évoque constamment les grands choix nationaux. Philippe Madrelle parcourt la Gironde en rappelant que le milieu rural nécessite autant d'attention que le monde urbain. Les uns et les autres savent aussi que sans mandat, la parole se perd dans l'indifférence. Depuis toujours, ils ont compris qu'une idée non encore partagée est une idée sans corps pour la porter, sans avenir pour prospérer, sans vie pour se reproduire. L'élection qui apparaît ponctuellement comme une épreuve d'évaluation individuelle constitue plus profondément la mesure de mouvements collectifs. Marquet lui-même ne constitue pas

une exception. Dans les temps troubles de l'entre-deux-guerres, il représente cette tentation autoritaire qui corrompt si souvent l'homme politique. Inversement, le culte du mouvement collectif qui serait tout – origine de la scission entre socialistes et communistes – écrase mécaniquement ses acteurs, réduits à n'être que des éléments fragiles d'un ensemble contrôlé par le seul sens de l'Histoire, c'est-à-dire par le néant.

La politique est aussi complexe que la vie et c'est tout son charme et parfois son drame. Elle ne se simplifie ni en une simple épreuve électorale ni un simple débat d'idées. Sans l'une, elle serait impuissante, sans l'autre, elle deviendrait inféconde. Sur le long terme, elle englobe ses deux faces indivisiblement.

une image de compromis et une réalité de combats

De cet électoralisme présumé, les socialistes girondins auraient également hérité un sens développé du consensus mou les conduisant au compromis. L'exemple des trois maires socialistes de Bordeaux et de la Communauté urbaine illustreraient ce radicalisme déguisé des socialistes girondins. Il convient d'examiner chaque moment de cette histoire. Avant-guerre, le combat frontal avec la droite, y compris les républicains radicaux, est la règle. « Le pacte de Bordeaux » constitue l'exception notable. Les signataires de cet accord sont pourtant peu suspect de faiblesse idéologique. Le réformisme, il est vrai, l'a emporté dans les rangs socialistes. Mais cette évolution n'est qu'une réponse politique à une question qui parfois encore de nos jours, divise la gauche : préfère-t-on une société qui avance, de réformes sociales en réformes sociales, ou une société bloquée qui, un soir peut-être, pourrait exploser ? Le choix socialiste tranche sur celui des extrémistes pour lesquels il n'y a jamais de bonnes réformes, même tendant à réduire la durée du travail ou à augmenter les salaires, puisqu'ils n'existent que de bonnes révolutions. « Le pacte de Bordeaux » – le point est rarement souligné – contenait, et un contrat électoral, certes très surprenant puisqu'incluant les royalistes, et un contrat social qui

sera mis en œuvre par la municipalité de Cousteau. À partir de 1933, un second maire socialiste Marquet, partisan de la participation sans condition aux « gouvernements bourgeois » invente bien un consensualisme très personnel, mais celui-ci fonctionne précisément contre le parti qui l'a exclu en refusant les compromis à n'importe quel prix. À la Libération, si le troisième maire socialiste, Audeguil est porté à la mairie de Bordeaux comme à la présidence du Conseil général par la concorde née des combats communs de la résistance, il est rapidement critiqué pour son absence d'ouverture, ou pour son accueil jugé trop « froid » du général de Gaulle, chef du R.P.F. à Bordeaux en mai 1947.

Quant aux relations avec Chaban, les quelques pages précédentes ont rappelé qu'elles ne peuvent se comprendre sur le mode coutumier et quasi-méprisant selon lequel les socialistes, tout à leur survie électorale, se seraient laissés « vassaliser[90] » par le leader du gaullisme. En 1945, Chaban se réclame autant de Mendès France, homme de gauche, dont il sera ministre, que du général de Gaulle. Il n'est pas si éloigné de Guy Mollet dont il deviendra également membre du gouvernement. Face à une figure de la résistance, inclassable, les socialistes pouvaient-ils soutenir d'anciens collaborationnistes, ligués contre eux depuis 1933 ? Il n'y a guère besoin d'avoir l'esprit porté au compromis pour refuser de trahir son histoire. Pris dans ce mouvement qui n'est certainement pas inspiré par l'opportunisme, les socialistes vont, il est vrai, tenir compte de la nouvelle réalité politique dégagée à partir des années 50. Ils pratiquent sans doute des concessions mutuelles lors d'alliances municipales scellées par l'anti-communisme. Ils entérinent, trop rapidement un rapport de force défavorable et font semblant de méconnaître que leur adversaire n'est plus désormais l'ami de la Résistance mais l'un des chefs politiques de la droite.

Dans une période plus récente, le système même de la Communauté urbaine produit ses effets pervers à Lyon, à Lille comme à Bordeaux. Chaque maire y a

[90] La thèse a conduit des universitaires à prétendre qu'aux législatives 1993, P. Ducout et P. Garmendia, les seuls « rescapés », avaient dû leur survie électorale au système « Chaban ». Il suffit de consulter la carte électorale pour constater que dans ces circonscriptions à gauche, l'électorat n'avait besoin d'aucun clin d'œil chabaniste. Rien n'est dit en revanche sur la déroute de Chaban en 1981, ni sur celle de Juppé en 1997.

intérêt au troc intercommunal plutôt qu'à l'affrontement partisan. Personne ne veut y perdre son pouvoir local. Mais surtout, veillant à l'intérêt de sa ville, chacun, à droite comme à gauche, veut récupérer une partie des importantes recettes fiscales ponctionnées par la Communauté urbaine en obtenant le financement de ses projets communaux. S'adaptant ainsi à une intercommunalité qui n'aura de sens qu'accompagnée d'une profonde réforme démocratique, les socialistes sont conduits à accepter une règle du jeu consensuel... qui, bien évidemment, profite d'abord à celui qui en ait le maître. Quant aux minoritaires qui, dans leurs communes, mènent une bataille contre le maire sortant, ils se heurtent constamment au pacte de non agression intercommunale induit mécaniquement par un tel système de cogestion.

Pourtant, comment ne pas souligner qu'en réalité, les socialistes ont constamment livré le combat électoral et ont infligé à l'adversaire des défaites significatives.... Avec Philippe Madrelle, ils reprennent le Conseil général présidé par un homme installé par Chaban, le perdent puis le reconquièrent sans que la gauche et la droite ne se soient ménagés dans les cantons ruraux ou urbains. Avec Michel Sainte-Marie, ils obtiennent la majorité à la Communauté urbaine, au grand « dam » de l'ancien Premier ministre qui, loin de tout esprit de consensus, s'empressera de modifier la loi pour priver ses adversaires d'une partie de leur victoire. Les majorités municipales au sein de la Communauté urbaine n'apparaissent pas davantage figées dans le marbre d'un respect mutuel. Dans les dernières années, la gauche a gagné Saint-Médard-en-Jalles, Pessac, Le Haillan, Artigues, Saint-Aubin-du-Médoc dans des affrontements dénués de toute courtoisie excessive. Elle a perdu Talence, Villenave, Le Taillan, Parempuyre, Saint-Louis-de-Montferrand plus par ses disputes internes étalées sur la voie publique que dans un accord secret conclu avec l'adversaire.

S'il est exact que, sous l'ère Chaban, lors de certains scrutins internes à l'assemblée régionale, le candidat socialiste n'a pas fait le plein des voix de la gauche, il est tout aussi vrai qu'avec le palois André Labarrère, les socialistes infligeront une nouvelle défaite au maire de Bordeaux au Conseil régional où il ne reviendra qu'en composant un exécutif avec le Front national.

Même s'il convient de ne pas dissimuler certaines ambiguïtés de quelques élus socialistes avant le grand tournant mitterrandiste de l'Union de la gauche, l'idée d'un socialisme girondin compromis relève plus d'un mythe entretenu par l'imagerie chabaniste et par une vue très simplifiée des contraintes propres à la Communauté urbaine que d'une évidence scientifique.

Depuis toujours, les socialistes girondins ont manifesté une combativité certaine, souvent d'ailleurs victorieuse.

post-scriptum

Après cent ans de socialisme, les socialistes doivent leur implantation à un travail permanent commencé il y a plus d'un siècle par Raymond Lavigne, continué par de grandes figures, Calixte Calmelle, André Mureine, Fernand Audeguil, René Cassagne, Robert Brettes, et par un puissant réseau d'élus locaux et de militants souvent proches des milieux laïcs et associatifs.

Si la Gironde est devenue une terre socialiste, n'oublions pourtant jamais que cette terre est mouvante. Après un siècle de socialisme en Gironde, après autant de défaites que de victoires, les succès de la fin du siècle n'incitent ni au repos ni à l'autosatisfaction. **La confiance des électeurs est pour les socialistes source d'obligation et d'abord de l'obligation d'agir contre toutes les formes d'exclusions. La misère matérielle ou morale, le mépris et le fanatisme sont nos adversaires. Le respect de chaque être humain, le droit de vivre décemment et librement sont nos ambitions. Les uns et les autres nécessitent un combat toujours renouvelé.**

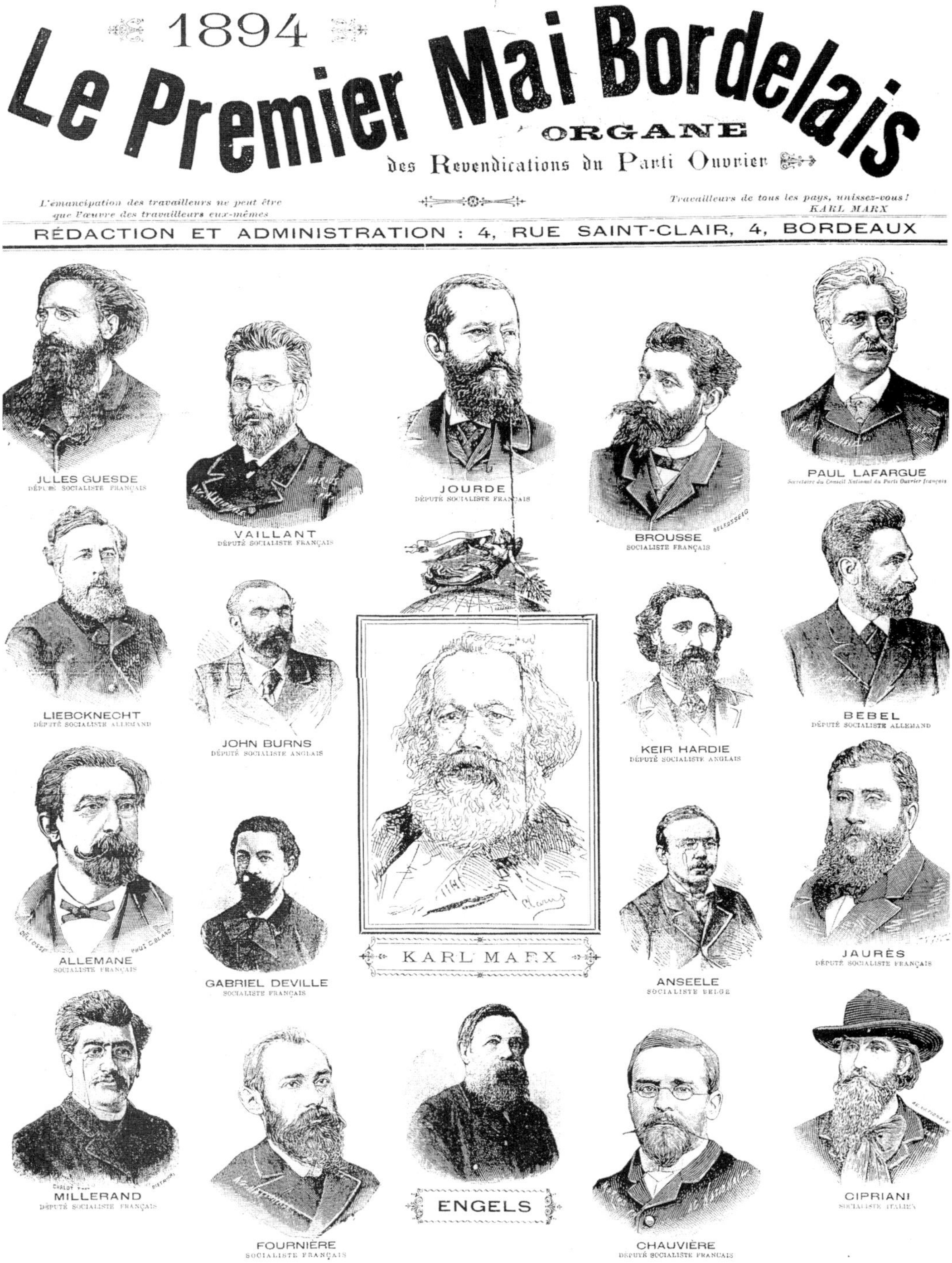

Le 1er mai, une proposition de Raymond Lavigne
Sur l'affiche : Antoine Jourde, premier député socialiste de Gironde.

Parti Socialiste (S. F. I. O.) — Union des Syndicats de la Gironde

HOMMAGE A JAURÈS

PEUPLE DE BORDEAUX,

Par son verdict inique le Jury de la Seine a provoqué une douloureuse indignation chez tous ceux qui gardent au cœur l'amour impérissable de la Justice.

Il a atteint dans son souvenir le plus cher, la masse des Travailleurs ; il a révolté la conscience de tous les hommes.

Bordeaux Socialiste, Bordeaux Ouvrier, Bordeaux Républicain, doit

ÉLEVER SA PROTESTATION

Elle sera Digne et Forte ; Grandiose et Émouvante.

Son hommage au grand mort, affirmera sa confiance, sa foi en l'Œuvre d'émancipation humaine pour laquelle JAURÈS a donné sa vie.

POUR PROTESTER CONTRE L'OUTRAGE

HOMMES, FEMMES, ENFANTS

TOUS A LA

Manifestation du DIMANCHE 20 Avril à 3 heures

Formation du Cortège : Place de la Victoire (anciennement d'Aquitaine).

Lire dans le « **Cri Populaire** » et la « **France de Bordeaux** » les indications concernant la manifestation et son itinéraire.

Que notre MANIFESTATION se déroule dans le calme. — Pas de Chants, pas de Cris inutiles.

Restons dignes du disparu que nous commémorons.

Bordeaux. — Imp. J. Couilbault, 18, rue d'Arès (près la Pl. Gambetta).

« Hommage à Jaurès » à l'occasion du procès de son assassin, Villain, en 1919.

Calixte Camelle, conseiller général du 7e canton, député de la Gironde,
adjoint à A. Marquet, maire de Bordeaux (1863-1923).

Adrien Marquet, maire de Bordeaux,
avec Albert Lebrun, président de la République, 1934.

Justin Luquot, député de la Gironde et
Antoinette Luquot, maire de Coutras à la Libération.

Fernand Audeguil en 1937.
Maire de Bordeaux et président du
Conseil général de la Gironde à la Libération.

Jean Costedoat, conseiller
municipal et conseiller général de
Bordeaux à la Libération.

NOS MARTYRS

André MUREINE est mort en déportation

Secrétaire fédéral de la Gironde

AU MOIS DE NOVEMBRE 1944

Un industriel marseillais, déporté dans le même camp du Tyrol qu'André Mureine, vient de faire le déplacement de Bordeaux pour rendre visite à Jean Mureine et Germaine Mureine, le père et la veuve du disparu.

Il leur a donné des renseignements sur les circonstances de sa mort, par suite d'œdème généralisé. André Mureine fut enterré dans la fosse commune du camp.

A cette famille de socialistes, Jean Mureine, le militant vénéré toujours à la tête de la Fédération; Jeanne Mureine, dont le dévouement ne s'est jamais démenti; Germaine Mureine, toujours présente pour toutes les activités du parti, et ses deux fillettes que nous voyons grandir, naïves et charmantes, nous tenons à dire de nouveau, que le parti, lui non plus, n'a pas oublié et garde, plus que jamais vivant, le souvenir de ceux qui sont morts pour la liberté et pour assurer la continuité de l'idéal socialiste.

Annonce de la mort déportation d'André Meunier, dit Mureine, déporté en mai 1944 (*Le Populaire girondin* du 3 août 1946).

Gaston Cabannes,
député de la Gironde.

André Treuillé, conseiller général de Bordeaux-Nord et conseiller municipal de Bordeaux.

LE POPULAIRE GIRONDIN

= S.F.I.O. =

Organe hebdomadaire de la Fédération Girondine du Parti Socialiste S. F. I. O.

LE PARTI SOCIALISTE VICTORIEUX BRISERA LES REINS....

Le Parti Socialiste a raison

QUELQUES CANDIDATS

CITOYENS !

Le Gouvernement de Front Populaire à direction Socialiste vous a apporté :

VOTEZ SOCIALISTE !

VOTEZ pour les nationalisations

A BAS LE SENAT CONSERVATEUR !

Électeurs des Campagnes !

La semaine internationale

AU FASCISME ET A SES COMPLICES

Des candidats socialistes aux élections cantonales de 1937,
Le Populaire girondin du 8 octobre 1937.

En bas : Yvan Bric, Pierre Mora, André Treuillé, Henri Deschamps
En haut : Hourneau, Beaugenay, Jaumouillié.

J.-E. Jambon, J.-R. Guyon, R. Cassagne, Bordessoules,
conseillers généraux de la Gironde.

René Cassagne, Guy Mollet, Robert Brettes.

Fête du PS à Floirac dans les années cinquante.

René Cassagne et François Mitterrand.

Réunion avec François Mitterrand, Alain Bombard, Roland Dumas, Gilbert Mitterrand, Michel Sainte-Marie, Philippe Madrelle et Christiane Mora.

Visite de François Mitterrand en Gironde à la fête du Parti socialiste, en présence de Philippe Madrelle, Michel Sainte-Marie, Pierre Brana, Alain Pons.

Visite de François Mitterrand à Saint-Médard-en-Jalles, en présence de Serge Lamaison, Marc Boeuf, Michel Sainte-Marie, Philippe Madrelle et Daniel Jault.

Catherine et Pierre Lalumière, 1981.

Laurent Fabius à la Gerbaude de Saint-Ciers-sur-Gironde en 1988, avec Gilbert Mitterrand, Serge Lamaison, Pierre Garmendia et Philippe Plisson.

Ci-dessus : meeting pour les élections présidentielles de 1995 à Bordeaux-Lac, Henri Emmanuelli et Lionel Jospin, entourés d'Alain Rousset, Mireille Kerbaol, Jacqueline Madrelle et Jean Lacouture.

Ci-dessous : élections législatives de 1997. Inauguration de la permanence d'Odette Trupin en présence d'Yvette Roudy, des deux autres candidates, Conchita Lacuey (4e), Béatrice Desaigues (1ère), de Philippe Madrelle, Bernard Dussaut et Pierre Garmendia.

Fête de Cenon 1998 : François Deluga, Pierre Garmendia, Pierre Lart, Bernard et Philippe Madrelle, Michel Sainte-Marie, François Hollande, Pierre Ducout, Jean-Jacques Benoît, Jean Touzeau et Alain David.

Ci-dessus : Élections régionales de 1998. Meeting à l'Athénée, avec
Alain Anziani, Alain Rousset, Gilles Savary. Au second plan : Annick Aguirre.

Ci-dessous : Visite de Lionel Jospin à Pessac, en octobre 1999, en présence de
Philippe Madrelle, Alain Rousset et Alain Anziani.

PARTI SOCIALISTE (S.F.I.O.)

ÉLECTIONS LÉGISLATIVES 1910 (3e CIRCONSCRIPTION DE BORDEAUX)

SCRUTIN DE BALLOTTAGE

PRENEZ GARDE !

CITOYENS

VOUS RELÈVEREZ CE DÉFI !

C. CAMELLE

ils voteront pour la RÉPUBLIQUE SOCIALE !

POUR LE COMITÉ :

A. MARQUET. TOULOUSE

LE populaire GIRONDIN

Alain ANZIANI

rompre avec les conservatismes

Pour préparer l'avenir, rejoignez le Parti socialiste

Votez Socialiste

Semaine Internationale - Les Elections Cantonales

A bas le Sénat conservateur !

LE POPULAIRE GIRONDIN

=S.F.I.O.=

Organe hebdomadaire de la Fédération Girondine du Parti Socialiste S. F. I. O.

IL NOUS FAUT 1.500 abonnés de plus

Il y a quatre ans, un peuple tout entier se levait pour sauver la liberté !

Contre la Démagogie

APPEL

La 100e Session du Conseil de la S. D. N.

LE 20 FÉVRIER 1938

Vers un cabinet

LE POPULAIRE GIRONDIN

HEBDOMADAIRE OFFICIEL DE LA FÉDÉRATION SOCIALISTE S.F.I.O.

Mercredi matin, à Bourg-sur-Gironde, une foule considérable a assisté aux obsèques de Léo LAGRANGE

Salariés, bénéficiaires des congés payés, n'oubliez pas que c'est à lui que vous les devez !

CANICULE

LE MAROC

TRAHISON

CROQUIS au crayon noir

DIX ANS APRÈS OU LE PROLÉTAIRE A DEAUVILLE

IL FAUT VOULOIR LA PA

Juillet espagnol

FAUX BRUITS PAR LÉON BLUM

PARTI SOCIALISTE

(Section Française de l'Internationale Ouvrière)

FÉDÉRATION de la GIRONDE

MARDI 19 SEPTEMBRE

à 8 h. 1/2 du soir, SALLE du SKATING (Rue Molière)

Grande RÉUNION Publique ET CONTRADICTOIRE

avec le concours des Citoyens

EDOUARD GOBRON, Secrétaire de la Fédération Socialiste du Loiret | EUGÈNE DONDICOL, De la Fédération Socialiste de la Gironde.

HUBERT ROUGER

Ancien Maire de Nîmes

Député du Gard

Les Dames sont spécialement invitées.

ENTRÉE Publique et Gratuite

ANNEXE I
DICTIONNAIRE DES SOCIALISTES GIRONDINS

Tout choix est arbitraire. Celui de ce dictionnaire priviliégie les femmes et les hommes ayant exercé des responsablités départementales, soit au sein des instances fédérales, soit comme parlementaires, conseillers généraux, conseillers régionaux élus au suffrage universel (depuis 1986), à condition, bien sûr, d'avoir pu disposer d'éléments biographiques suffisants. Ces derniers doivent beaucoup, pour la période concernée, au dictionnaire biographique du Mouvement ouvrier français dirigé par Jean Maitron. Ils trouvent également leurs sources dans l'encyclopédie socialiste de Compère-Morel, dans les différents dictionnaires des parlementaires, dans le travail effectué par André Treuillé pour les conseillers généraux et les mémoires relatifs à ceux-ci, présentés par les étudiants de l'U.F.R. d'Histoire de Bordeaux III, et, bien entendu, aux fiches établies par la Fédération de la Gironde avec le concours des intéressés.

Au temps de la S.F.I.O., la Fédération était dirigée par un secrétaire fédéral, parfois assisté depuis 1945 d'un secrétaire fédéral administratif. Depuis le P.S. d'Épinay, le premier secrétaire fédéral est entouré de secrétaires fédéraux ayant en charge une attribution spécifique.

SECRÉTAIRES FÉDÉRAUX DE LA GIRONDE

DRÉAN-CHAPEL 1905-1907

DONDICOL Eugène 1907-1908

MARQUET Adrien 1909-août1914

CAYREL Antoine août 1914-1917

PÉRISSE Henri juillet 1917-mai 1919

LAROQUE Henri mai 1919-juin 1920

REBEYROL Auguste juin 1920

MARQUET Adrien 1920-1925

PINÈDRE Marc 1925

VIELLE Robert 1933

MEUNIER Jean dit «MUREINE» 1935-1936

MEUNIER André 1936-1937

MEUNIER André et VIELLE Robert novembre 1937-1939

MEUNIER André 1939

GUILLET Pierre-Emmanuel septembre 1944-1945

MEUNIER Jean 1945-1946

TEXIER André 1947

GUILLET Pierre-Emmanuel 1948-1951

DESCHAMPS Henri juin 1951-1956

CASSAGNE René 1957-1965

BRETTES Robert 1965-1967

BRIC Yvan 1967-1971

SAINTE-MARIE Michel 1971-1979

FÉRILLOT Michel 1979

BOEUF Marc 1979-1980

LALUMIÈRE Pierre 1981

PONS Alain 1981-1983

BOEUF Marc 1983-novembre 1985

JOIN Marcel novembre 1985-avril 1986

BARANDE Claude avril 1986-mars 1987

MITTERRAND Gilbert mars 1987-avril 1990

LAMAISON Serge avril 1990-avril 1993

ANZIANI Alain avril 1993...

ACHARD Antoine, né le 12 décembre 1814 à Genève. Avoué. Maire de Lesparre (1848-1851). Lors de l'avènement du second empire, déporté, il part en Espagne. Au retour de la République, il se présente contre Blanqui à l'élection partielle qui a suivi l'annulation de l'élection de ce dernier aux élections législatives de 1879 à Bordeaux. Président du groupe parlementaire de la gauche radicale, il se situe toutefois à l'extrême gauche. Battu au scrutin de liste d'octobre 1885. Devient partisan de Boulanger. Meurt le 26 juillet 1890 à Castelnau-de-Médoc.

AGUIRRE Annick, née le 3 janvier 1946 à Hendaye. Cadre. Présidente départementale de la F.C.P.E. (1980-1988). Membre de la commission exécutive fédérale depuis 1982. Déléguée fédérale au M.J.S. (1986), secrétaire fédérale depuis 1987, membre du conseil national depuis 1989. Proche de Jean Poperen, elle est membre du bureau national depuis 1997. Présidente de l'Assemblée des Femmes de Gironde depuis 1989. Conseillère régionale déléguée depuis 1998.

ALONSO Miguel, né le 14 mars 1954 à Bordeaux. Militant associatif, responsable du syndicat S.U.D. Membre du conseil fédéral depuis 1993. Secrétaire fédéral.

AMOUROUX Marcelle, née le 29 janvier 1929. Originaire de Narbonne. Directrice de cabinet de Michel Sainte-Marie, président de la Communauté urbaine de Bordeaux. Conseillère générale de Mérignac-I (1982-1988). La première femme socialiste conseillère générale.

ANZIANI Alain, né le 30 mai 1951 à Paris. Avocat. Ancien président départemental des associations familiales laïques de Gironde. Secrétaire fédéral à l'animation du Parti en avril 1990. Tête de liste aux élections régionales de 1992. Premier secrétaire fédéral depuis avril 1993. Candidat aux élections cantonales au Bouscat en 1993 provoquées par la démission tumultueuse de Joëlle Dusseau. Membre de la commission nationale de rénovation du Parti socialiste en 1995. Vice-président du Conseil régional chargé des finances et du plan en 1998. Candidat aux élections sénatoriales de 1998.

AUDEGUIL Jean-Fernand, né le 16 janvier 1887 à Monclar-d'Agenais. Professeur de sciences et de musique. Adhère à la S.F.I.O. en 1920. Secrétaire de la section de Talence. Candidat aux élections cantonales de 1934 à Bordeaux-Le Bouscat, battu par le néo-socialiste Cayrel. Conseiller municipal de Talence en 1935, deuxième adjoint. Élu député de la S.F.I.O. en 1936 (2e circ. de Bordeaux-Talence). Défend les thèses pacifistes dans les congrès jusqu'à la déclaration de guerre. En juin 1940, lorsque l'Assemblée nationale s'installe à Bordeaux, héberge Léon Blum à son domicile, 151, rue François-de-Sourdis. Dénonce Laval et demande la poursuite de la guerre. Le 10 juillet 1940, fait partie des 80 parlementaires qui refusent les pleins pouvoirs au maréchal Pétain. Pendant la guerre, animateur de la résistance au sein du Comité d'action sociale, membre du Comité départemental de la Résistance. Révoqué de son mandat d'adjoint et radié des cadres de l'Éducation nationale. Responsable régional de la résistance, il doit vivre clandestinement à Aire-sur-Adour, et à son retour à Bordeaux chez le docteur Marcade, puis à Pessac chez un horticulteur, avant d'être hébergé chez un laitier avenue d'Arès (aujourd'hui rue Georges-Bonnac), et enfin chez Malbos jusqu'à la Libération. À la Libération, préside la délégation municipale chargée d'administrer Bordeaux. Juré au procès de Laval. Élu maire de Bordeaux le 6 mai 1945 à la tête d'une liste républicaine. Conseiller général du 7e canton le 23 septembre 1945. Président du Conseil général entre 1945 et 1951. Battu aux municipales d'octobre 1947 par Chaban-Delmas. Député de Bordeaux en 1945, réélu en 1951, il intervient fréquemment à l'Assemblée nationale en faveur de sa passion, le théâtre. En 1956, après s'être opposé à la création d'une Communauté européenne de défense, placé en seconde position sur la liste législative S.F.I.O. de la 1re circonscription, il n'est pas réélu. Il meurt le 23 novembre 1956 des suites d'une opération. Son importante bibliothèque a été rachetée par Gabriel Delaunay. Peintre, mélomane, s'exprimant peu, F. Audeguil, trop oublié, a incarné la figure du socialisme lors des années troubles. André Treuillé dresse un portrait de lui : « Son métier de parlementaire le conduit à se rendre à Paris chaque lundi soir, flanqué d'un mini-harmonium qu'il pianote durant tout le voyage. Ses amis ne manquent pas d'ailleurs, sans le lui reprocher, de relever sa dilettante artistique… Il lui manquait le vice de la politique. »

AUGER Pierre, né le 6 mars 1935 à Bordeaux. Conseiller municipal de Pessac et adjoint depuis 1989. Conseiller général de Pessac-I depuis 1992 après avoir battu Jean-Claude Dalbos. Président du C.A.U.E. de Gironde depuis 1994.

BARANDE Claude, né le 12 juin 1937 à Bordeaux. Gérant de société. Conseiller municipal de Villenave-d'Ornon en 1971. Maire en 1977. Conseiller général de Villenave-d'Ornon de 1973 à 1989. Secrétaire fédéral aux relations extérieures en 1979. Premier secrétaire fédéral d'avril 1986 à mars 1987. Député de la 3e circonscription en 1989 lorsque suppléant de Catherine Lalumière, cette dernière devient secrétaire générale du Conseil de l'Europe. Battu aux législatives de mars 1993. Démissionne de son poste de maire en janvier 1994, date à laquelle il est remplacé par Patrick Bouillot. Quitte le Parti socialiste.

BARRAU Pierre, né le 9 octobre 1927 à Saint-Médard-de-Guizière. Minotier. Maire de Porchères depuis 1960. Conseiller général de Coutras en 1994 où il succède à Jean-Elien Jambon qui ne se représente pas.

BAUDRAY Ginette, née le 15 novembre 1923 à Saint-Vivien-du-Médoc. Conseillère municipale de Saint-Vivien-du-Médoc en 1977. Première adjointe en 1983. Maire en 1994. Présidente de diverses associations.

BELLEAUD Maurice, né le 22 avril 1918 à Eymet (Dordogne). Directeur d'école. Membre de la commission exécutive de 1968 à 1993. Conseiller général de Lormont (1982-1988). Maire de Lormont (1965-1995). Conseiller régional (1983-1995). Vice-président de la C.U.B. (1977-1983 et 1989-1995).

BELOUARD Georges, né le 16 décembre 1916 à Bordeaux. Instituteur, directeur d'école. Prisonnier de guerre. Candidat aux élections municipales de 1959, il est élu maire de Préchac en 1971 et réélu en mars 1977. Conseiller général de Villandraut en septembre 1973 (1er tour), battu le 25 mars 1979. Mort le 27 août 1980 à Pessac.

BENTEJAC Marguerite. Secrétaire administrative du bureau du Comité d'action régionale des jeunesses socialistes de Gironde en 1925.

BENOÎT Jean-Jacques, né le 16 janvier 1949 à Soustons (Landes). Psychologue. Conseiller fédéral depuis 1989. Secrétaire fédéral. Adjoint au maire de Pessac depuis 1995. Élu conseiller général de Pessac-I en 1998 lors d'une élection partielle à la suite de la démission d'Alain Rousset, devenu président du conseil régional.

BERNADET Jean, né le 11 juillet 1902 à Mont-de-Marsan. Ingénieur des Travaux publics. En 1945, capitaine d'artillerie, il est mutilé d'une main. Après l'armistice, anime la résistance locale. À la Libération, président de la délégation municipale, il est élu maire de Libourne de mai 1945 à octobre 1947. Conseiller général du canton de Libourne en septembre 1945. Battu tant aux municipales de 1947 qu'aux cantonales en 1949 par Abel Boireau, nommé maire en 1941 par Vichy. Battu de nouveau aux élections municipales de 1965 par Robert Boulin. Prend sa revanche sur Boireau aux élections cantonales d'avril 1955, réélu conseiller général en septembre 1967, puis en septembre 1973. Ne se présente pas en 1979. N'a jamais pu devenir parlementaire ni au Sénat en 1948 ni à l'Assemblée nationale en juin 1946 et en novembre 1962. Meurt le 30 décembre 1983.

BERNARD Charles, né le 8 décembre 1856. Pharmacien. Ancien déporté de l'époque napoléonienne. Participe au mouvement boulangiste en Gironde dont il devient conseiller d'arrondissement. Rejoint le P.O.F. jusqu'en 1893, où il se présente aux élections législatives avec le soutien des royalistes et des socialistes. Battu par le sortant Charles Gruet. Grâce à la même configuration électorale, élu conseiller général (1892-1898). Négociateur du « pacte de Bordeaux ». Député de 1898 à 1902 (Bordeaux) sous l'étiquette « socialiste ». Connu pour ses nombreux duels. Son attitude violente provoque son exclusion temporaire de l'Assemblée nationale. S'installe à Paris en se déclarant « nationaliste » et antisémite. Battu aux législatives de 1902. Redevient député « Républicain socialiste indépendant » en 1914. Présente en 1925 une liste « Cartel des indépendants » qui est battue. Mort le 8 décembre 1927 à Paris.

BERNARD Pierre, né le 25 décembre 1924 à Thaon-les-Vosges. Conseiller d'orientation. Secrétaire fédéral (avril 1990-1993, presse et propagande). Conseiller municipal de Libourne depuis 1977, adjoint au maire (1989-1998). Après une première candidature en 1979, élu conseiller général de Libourne en 1998.

BESSON Gilles, né le 29 octobre 1947 à Paris. Conseiller municipal de Lormont. Secrétaire fédéral.

BIONDINI Pierre, né le 11 juillet 1924 à Bordeaux. Cadre S.N.C.F. puis traducteur-expert. Engagé volontaire en 1944. Membre du bureau fédéral de la C.F.D.T.-Transport. Premier secrétaire de la Convention des institutions républicaines (1970). Premier secrétaire des sections de Bordeaux. Secrétaire fédéral (1979-1981). Conseiller général de Bordeaux-VI (1973-1985), vice-président (1976-1985). Conseiller régional (1981-1986). Secrétaire général de la Communauté italienne du Sud-Ouest. Président de l'association familiale bordelaise.

BIROLET Armand, né en 1869. Conseiller général de Sauveterre-de-Guyenne (1925-1939 puis de 1945 à 1955). Maire de Saint-Léger-de-Vignague. Réintégré à la S.F.I.O. en juillet 1937. Décédé le 21 octobre 1955.

BLANQUI Auguste, né le 7 février 1805. Son père était un conventionnel girondin. À 19 ans, il adhère à la « Charbonnerie », mouvement révolutionnaire. Surnommé « L'éternel prisonnier », il passera trente-trois ans en détention et une dizaine d'années supplémentaires sous surveillance. Il se marie en prison. Revenu en France à la chute de l'Empire, il est condamné à la détention perpétuelle comme « l'inspirateur moral de la Commune » et incarcéré à Clairvaux. Sa candidature est alors présentée dans toute la France pour obtenir sa libération. À Bordeaux où son frère avait été député conservateur, soutenu par Jourde et Roche, il est élu lors d'une élection législative partielle le 20 avril 1879 (1re circ.). Malgré le soutien de Clemenceau, la validation de son élection est refusée par la Chambre en juin. Le président Grévy le gracie en juin. Il se précipite alors à Bordeaux pour faire campagne. Le 31 août 1879, il obtient la majorité absolue au premier tour mais non le quart des inscrits. Au second tour, le 14 septembre, il est battu par le candidat de la gauche radicale Antoine Achard, classé également « extrême gauche ». Se présentera ensuite à Lyon. Il meurt d'une congestion cérébrale le 1er janvier 1881.

BOEUF Marc, né le 8 janvier 1934 à Bordeaux-Bacalan. Son père, ouvrier papetier, militant communiste. Enseignant. Militant associatif et laïc. Fondateur de la section théâtrale de l'Églantine-Dupaty. Mobilisé en Algérie en mai 1958, il se consacre à l'alphabétisation des harkis. Président du Conseil départemental des parents d'élèves, Directeur départemental de la M.G.E.N., président du Conseil national des associations familiales laïques en 1988. Membre de la Convention des institutions républicaines. Adhère à la section de Bordeaux-Nord en 1971. Conseiller municipal de Bordeaux. Succède à André Treuillé comme conseiller général de Bordeaux en 1974. Premier secrétaire fédéral de 1979 à 1981. Premier vice-président du Conseil général. Sénateur en 1980. De nouveau premier secrétaire fédéral de 1983 à octobre 1985. Président du Comité départemental du tourisme. Il disparaît à l'issue d'une longue maladie le 27 août 1993.

BOEUF Ghyslaine, née le 6 avril 1963 à Bordeaux. Attachée culturelle. Succède à son père Marc Boeuf comme conseillère générale de Bordeaux-Nord lors de l'élection partielle de novembre

1993. Candidate aux élections sénatoriales de 1998. Démissionne en novembre 1999.

BONNAC Georges, né le 25 juin 1903 à Bordeaux. Directeur du bureau municipal de solidarité. Dans la rue qui porte son nom, les premiers résistants socialistes s'organisèrent. Anime la C.G.T. clandestine. Assume la responsabilité de l'antenne régionale de « Libé-Nord » et la liaison avec le comité national de la Résistance. Arrêté le 25 mai 1944, Georges Bonnac est déporté le 9 août à Dachau, puis à Mathausen et à Melk où il décède le 3 janvier 1945 sous la torture.

BONNAC René, né le 3 mai 1921 à Bazas. Parents socialistes. Cadre commercial dans le négoce du vin. Militant Force Ouvrière. Membre des jeunesses socialistes en 1937. Président de la Commission des conflits du P.S. Président de l'U.D.S.R. (1970-1993). Vice-président de la F.N.S.E.R. (1978-1985). Conseiller général de Cenon de septembre 1973 à septembre 1992, vice-président (1976-1992). Président de la Société d'économie mixte de la Gironde. Conseiller municipal en 1948, adjoint puis maire de Cenon (1968-1995). Membre de la Ligue des droits de l'homme.

BORDEAUX François-Xavier, né en 1948. Directeur de banque. Adjoint à Pierre Lalumière, maire du Bouscat de 1977 à 1983. Candidat avec Catherine Lalumière à Bordeaux. Il devient conseiller municipal en 1983. Candidat aux élections cantonales à Bordeaux-VIII en 1985. Tête de liste en 1989 à Bordeaux. Candidat aux élections législatives de 1986. Conseiller technique au cabinet de Pierre Bérégovoy, ministre de l'économie et des finances. Quitte le Parti socialiste avant les municipales de 1995 et est élu de nouveau conseiller municipal sur une liste conduite avec Pierre Hurmic et Denis Teisseire.

BORDESSOULES Jean, né le 25 novembre 1903. Enseignant. Apiculteur. Maire de Lucmau. Conseiller général de Villandraut (1945-1973). S'est consacré à la défense de la forêt et à la lutte contre les incendies. Décédé le 22 septembre 1984.

BRANA Pierre, né le 28 mai 1933 à Bordeaux. Ingénieur E.D.F.-G.D.F. Responsable syndical C.G.T. à E.D.F. (1961-1981). Membre de la direction nationale du P.S.U. de 1970 à 1974. Adhère au Parti socialiste. Secrétaire fédéral (1974-1979). Membre du bureau exécutif en 1979 et secrétaire national adjoint puis secrétaire national aux Droits de l'homme (1981-1990). Maire d'Eysines depuis 1977. Vice-président de la C.U.B. depuis 1989. Conseiller régional (1986-1988). Conseiller général du canton de Blanquefort depuis 1982. Député de la 5e circonscription de1988 à 1993, réélu en 1997. Chargé de mission auprès de Michel Rocard, ministre du Plan, puis de l'Agriculture (1982-1986), Conseiller technique de Michel Rocard, premier ministre en juin 1988. Co-auteur de plusieurs ouvrages sur le mouvement ouvrier girondin et les néo-socialistes girondins.

BRETTES Robert, né le 25 juillet 1902 à Paris. Horticulteur. Président de la section de la Ligue des droits de l'homme. Vice-président de la

F.D.S.E.A. et responsable de la mutualité agricole. Adhère à la S.F.I.O. en 1934. Secrétaire de la section de Mérignac en 1936. Élu conseiller général du canton de Pessac-Mérignac en octobre 1936. Pendant la Résistance, membre du Comité d'action socialiste et délégué des mouvements unis de la Résistance. Élu maire de Mérignac en mai 1945. À la suite d'une triangulaire provoquée par le maintien du candidat communiste, il est battu aux cantonales d'octobre 1951. Constamment réélu à partir de 1958. Vice-président du Conseil général. Élu au Conseil de la République (Sénat) de décembre 1946 à 1958, il s'y consacre aux questions agricoles. Vice-président de la C.U.B. Député de novembre 1962 à mars 1973. Premier secrétaire fédéral de 1965 à 1967. Au congrès de Suresnes, lorsque Guy Mollet quitte la direction du Parti, il est choisi pour lui rendre hommage. Décédé le 13 septembre 1974. Son fils Daniel, est devenu maire de Marcheprime.

BRIC Yvan, né en 1919. Cadre à la Régie Renault. Adjoint au maire du Bouscat, Max Monichon. Maire de Parempuyre en 1971, vice-président de la C.UB. Premier secrétaire fédéral de 1967 jusqu'au congrès d'Épinay en 1971 où très hostile au programme commun avec le Parti communiste, il est remplacé. En 1994, pour raisons de santé, il démissionne au profit de son fils Jean-François Bric. Décède en décembre 1995.

BROY Claude, né le 1er août 1931 à Bordeaux. Professeur de lettres et d'histoire. Maire de Bayon-sur-Gironde depuis 1977. Conseiller général de Bourg-sur-Gironde depuis 1979, vice-président depuis 1998.

BUFFET Yves, né le 8 mai 1926 à Ernée (Mayenne). Médecin. Conseiller municipal de Talence depuis 1965, ancien adjoint. Conseiller général de Talence de 1979 à 1985, puis en 1998. Président de la section de Talence de la Ligue des droits de l'homme.

BUSCAILLET Adolphe, né le 5 Août 1864 à Decazeville (Aveyron). Mécanicien de formation, il tient un débit de vins à Bordeaux jusqu'en 1920. Président des chauffeurs et inscrits maritimes. Conseiller municipal de Bordeaux en mai 1900 sur la liste du docteur Lande, républicain. N'est pas réélu en 1908 sur la liste de Calixte Camelle. Élu de nouveau conseiller municipal en mai 1912. Candidat aux élections législatives de 1902 et de 1906 (collectiviste guesdiste). Conseiller général du premier canton (Bordeaux-Le Bouscat) en août 1904 (socialiste révolutionnaire), réélu en 1910. Ne se représente pas en décembre 1919. Très grande popularité.

CABANEL Ferdinand. Conseiller municipal de Bordeaux en 1945. Secrétaire de la section Roger-Vivez. Figure socialiste aimée et écoutée. André Treuillé rappelle qu'il était appelé « le maire de Bacalan ».

CABANNES Léon-Gaston, né le 12 août 1882 à Agen. Tailleur comme son père. Secrétaire du syndicat des tailleurs en 1919. Combattant en 1914, il est réformé après avoir été gazé. Milite au sein du Parti ouvrier de France avec son frère René qui sera l'un des trois permanents propagandistes officiels de la S.F.I.O. chargé des sections parisiennes. D'abord guesdiste, il adhère à la S.F.I.O. en 1905. Conseiller municipal de Bordeaux en 1923, adjoint au maire de 1929 à 1935, où il est connu pour sa « défense des humbles et des économiquement faibles » (cf. nécrologie *Sud Ouest*). Élu maire de Floirac le 19 mai 1935. Conseiller général de Carbon-Blanc de 1934 à 1939, puis de 1945 à 1950. Député de la S.F.I.O. entre 1932 et 1940 (7e circonscription de Bordeaux). Le seul député girondin à ne pas suivre Adrien Marquet en 1933. « Paulfauriste » avant la guerre, il est toutefois l'un des 80 parlementaires à refuser les pleins pouvoirs au maréchal Pétain. Révoqué de ses mandats électifs. Membre du Comité d'action socialiste pendant la guerre. À la Libération, élu à la Haute Cour de justice. De nouveau, maire de Floirac en 1945. Député lors de la Ire Constituante en octobre 1945. Ne se représente pas aux élections législatives de juin 1946. Gaston Cabannes meurt le 9 novembre 1950 à Bordeaux. Une des plus grandes figures morales du socialisme girondin.

CACHIN Marcel, né le 20 septembre 1869. Professeur de philosophie à Bordeaux. Adhérent du P.O.F. dont il devient secrétaire de la commission de propagande. Secrétaire du journal *Le socialiste de la Gironde*. Conseiller municipal de Bordeaux en 1900. Délégué à la propagande de la S.F.I.O. Quitte la Gironde et devient conseiller municipal de Paris en 1912, puis député du XVIIIe arrondissement. Choisit le Parti communiste au congrès de Tours. Directeur politique de *L'Humanité*. Meurt le 12 février 1958.

CAMELLE Calixte, né le 21 juillet 1863 à Bressuire. Demeure à Bordeaux à partir de 1883. Négociant en bière. Issu du radicalisme, il rallie les guesdistes en 1894 puis rejoint Jaurès. Adjoint au maire de Bordeaux de 1896 à 1900 lors du « pacte de Bordeaux ». Se présente sans succès au Sénat en 1897. Élu conseiller général en 1898 et 1910 (7e canton de Bordeaux-La Bastide). Trésorier du Parti ouvrier français en 1897. Adhère à la Fédération socialiste autonome en 1900. Candidat aux législatives à Lesparre en 1902. Député en 1910 (3e circonscription de Bordeaux), réélu en 1914, non élu en 1919 (scrutin de liste). Délégué au congrès de Tours, il préside le congrès de fusion en Gironde. Se déclare favorable à l'Union sacrée au moment de la guerre. Directeur politique du *Cri Populaire*, hebdomadaire du Parti socialiste et de l'Union des syndicats et des coopératives publié à partir du 13 juillet 1918. Camelle meurt le 22 décembre 1923. Une place de La Bastide porte son nom. La grande figure du socialisme d'avant-guerre même s'il apparaissait d'abord comme un grand notable qui, selon Jules Guesde avait une « influence désastreusement ministérielle ».

CARDOUAT Gilbert, né le 31 mars 1926. Conseiller général de Villandraut (1985-1998). Maire de Préchac jusqu'en novembre 1997.

CARTRON Françoise, née le 27 mars 1949 à Bordeaux. Directrice d'école. Maire d'Artigues depuis 1995. Membre du conseil fédéral. Conseillère régionale, vice-présidente chargée des Lycées (1998). Présidente de l'Association des femmes maires de la Gironde.

CASSAGNE René-Jean, né le 18 mars 1913 à Salignac. Instituteur. Adhère à la S.F.I.O. en 1932. Rugbyman de haut niveau. Secrétaire des jeunesses socialistes en 1936. Prend position contre toute préparation de la guerre et multiplie les appels à la paix. Secrétaire de la section de Cenon en 1938. Maire de Cenon d'août 1948 jusqu'à sa mort. Administrateur du *Populaire Girondin* en juin 1939. Secrétaire administratif de la Fédération en juin 1940 au titre des amis de Paul Faure. Secrétaire fédéral en 1945, il restera constamment membre de la commission administrative. Directeur politique du quotidien *Bordeaux Matin* en 1945, il déploie une grande activité militante et journalistique. Conseiller général de Carbon-Blanc de 1951 à 1968. Chargé de mission dans le cabinet de Jean-René Guyon, secrétaire d'État. Dès 1949, demande que l'agglomération bordelaise s'organise en district. Secrétaire fédéral de 1957 à 1965 et membre du Comité directeur. Seul député socialiste d'Aquitaine en novembre 1958 (4e circonscription), il sera constamment réélu. Lors de la pré-campagne présidentielle de 1965, membre du comité national de soutien à Gaston Defferre dont il sera l'ami et le témoin dans un duel. Président de la F.G.D.S. départementale en 1966. Intervient dans le dénouement de la crise bordelaise de 1953. Frappé par une tumeur au cerveau, il décède le 12 novembre 1968. L'une des personnalités marquantes de la rive droite et du département.

CASTAGNET Bernard, né le 13 avril 1950 à Mont-de-Marsan. Médecin. Maire de La Réole. Candidat aux élections législatives de 1993. Suppléant d'Odette Trupin, députée en 1997. Président du S.I.V.O.M. du Réolais. Délégué national « Santé » de l'Association des maires de France.

CAYREL Antoine-Georges, né le 23 avril 1885 à Sigean (Aude). Chirurgien-dentiste, il rencontre dans sa profession celui qui deviendra son modèle, Adrien Marquet. Secrétaire fédéral en avril 1914 jusqu'en 1917. En mai 1922, Conseiller général de Bordeaux, réélu pendant vingt-deux ans. L'un des créateurs des régies syndicales d'électricité. Député en mai 1924 sur la liste du « Cartel des gauches », battu en 1928 dans la 1re circonscription de Bordeaux, élu en 1932 (1re circonscription de Bordeaux). Maire du Bouscat en mai 1925 jusqu'à la Libération. Exclu avec Marquet le 5 novembre 1933. Secrétaire général du Parti socialiste de France fondé par Déat. Réélu député en 1936 sous l'étiquette néo-socialiste, il devient président de la commission des Affaires étrangères. Vote les pleins pouvoirs au maréchal Pétain. Nommé « Commissaire général du service des réfugiés », il démissionne rapidement de ses fonctions, ce qui lui vaudra d'être acquitté par la Haute Cour de justice à la Libération. Après la guerre, président-directeur général de la Lyonnaise des eaux. Meurt le 13 septembre 1970 à Mérignac.

CAZALET Henri, né le 11 janvier 1886 à Lavardac (Lot-et-Garonne). Délégué C.G.T. à Bègles où il est battu aux élections municipales en novembre 1919 et élu à une partielle d'avril 1922. Premier adjoint en mai 1925. Candidat aux élections législatives de 1924 sur la liste du « Bloc des gauches ». Député S.F.I.O. en mai 1932 (5e circonscrition de Bordeaux). Maire de Bègles en novembre 1932. Suit Marquet lors de la scission de 1933. Battu aux cantonales d'octobre 1934 par le candidat S.F.I.O. Démissionne alors de son mandat de maire. Se représente aux municipales de mai 1935, il est battu. Ne se représente pas aux législatives de 1936 où lui succède Naphle. Mort le 9 avril 1944. Père de Robert Cazalet, député U.D.F. du bassin d'Arcachon.

CORBEIL Henri, né le 16 février 1891 à Terrasson (Dordogne). Conseiller général de Captieux (1945-1959), maire de Captieux (1945-1959). Décédé le 28 avril 1959.

COSTEDOAT André. Fils d'Edmond Costedoat. En 1933, remplace son père comme secrétaire de la section Édouard-Vaillant. Professeur, il est membre du cabinet de Paul Faure, ministre de Léon Blum.

COSTEDOAT Edmond, né le 31 juillet 1874 à Marps (Landes). Professeur d'université. Ami de Léon Blum, de Calixte Calmelle et d'Adrien Marquet. Candidat S.F.I.O. aux élections législatives de 1914. Secrétaire de la section Édouard-Vaillant. Candidat dès 1919, il est élu Conseiller général de Bordeaux-IV de 1937 à 1939. Conseiller municipal de Bordeaux et adjoint en mai 1925, il est notamment responsable de la construction de la Bourse du travail. Se présente à Bordeaux contre le néo-socialiste Cayrel en 1936, mais est battu. Signataire du projet de motion fédéral en juin 1938 (congrès de Royan). Archiviste à la Fédération. Très écouté, « le seul socialiste qu'on ne tutoyait point ». Une rue de Bordeaux porte son nom. Mort le 22 janvier 1947. Ses fils André et Jean seront également adhérents à la S.F.I.O.

COSTEDOAT Jean, né le 12 avril 1912 à Bordeaux. Fils d'Edmond Costedoat. Avocat. Secrétaire des étudiants socialistes. En mai 1937, conseiller général de Bordeaux-IV. Membre du comité d'action socialiste pendant l'Occupation, il participe à la création de « Libé-Nord ». À la suite de la trahison de Grandclément, arrêté par les allemands en novembre 1943 et emprisonné au fort du Hâ. À la Libération, adjoint au maire, chargé de l'Instruction publique, il est considéré comme « l'enfant terrible » du conseil municipal. Demande la dissolution du conseil municipal lors de la crise de 1953. Conseiller général du 1er canton de Bordeaux (1945-1951). Mort le 23 avril 1985.

COUSTEAU Camille, né le 1er septembre 1842. Leader de la jeunesse républicaine, partisan de Gambetta, inspiré par les idées de Jules Guesde. Engagé pendant la guerre de 1870. Conseiller municipal, adjoint de Bordeaux (mai 1889). Démissionne à la suite d'un blâme donné par la majorité opportuniste du conseil municipal. Réélu en 1892. Conseiller général de 1892 à 1895. Premier maire socialiste de Bordeaux de 1896 à 1900. Il meurt le 29 janvier 1942. Son père, David, également conseiller municipal de 1868 à 1878, a soutenu la candidature de Louis Mie, membre fondateur de la Libre pensée. Son fils, René, est l'un des premiers Bordelais à perdre la vie pendant la guerre de 1914.

CROTTE Paul, né le 17 juillet 1913 à Braud-et-Saint-Louis. Professeur d'enseignement général. Secrétaire de la section S.F.I.O. de Braud-et-Saint-Louis. Conseiller municipal en 1977, puis maire de Saint-Ciers-sur-Gironde

(1983-1989). Conseiller général de Saint-Ciers-sur-Gironde (1979-1985).

CUARTERO Bernard, né le 16 février 1952 à Guiche (Pyrénées-Atlantiques). Maire-adjoint de Cambes de 1977 à 1989. Conseiller municipal de 1989 à 1995. Responsable du Comité girondin de « France-Liberté » depuis 1986. Secrétaire fédéral aux relations avec le département. Chef de cabinet du Président du Conseil général.

DARMIAN Jean-Marie, né le 17 février 1947 à Sadirac. Conseiller municipal de Créon de 1983 à 1995. Élu maire de Créon en 1995. Président du Syndicat intercommunal de tourisme depuis 1989. Il est Président du S.I.V.O.M. du Créonnais depuis 1995.

DARRIET Jean, né le 23 février 1931 à Mezos (Landes). Maître de conférence. Maire de Floirac (1980-1995). Conseiller général de Floirac de 1982 à 1992. Secrétaire de la section de Bordeaux-Centre.

DARTIGUELONGUE Georges, né le 7 février 1900 à Captieux. Artisan peintre en bâtiment. Conseiller municipal d'Arès en 1925. Prisonnier en juin 1940, rapatrié, il devient membre d'un comité de résistance du Bassin. Maire d'Arès (1945-1974). Conseiller général d'Audenge (1964-1973). Décédé le 5 février 1974.

DAVID Alain, né le 2 juin 1949 à Libourne. Ingénieur. Secrétaire pendant de longues années de la section de Cenon. Secrétaire fédéral (1993-1997), membre du bureau fédéral depuis 1997. Conseiller municipal depuis 1977 puis maire de Cenon en 1995, date à laquelle il remplace René Bonnac. Suppléant de Conchita Lacuey, députée élue en 1997. Succède à Pierre Garmendia comme conseiller général de Cenon en 1998.

DELORD Georges, né en 1914 à Montpon (Dordogne). Médaille du combattant à la Libération. Maire et conseiller général de Lussac (1976-1982). Décédé le 27 août 1980.

DELUGA François, né le 18 novembre 1956 à Caudéran. Adhère au Parti socialiste en 1976. Premier secrétaire des étudiants socialistes de Bordeaux (1978-1979). Membre de la commission exécutive fédérale (1978-1992), secrétaire fédéral à la décentralisation (1986-1988). Assistant parlementaire de Kléber Haye (1981-1984). Chargé d'études à l'A.R.E.P.A. (Conseil régional) de 1984 à 1985. Directeur de cabinet du maire de Saint-Médard-en-Jalles (1986-1988). Agent général d'assurances. Maire du Teich depuis mars 1989. Délégué de circonscription en 1996. Président du Parc naturel régional des Landes de Gascogne depuis septembre 1995. Conseiller régional depuis 1998. Élu député en juin 1997 (8e circonscription).

DESAIGUES Béatrice, née le 1er avril 1956 à Bordeaux. Cadre à France Télécom. Conseillère municipale d'Arcachon (1989-1995). Secrétaire fédérale depuis 1994. Candidate aux élections législatives de 1997 (1re circonscription). Candidate aux élections cantonales de 1998, Bordeaux-VIII.

DESCHAMPS Paulette. Fondatrice du groupe socialiste féminin de Bordeaux en mai 1918.

DESCHAMPS Henri, né le 1er août 1908 à Ruelle (Charente). Enseignant. « Je ne suis pas prince polonais comme Poniatowski ou roturier anobli comme M. Giscard qui se dit d'Estaing... Moi, je suis de la basse extraction », *Les temps nouveaux*, février 1973. À la Libération, secrétaire général du mouvement de Libération pour le Sud-Ouest. Secrétaire fédéral à la propagande. Secrétaire fédéral de juillet 1951 à 1957. Avec sa compagne Paulette Artigolles, ils parcouraient inlassablement le département. Député en 1967, battu en 1968, réélu en 1973 et 1978 (3e circonscription). Maire de Talence de 1965 jusqu'en 1983. L'un des premiers à faire une liste commune avec le Parti communiste. Meurt le 14 avril 1987.

DIGNEAUX Daniel, né le 3 Août 1884 à Biganos. Propriétaire viticulteur dans le Médoc et résinier dans les Landes girondines. Président du Syndicat des forêts girondines. Président de l'Office des bois et résineux. Conseiller général d'Audenge de 1928 à 1939 et de 1945 à 1964. À la Libération, devant la pénurie d'essence, il popularise le carburant « bois » à l'usage des poids lourds. Meurt le 20 janvier 1964.

DIMBOUR Thierry, né le 5 mars 1965 à Sainte-Foy-la-Grande. Consultant. Secrétaire fédéral.

DONDICOL Eugène, né le 1er février 1874 à Bordeaux. Employé de commerce. Syndicaliste. Adhérent du P.O.F., il est l'un des premiers militants socialistes en Gironde, notamment en milieu rural. Conseiller municipal de Bordeaux en 1900. Favorable à Jaurès, il s'oppose en Gironde aux amis de Jules Guesde et adhère au P.S.F en 1902. Participe aux campagnes contre la vie chère, contre la loi sur les retraites ouvrières, contre la guerre et en faveur du monde paysan. Secrétaire fédéral de 1907 à 1908. Candidat aux élections législatives de 1910. Son engagement politique lui vaut des sanctions professionnelles qui l'obligent à quitter la Gironde. Devient rédacteur au *Réveil du Nord* à Lille. En 1917, domicilié à Paris, il est candidat aux élections législatives sur une liste comprenant Léon Blum. Revient en Gironde comme imprimeur. Élu de nouveau conseiller municipal de Bordeaux en 1919. En 1920, se prononce pour l'adhésion à la IIIe Internationale et adhère au P.C.F. dont il devient membre du comité directeur et trésorier. La même année, secrétaire national de la C.G.T.-U. pendant l'emprisonnement de Monmousseau. Militant de l'unité du mouvement ouvrier, fonde avec L.-O. Frossard l'union socialo-communiste. Exclu du Parti communiste, il se consacre aux victimes de guerre. Paralysé, il est hébergé par Gabriel Lafaye, député de Bazas dont il approuve le choix néo-socialiste. Meurt en novembre 1933.

DONNÈVE Bernard, né le 8 septembre 1935 à Paris. Enseignant. Maire de Bourrideys. Membre du Conseil économique et social d'Aquitaine. Trésorier de l'Union départementale des élus socialistes et républicains de Gironde.

DORTHE Philippe, né le 5 juin 1956 à Mauléon. Agent de maîtrise de la S.N.C.F. Directeur de l'Agence de protection et de promotion du patrimoine architectural. Conseiller municipal de Bordeaux. Secrétaire fédéral. Président du Festival international du film archéologique (Icronos). Président de l'association « Amarrages » (transport fluvial). Conseiller régional (1998). Candidat aux élections cantonales de 1998 à Bordeaux-II. Candidat à l'élection partielle de Bordeaux-I en décembre 1999.

DRÉAN-CHAPEL A., né le 15 mai 1878. Ouvrier. Guesdiste, membre du Parti ouvrier de France en 1894. En 1911, il s'oppose à la loi en faveur des retraites ouvrières alors considérées comme un vol sur le dos des travailleurs. Secrétaire fédéral lors du congrès de fusion de 1905, il le restera jusqu'en 1907. Candidat aux élections législatives de 1910 à Bordeaux. Conseiller municipal de Bordeaux en 1912. Démissionne de la S.F.I.O. en novembre 1918 pour « saluer les victimes de l'anarchie bolchévique » et protester contre « ceux qui tendaient une main fraternelle aux socialistes d'Allemagne ».

DUBOS Pierre, né le 23 novembre 1939 à Pomerol. Conseiller principal d'éducation. Adhère à la S.F.I.O. en 1969. Secrétaire général-adjoint de la Fédération nationale des parents d'élèves (1974-1977), Président départemental (1977-1982). Administrateur départemental de la Ligue des droits de l'homme (1971-1974). Conseiller municipal de Cestas. Secrétaire de la section de Bordeaux-Bastide, premier secrétaire des sections de Bordeaux (1972-1975). Secrétaire de la section de Cestas depuis 1977. Secrétaire fédéral depuis 1997. Conseiller municipal de Cestas depuis 1977, maire-adjoint depuis 1989.

DUCOUT Pierre, né le 12 décembre 1942 à Bordeaux-Caudéran. Polytechnicien, ingénieur, responsable des grands travaux autoroutiers dans des entreprises de travaux publics. Maire de Cestas depuis 1972. Conseiller général du canton de Gradignan depuis 1982 et vice-président. Député depuis juin 1988 (7e circonscription). Président de l'U.D.S.R.

DUPIOL Guy, né le 7 septembre 1941 à La Teste. Maire de Saint-Symphorien depuis 1995. Conseiller général de Saint-Symphorien en 1998 où il succède à Gérard Lagors.

DUSSAUT Bernard, né le 14 novembre 1941 à Monségur. Artisan. Sa mère est adjointe du maire de Monségur. En 1965, lui succède comme conseiller municipal de Monségur. En 1978, maire et conseiller général de Monségur. Président du Comité départemental du tourisme. Délégué du Conseil général aux relations avec les collectivités territoriales. Élu sénateur en septembre 1989, réélu en 1998. Président du S.I.V.O.M. de Monségur, il se consacre à la coopération intercommunale. Président de la Fédération nationale des pays d'accueil touristiques depuis juin 1999.

DUSSEAU Joëlle, née le 5 juillet 1947 à Bordeaux. Agrégée d'histoire. Conseillère municipale de Bruges depuis 1983. Conseillère régionale (1986-1993). Conseillère générale du canton du Bouscat (1988-1993). En 1993, à la mort de Marc Boeuf, devient sénatrice. Frappée par le cumul des mandats, elle décide de conserver son mandat de conseillère régionale plutôt que de conseillère générale, ce qui met en minorité le groupe socialiste du département. Ce choix personnel motive son exclusion du Parti par la Commission nationale des conflits la même année. Rejoint le Parti radical de gauche.

DUTIL Silvère, né le 16 février 1940 à Pauillac. Maître de conférence. Conseiller municipal de Villenave-d'Ornon depuis 1983. Conseiller général de Villenave-d'Ornon depuis 1989. Président du Comité départemental des Offices municipaux des sports.

ÉTOURNEAUD Jacques, né en 1939. Membre de la commission exécutive fédérale. Secrétaire fédéral (1971-1979). Adjoint au maire de Bassens en 1971. Élu maire de Bassens (1977-1988). Vice-président de la C.U.B. (1977-1983). Il décède le 9 juin 1988.

FATH Bernard, né le 15 novembre 1955 à Alger. Secrétaire général de Léognan (1989-1993), puis secrétaire général-adjoint de Pessac. Maire de Léognan depuis 1995. Élu conseiller général de La Brède en 1998. Président de l'Office départemental d'H.L.M.

FAURE Martine, née le 30 septembre 1948 à Langon. Institutrice. Conseillère municipale de Langon depuis 1983, adjointe depuis 1989. Présidente des « Nuits atypiques » (1993-1995). Conseillère générale d'Auros en 1998, vice-présidente du Conseil général chargée de la Culture.

FAVORY Volny, né le 20 novembre 1911 à Blasimon. Vétérinaire. Adhère au P.S. en 1938. Président du syndicat des vétérinaires de Gironde (1959-1974). Conseiller général de Sauveterre-de-Guyenne (1973-1985). Maire de Blasimon (1965-1983).

FAILLAT Gérard, né le 9 août 1942 à Paris. Professeur de lettres classiques. Secrétaire fédéral depuis 1997. Membre du conseil académique du syndicat des enseignants (S.E. F.E.N.).

FERGEAU Jacques, né le 22 août 1950 à Tunis. Directeur financier et du développement. Président de l'Association nationale des directeurs financiers et contrôleurs de gestion pour la région Aquitaine-Charentes, délégué de la France à l'*Européan federation of financial executives institute* (1994-1998). Conseiller municipal de Saint-Jean-d'Illac depuis 1995. Conseiller général de Mérignac-II en 1998, président de la commission des Finances.

FÉRILLOT Michel, né le 15 Août 1941 à Bordeaux. Enseignant, président de l'I.N.S.U.P., organisme de formation. Secrétaire de la section de Mérignac, la plus importante de Gironde, depuis 1978. Conseiller municipal de Mérignac depuis 1977. Succède à Michel Sainte-Marie comme conseiller général de Mérignac-Saint-Jean-d'Illac (1982-1985). Conseiller régional en 1992, réélu en 1998. Premier secrétaire fédéral par intérim pendant trois mois, à la suite de la démission de Michel Sainte-Marie au congrès de Metz.

FOSSAT Jean-Paul, né le 31 janvier 1938 à Nérigean. Son père viticulteur membre de la S.F.I.O., secrétaire de mairie. Secrétaire de la mairie de Floirac. Maire de Nérigean depuis mars 1965. Conseiller général (1973-1998), vice-président (1985-1992). Conseiller régional (1976-1986 et 1989-1992). Suppléant de Pierre Lagorce, député (1981-1986). Président de l'Office public d'H.L.M. (1992-1998).

FLAMENT Gaston, né en 1920 à Saint-Symphorien. En 1942, échappe au service du travail obligatoire en se réfugiant en zone libre. Secrétaire de la mairie de Louchats, puis en 1965, instituteur à Marcheprime où il se lie au maire Daniel Brettes. Après le décès de ce dernier, est élu maire et le restera jusqu'en 1995, date à laquelle il ne se représente pas. Décède le 7 août 1998.

FROUIN Michel, né le 7 juin 1938 à Virsac. Secrétaire général de Cenon. Secrétaire de la section de Lugon. Maire de Lugon-et-l'Ile-du-Carney depuis 1971. Conseiller général de Fronsac depuis 1988, vice-président du Conseil général.

GARANDEAU Bernard, né le 15 janvier 1944 à Saintes. Ingénieur. Chef des opérations de la circulation aérienne à l'aéroport de Mérignac. Membre de la commission exécutive nationale U.G.I.C.T.-C.G.T.-Aviation civile (1973-1975). Conseiller municipal depuis 1974, adjoint au maire de Mérignac depuis 1977. Conseiller général de Mérignac-I depuis 1988, vice-président du Conseil général depuis 1998. Membre du conseil fédéral.

GARMENDIA Pierre, né le 9 Juin 1924 à Bordeaux. De parents basques. Cadre administratif. Secrétaire de la section de Cenon. Militant actif de la Fédération où il occupe différentes responsabilités dont celle de secrétaire fédéral administratif. Conseiller municipal de Cenon avec René Cassagne (1965), premier adjoint de René Bonnac (1969). Conseiller régional en 1979 et vice-président en 1981. Député de la 4e circonscription en novembre 1980, réélu jusqu'en 1993, date où il choisit de ne pas se représenter. Vice-président de la C.U.B. de 1989 à 1992. Conseiller général de Cenon et vice-président de 1992 à 1998. Maire de Floirac depuis juin 1995. Président des « Hauts-de-Garonne-Développement » et de la « Mission locale pour l'emploi et l'insertion des jeunes ».

GAUTHIER Jacques. Professeur. Conseiller général de Grignols (1945-1960).

GAYE Georges, né le 10 décembre 1881 à Goudère (Gers). Ouvrier métallurgiste. Secrétaire du syndicat des mécaniciens et du groupe socialiste de La Bastide. À la veille de la première guerre mondiale, s'oppose à tout patriotisme et à l'Union sacrée. Pendant la guerre, leader des minoritaires, il soutient les parlementaires et les syndicalistes français ayant rencontré leurs homologues allemands à Zimmerwald. En juillet 1921, membre de la délégation française au congrès de l'Internationale à Moscou. Secrétaire de la Fédération unitaire des métaux (1923-1925). Reprend volontairement son travail en usine. Adhère au Parti communiste. Décède le 11 mai 1948 à Saint-Germain-en-Laye.

GIBAUD Arthur, né le 13 juin 1872 à Tonneins (Lot-et-Garonne). Expert-comptable. Proche des anarchistes, il rejoint le P.S.F. en 1902, puis la S.F.I.O. dont il devient archiviste et trésorier (1908-1914). Candidat aux élections législatives à Bazas en avril 1910. Président de l'Union départementale C.G.T. des commis et comptables. Candidat aux législatives de 1919 et aux élections municipales de Bordeaux. Conseiller municipal de Langon (1922-1939). Candidat aux élections sénatoriales de 1934. Vice-président de la Ligue des droits de l'homme. En 1933, choisit les néo-socialistes. Meurt à Langon le 2 février 1939.

GIREAU Jean-Émile, né le 22 mai 1861 à Blaye. Fabricant de limonade. À l'origine de la création d'un bateau-bac reliant les deux rives de l'estuaire. Membre du Parti ouvrier Français. Candidat aux élections municipales de Blaye en 1896 sur une liste « Candidats ouvriers ». Seul conseiller municipal d'opposition à Tardy, maire de Blaye en mai 1904. Élu conseiller général de Blaye en juillet 1904 au premier tour. Considéré alors comme « réactionnaire ». Ne se représente pas en 1910. Décédé le 26 septembre 1916 à Blaye.

GUICHARD Robert, né le 24 octobre 1897 à Bergerac. Artisan. Maire de Castillon-la-Bataille en 1945. Conseiller général de Castillon (1945-1970). Disparaît le 24 octobre 1985.

GUILLET Pierre-Emmanuel, né le 30 juin 1905 à Bordeaux. Enseignant chez les jésuites puis journaliste. Gravement accidenté pendant sa jeunesse. Secrétaire fédéral adjoint en 1928. Fonde *L'Unité* en juin 1933 qu'il anime avec son épouse Yvette. Candidat aux élections législatives de 1936 (6e circonscription). Résistant actif en Dordogne. Secrétaire fédéral par intérim en 1944 puis de 1948 à 1952. Député lors de la première assemblée constituante en 1945. Directeur politique de *La Nouvelle République* et directeur de *Bordeaux Matin*. Conseiller général du 4e canton de Bordeaux (1945-1948), président de la commission des Finances. Adhère au Parti socialiste d'Épinay. Milite à la section de Bordeaux-Sud. Décède en juin 1977.

GUILLET Yvette. Épouse de Pierre-Emmanuel Guillet. Avec Marguerite Courserand, sera la première femme à siéger dans les instances dirigeantes de la Fédération. Membre de la commission administrative, déléguée aux femmes socialistes (1946-1951).

GUYON Jean-Raymond, né le 2 avril 1900 à Libourne. Fonctionnaire des finances. Adhère en 1920 à la S.F.I.O. Éditiorialiste de *L'Élan Social*, hebdomadaire socialiste du Libournais. Secrétaire de la section socialiste de Libourne. Conseiller municipal et adjoint au maire de Libourne en 1935. Conseiller général de Sainte-Foy-la-Grande en 1937, réélu jusqu'en 1961. Dès 1940, il gagne le maquis de la Vienne, puis, traqué par la Gestapo, celui des Pyrénées. Député de la 4e circonscription à la 1re Constituante en 1945, réélu en 1946, battu en 1951, réélu en 1956, battu par Robert Boulin en 1958. Président de l'influent Conseil supérieur des alcools. Sous-secrétaire d'État au budget dans le gouvernement Blum (décembre 1946/janvier 1947), puis de nouveau dans les gouvernements Bourgès-Maunoury (juin-novembre 1957) et Gaillard (novembre 1957/mai 1958). Leader du groupe socialiste municipal bordelais au moment de la crise municipale de 1953.

maire de Floirac de mars 1959 à sa mort. Auteur de plusieurs ouvrages sur l'économie régionale, le vin et les finances. Décède le 26 mars 1961.

HAYE Kléber, né le 26 avril 1937 à Ardin (79). Après un C.A.P. d'ajusteur, devient agrégé et ingénieur électronicien. Adjoint au maire de Villenave-d'Ornon de 1977 à 1983. Secrétaire fédéral. Député 1981-1985 (8e circonscription). Conseiller régional socialiste de 1981 à 1992, réélu sur la liste des écologistes de 1992 à 1998.

HENRIOT André, né le 30 avril 1904. Conseiller général de Saint-Symphorien (1961-1979). Décédé le 20 octobre 1981.

HOUDEBERT Henri, né le 25 mars 1938 à Chartres. Professeur agrégé d'anglais. Maire d'Ambarès-et-Lagrave depuis 1977. Vice-président de la C.U.B. depuis 1989. Conseiller régional (1998), vice-président (1999).

HOURNAU Sébastien, né le 1er décembre 1973 à Bordeaux. Étudiant. Animateur départemental du Mouvement de la jeunesse socialiste. Élu conseiller général de Pauillac en mars 1998.

JAMBON Jean-Elien, né le 31 mai 1907. Orphelin de guerre. Agriculteur. Adhère à la S.F.I.O en 1931. S'engage comme volontaire. Après la démobilisation, il entre en résistance et deviendra responsable régional du conseil national de la Résistance. En 1945, conseiller municipal du maire de Coutras, Mme Lucquot. Conseiller général de Coutras de 1945 à 1994, c'est-à-dire pendant un record de quarante-neuf ans et 9 mandats. Cinq fois candidats aux élections législatives entre 1951 et 1968. Deux fois suppléants de Jean-Raymond Guyon et de Lucien Figeac. Maire de Coutras de 1953 à 1977, puis maire de Camps-sur-l'Isle de 1977 à 1995. Meurt le 28 janvier 1999. « Roc républicain » selon l'expression de Philippe Madrelle lors de son enterrement. Il disait souvent : « en politique, on ne fait rien sans amis ».

JAULT Daniel, né le 15 octobre 1936 à Poitiers. Médecin. Conseiller municipal de Bordeaux. Dissident socialiste aux élections législatives de 1993 contre Jacques Chaban-Delmas (2e circonscription), il obtient plus de 12%, loin devant le candidat Radical de gauche. Conseiller général de Bordeaux-Bastide depuis 1982. Conseiller communautaire.

JAUMOUILLIÉ Claude, né le 9 août 1926 à Bordeaux. Proviseur de lycée. Maire du Porge depuis 1989. Secrétaire fédéral (1967-1971). Secrétaire des sections de Bordeaux (1967-1971). Candidat aux élections cantonales de Bordeaux-V en 1970, puis dans le canton de Castelnau-du-Médoc en 1979 et à l'élection partielle d'avril 1980.

JOIN Marcel, né le 29 janvier 1935 à Jumilhac (Dordogne). Contrôleur des P.T.T.. Syndicaliste. Secrétaire fédéral en 1971. Premier adjoint au maire de Talence de 1977 à 1983, puis conseiller municipal. Conseiller régional (1981-1992). Député de la 3e circonscription en remplacement de Catherine Lalumière nommée membre du gouvernement en 1981. Premier secrétaire fédéral de novembre 1985 à avril 1986.

JOLY François, né le 24 septembre 1941 à Melun (Seine-et-Marne). Astrophysicien. Secrétaire fédéral de 1979 à 1990, membre du comité directeur de 1981 à 1985. Conseiller municipal de Talence depuis 1983. Conseiller régional (1986-1992). Candidat aux élections cantonales de 1992. Proche de Jean-Pierre Chevènement, quitte le Parti socialiste pour rejoindre le Mouvement des citoyens.

JOUANNO Jean-Marcel, dit « Mimi », né le 9 janvier 1910 à Castillon-sur-Dordogne. Enseignant. Entre aux étudiants socialistes en 1928. Premier adjoint au maire de Castillon-la-Bataille de 1947 à 1959. Maire de 1977 à 1991 après avoir battu Boyer-Andrivet. Conseiller municipal de 1991 à 1995. Élu maire honoraire de Castillon-la-Bataille en 1991.

JOUANNO Michel, né le 26 mai 1944 à Castillon-la-Bataille. Professeur. Secrétaire de la section de Castillon-la-Bataille. Délégué de la 10e circonscription. Maire de Castillon-la-Bataille en 1991, il succède à son père. Conseiller régional (1998). Suppléant de Gilbert Mitterrand.

JOURDE Antoine, né le 23 septembre 1848 à Saint-Merd-Lapleau (Corrèze). Employé de bureau dans une filature, puis directeur du comptoir des entreprises girondines. Médaille militaire en 1871 après avoir été blessé et prisonnier. Syndicaliste, conseiller prud'homme. Avec Etienne Roche, il mène la campagne en faveur de Blanqui à Bordeaux, ce qui entraîne son licenciement. En mars 1882, avec Raymond Lavigne, accueille Jules Guesde à Bordeaux. Candidat aux élections législatives en 1885 sur une liste rassemblant pour la première fois les différents groupes socialistes mais qui n'obtient qu'un peu plus de mille voix. Se rapproche des comités électoraux « boulangistes » et devient le premier parlementaire socialiste girondin en 1889 (député de la 3e circonscription de Bordeaux). En 1890, conduit la première manifestation bordelaise du 1er mai et accompagne la délégation ouvrière à la préfecture où le préfet refuse de les recevoir. Réélu en 1893 et en 1898, battu en 1902 sous l'étiquette du P.S.F. S'écarte de la S.F.I.O. lors de la fusion de 1905. Réélu comme « socialiste indépendant » en 1906, battu en 1910 par Calixte Camelle. Se retire alors de la vie politique. Meurt le 1er février 1923 à Caudéran.

KERBAOL Mireille, née le 12 juillet 1946 à Tours. Directrice d'école. Secrétaire générale de la Ligue des droits de l'homme (1987-1995). Correspondante locale de la S.E.-F.E.N. Conseillère municipale de Lormont depuis 1993. Conseillère régionale (1998). Secrétaire fédérale depuis 1992. Fidèle de Lionel Jospin, elle est membre du conseil national.

LABISTE Bernard, né le 14 février 1944 à Saint-Palais (64). Employé à France Télécom. Membre du conseil fédéral. Premier adjoint au maire du Haillan (1995). Conseiller municipal depuis 1988. Doit succéder à Georges Ricart comme maire du Haillan en janvier 2000.

LACUEY Conchita, née le 30 septembre 1943. Fille d'un militant du P.S.O.E. réfugié politique et responsable de ce parti en Gironde. Responsable comptable. Adhère au

Parti socialiste en 1970. Membre de la commission exécutive. Adjointe de Jean Darriet puis première adjointe de Pierre Garmendia à Floirac. Députée en 1997 (4e circonscription).

LAFARGUE Paul, né le 15 janvier 1842 à Santiago-de-Cuba. Sa famille s'installe à Bordeaux en 1851. Études de médecine à Paris. En 1865, rencontre Karl Marx à Londres et épouse sa fille Laura. Organise le premier congrès international des étudiants à Liège. Exclu à vie de l'université. Revient à Bordeaux. Animateur de la section bordelaise de l'Association internationale des travailleurs. Candidat aux élections municipales de 1871 à Bordeaux sur le programme de la Commune de Paris. Fuit en Espagne où il crée le Parti ouvrier espagnol. Après un nouveau séjour à Londres où il traduit les ouvrages de Marx et Engels, revient en France en 1882 où il s'allie à Jules Guesde. En 1883, publie *Le droit à la paresse* qui lui vaut une condamnation à six mois de prison. Condamné à un an de prison après le massacre de Fourmies du 1er mai 1891. Député de Lille, le 8 novembre de la même année, battu en 1893 après redécoupage de la circonscription. En 1905, adhère à la S.F.I.O. Le 25 novembre 1911, sa femme et lui-même ayant décidé de déterminer eux-mêmes le terme de leurs vies, ils mettent fin à leurs jours par injection d'acide cyanhydrique.

LAFAYE Gabriel, né le 14 octobre 1888 à Eauze. Mécanicien, trois fois licencié pour syndicalisme. Militant pacifiste en 1914. En 1920, il choisit la S.F.I.O. et en 1922 la C.G.T. dont il devient secrétaire de l'union départementale. Élu conseiller municipal de Bordeaux en 1925 et adjoint au maire en 1929 alors qu'il est en même temps député de la circonscription de Bazas en 1928 et réélu en 1936. Quitte la S.F.I.O. avec Marquet. Conseiller général d'Auros (1934-1939). Sous-secrétaire d'État au travail dans le ministère Chautemps de janvier à mars 1938. Vote les pleins pouvoirs au maréchal Pétain. S'oppose à Marquet lors de la scission néo-socialiste pour suivre Déat dont il dirigera en Gironde le « Rassemblement national populaire ». Membre du « Comité national des amis des travailleurs français en Allemagne », il assure la propagande en faveur du S.T.O. À la Libération, condamné à cinq ans d'indignité nationale par la Haute Cour de justice. Tente de se représenter à Bazas. Meurt le 19 janvier 1959 à Paris.

LAGORCE Pierre, né le 16 mai 1914 à Pugnac. Administrateur à l'Assemblée nationale. Membre fondateur des jeunesses socialistes de Langon, membre des jeunesses socialistes de Bordeaux. Résistant, il est emprisonné. Croix de guerre 1939-1945. Ancien camarade d'école normale de René Cassagne, ce dernier le rencontre de nouveau à l'Assemblée nationale où Pierre Lagorce est administrateur et le convainc de se présenter aux élections municipales de Langon. Élu maire de Langon en 1965. Conseiller général de 1970 à 1982, non du canton de Langon détenu par Jean-Louis Langlois, socialiste, mais de Podensac. Député de la 8e circonscription de 1967 à 1986. Réélu de 1986 à 1993. Vice-président de l'Assemblée nationale en 1980. Membre du Parlement européen de 1973 à 1979, Premier vice-président du Conseil de l'Europe en 1981 et en 1988. Conseiller régional. Membre de l'Assemblée de l'Union de l'Europe occidentale (U.E.O.). Nombreuses distinctions dans les pays d'Afrique noire où il a accompli plusieurs missions. N'a jamais subi d'échec électoral personnel en vingt-cinq ans d'activité politique.

LAGORS Gérard, né le 10 juin 1927 à Saint-Symphorien. Principal de collège. Membre du Parti socialiste depuis 1949. Adjoint au maire de Saint-Symphorien 1965-1977, puis maire 1977-1995. Conseiller général de Saint-Symphorien (1979-1998).

LAGRANGE Léo, né et enterré à Bourg-sur-Gironde (28 novembre 1900-9 juin 1940). Son père occupant un poste de commis à la Préfecture de Paris, son enfance est parisienne. En août 1918, avant même ses dix-huit ans, il s'engage. En janvier 1921, il adhère à la S.F.I.O. En 1932, député de Fourmies (Nord). Sous-secrétaire d'État aux sports, aux loisirs, à l'éducation physique du gouvernement de Léon Blum, il est notamment à l'origine du billet populaire de congé. En 1938, il rompt avec le pacifisme de Paul Faure. En 1939, non mobilisable, il s'engage de nouveau. Meurt lors des combats de 1940 dans l'Aisne.

LAGRANGE, socialiste indépendant. Élu conseiller général de Bordeaux-VI en 1892.

LALANNE Marc, né le 10 octobre 1932 à Lartigue. Principal adjoint de collège. Conseiller municipal de Captieux depuis 1959, adjoint de 1965 à 1973, maire de Captieux depuis 1973. Succède à Jean Sango comme conseiller général de Captieux en 1990. Président du syndicat de pays de Captieux. Vice-président du Parc naturel régional.

LALUMIÈRE Catherine, née le 3 août 1935 à Rennes. Professeur d'université. Déléguée nationale du Parti socialiste à la Fonction publique (1975). Députée en 1981. Secrétaire d'État à la fonction publique et à la réforme administrative de mai à juin 1981, puis ministre de la Communication de juin 1981 à mars 1983 et secrétaire d'État à la consommation de mars 1983 à décembre 1984, date à laquelle elle devient secrétaire d'État aux affaires européennes jusqu'en mars 1986. Réélue députée en 1986 et en 1988. Conseillère municipale de Bordeaux, elle se présente à Talence où sa liste, confrontée à des dissidences, n'obtient pas la majorité. Secrétaire générale du Conseil de l'Europe en 1989. Candidate sur la liste de Bernard Tapie aux élections européennes de 1994, elle quitte le Parti socialiste pour rejoindre le Parti radical de gauche.

LALUMIÈRE Pierre, né le 7 septembre 1930 à Caudéran. Professeur de finances publiques. Adhère à la S.F.I.O. en 1962. Suppléant de Robert Brettes en 1962. Maire du Bouscat en 1977, il est battu par Jean Valleix en 1983. Chef de file des socialistes à la Communauté urbaine jusqu'à l'accord de 1977. Premier secrétaire fédéral de janvier 1981 à octobre 1981. En 1981, après avoir animé la cellule économique de la campagne présidentielle de François Mitterrand, il est nommé délégué interministériel à la décentralisation auprès de Gaston Defferre dont il était proche. Député européen en 1982 et vice-président du Parlement chargé des Finances. Auteur de nombreux ouvrages sur les finances publiques. Malade depuis plusieurs années, il décède le 21 janvier 1996.

LAMAISON Serge, né le 20 avril 1946 à Castelnau-de-Chalosse. Directeur-adjoint de France Télécom. Adhère à la section de Castelnau-Chalosse. Muté à Saint-Médard-en-Jalles, il est élu maire en 1983. Vice-président de la C.U.B. Délégué fédéral à l'organisation en 1986. Président du S.Y.-D.A.U. Conseiller général de Saint-Médard-en-Jalles en 1988. Premier secrétaire fédéral d'avril 1990 à avril 1993. Président de l'O.P.H.L.M. de Gironde (1990-1992). Premier vice-président du Conseil général depuis 1998 et président du groupe socialiste.

LAMBOLEY Gabriel, né le 8 octobre 1896 à Blanquefort. Conseiller général de Blanquefort (1947-1964). Décède le 16 juillet 1964.

LANGLOIS Jean-Louis, né le 16 juin 1921 à Toulenne. Son père, Louis, était maire de Toulenne et conseiller général de Langon. Lui-même est médecin, propriétaire-exploitant. Conseiller général de Langon (mars 1964 à 1982). Adjoint au maire de Langon.

LARROQUE Henri, né le 30 mai 1891 à Bordeaux. Typographe puis commerçant. Adhère à la S.F.I.O. en 1906. Secrétaire de la Fédération de mai 1919 à juin 1920, puis trésorier fédéral après la scission de Tours. Candidat aux élections législatives, cantonales et municipales à Bordeaux en 1919.

LARROQUE Jean, dit Antonin, né le 17 janvier 1873 à Pissos. Domestique de ferme au Haillan, sabotier, puis ouvrier à la poudrerie nationale de Saint-Médard-en-Jalles. Syndicaliste, secrétaire départemental de la C.G.T. Candidat aux élections législatives en 1906, 1910 et 1914. Seul conseiller municipal socialiste de Saint-Médard-en-Jalles en 1908 et 1912, battu en 1919. Maire de Saint-Médard-en-Jalles en 1925. Révoqué par Vichy en 1941. En 1945, de nouveau maire et également conseiller général de Blanquefort. Disparaît le 24 octobre 1946.

LART Pierre, né le 30 décembre 1913 à Libourne. Secrétaire du syndicat du personnel de l'hôpital de Libourne. Membre du syndicat des cadres hospitaliers. Directeur d'hôpital. Candidat en 1970, il est élu conseiller général de Sainte-Foy-la-Grande de mars 1976 à octobre 1988. Vice-président du Conseil général. Maire de Sainte-Foy-la-Grande (mars 1959-mars 1989). Conseiller régional. Candidat aux élections législatives.

LASSAUGUETTE Jean-Pierre, né le 21 janvier 1858 à Orthez. Chef du parc d'artillerie de Bordeaux. Conseiller municipal de Floirac de 1900 à 1904, réélu en 1912, premier adjoint puis maire le 30 novembre 1918. Conseiller général de Carbon-Blanc en juillet 1925. Décède en cours de mandat le 10 août 1934 à Floirac. Jean Larrey lui succède comme maire.

LASSERRE Pierre, dit Georges, né le 10 décembre 1878 à Saint-Léger-de-Balson. Instituteur et directeur d'école. Conseiller municipal de Saint-Léger-de-Balson (mai 1914). Mobilisé, Croix de guerre 14-18. Secrétaire de la section de Talence, élu conseiller municipal de Talence en 1919. Maire de

Talence le 17 mai 1925 en battant Iriquin, radical socialiste. En juillet 1925, conseiller général du 4e canton de Bordeaux. Après une candidature sans succès en 1928, il est élu député S.F.I.O. en mai 1932 en battant l'abbé Bergey (2e circonscription de Bordeaux) après que le député sortant Henri Lorin soit décédé entre les deux tours. Malgré des divergences avec Adrien Marquet, il adhère au P.S.F. en 1933. Fortement minoritaire au premier tour des législatives de 1936, il se désiste pour Fernand Audeguil, son adjoint à la mairie de Talence. En octobre 1937, il se désistera également lors du scrutin cantonal pour Edmond Costedoat qui sera élu. Marqué par ses échecs, il veut démissionner, mais s'y abstient sur demande de Fernand Audeguil. Relevé de ses fonctions en mars 1941 par le gouvernement de Vichy. Président de la délégation départementale à la Libération, réélu maire en 1945, puis en 1952 et 1957 jusqu'à son décès le 14 mai 1961 à Talence.

LAVIGNE Raymond, né le 17 Février 1851 à Bordeaux. Ouvrier. Anime les groupes révolutionnaires de Bordeaux. Anarchiste, il rejoint Jules Guesde après une conférence de ce dernier sur le collectivisme en 1882 et en devient un ami très proche. Publie le journal *La Question sociale*. En 1888, secrétaire général de la Fédération syndicale qui refuse la subordination des syndicats à l'action politique prônée par le guesdisme. Au congrès international marxiste de Paris en juillet 1889, il fait adopter l'initiative d'une manifestation internationale annuelle à compter de 1880, le « 1er Mai », date déjà retenue comme journée de grève générale par les syndicalistes américains. Animateur de l'association des travailleurs républicains socialistes de la Gironde fondée en 1891, puis secrétaire de la Fédération girondine du Parti ouvrier français, créé le 4 décembre 1892. Se retire de la vie politique active après l'échec du Parti ouvrier de France aux élections législatives de 1902. En 1920, réclamant l'unité, il refuse de choisir entre la S.F.I.O. et la S.F.I.C. avant de rejoindre les socialistes. Malgré son activité politique intense, frappé par une inéligibilité comme commerçant déclaré en faillite, n'a jamais été candidat. À sa mort le 24 février 1930, un millier de personnes assistèrent à son enterrement. Chaque année, le 1er mai, la Fédération lui rend hommage au cimetière de la Chartreuse. Dans la fin du XIXe siècle, il fut l'homme qui fédéra le mouvement ouvrier.

LECAUDEY Yves, né le 31 janvier 1934 à Talence. Instituteur. Conseiller municipal de Sainte-Hélène depuis 1965. Maire de Sainte-Hélène depuis 1977. Conseiller général U.D.F. de Castelnau-du-Médoc de 1979 à 1992. Conseiller régional U.D.F. en 1985, vice-président jusqu'en 1990, date à laquelle il refuse de participer à un exécutif avec le Front national. Se rapproche du Parti socialiste. Battu aux élections cantonales de 1992 où il doit faire face à la candidature dissidente de Claude Jaumouillié, divers gauche. Conseiller régional socialiste en 1992, réélu conseiller général en 1998. Vice-président du Conseil général chargé des Finances. Président de la S.E.M. Électricité-Services-Gironde (1995).

LE FLOCH André, né le 12 juillet 1917 à Vannes. Secrétaire général-adjoint de la mairie de Pessac, puis secrétaire général de Mérignac et secrétaire général-adjoint de la C.U.B. en 1977. Résistant. Trésorier de la Fédération en 1948. Secrétaire de la Fédération à la Libération. Maire-adjoint de Pessac de 1947 à 1961. Député en 1956 (circonscription de Bordeaux), battu en 1958. Maire de Floirac de 1961 à 1977. Vice-président de la C.U.B. Membre du bureau national et trésorier national en octobre 1969 jusqu'au congrès d'Épinay. Président de la Mutuelle générale du personnel des collectivités locales.

LEVEAU Alain, né le 14 novembre 1948 à Cantelen (Seine-Maritime). Viticulteur. Maire de Bellebat. Élu conseiller général de Targon en 1994.

LE YONDRE Yvon, né le 18 juillet 1938 à Bordeaux. Conseiller à la Mutualité sociale agricole. Délégué syndical. Conseiller municipal de Grignols depuis 1995. Élu conseiller général de Grignols en 1994. Président du S.I.V.O.M. Suppléant de François Deluga, député.

LUQUOT Antoinette, née en 1888 en Loire-Inférieure. Institutrice. Militante socialiste depuis 1930. Militante des Droits de l'homme et de la section S.F.I.O. de Coutras. Menacée de révocation de son poste de professeur à Coutras, elle préfère solliciter son admission à la retraite. À la mort de son mari, Justin Luquot, elle lui succède à la mairie de Coutras en 1944 et devient ainsi la première socialiste maire en Gironde. Candidate aux élections législatives dans les scrutins de 1945 et 1946. Elle se retire volontairement de la vie politique en 1953, quelques mois avant le renouvellement municipal et soutient la candidature d'Elien Jambon.

LUQUOT Justin, né le 2 janvier 1881 à Lamazières-Basse (Corrèze). Voyageur de commerce en vin. S'installe à Coutras en 1911 lors de la nomination de sa femme institutrice. En 1925, maire de Coutras sur la liste du « Bloc des gauches » conduite par le docteur Darbeau. Candidat au conseil général en octobre 1928, il est battu par Ernest Barraud. Député en 1932, réélu en 1936 (2e circonscription de Libourne). Il suit Marquet lors de la scission de 1933 mais rejoint la S.F.I.O. en février 1937. L'un des quatre-vingts parlementaires à refuser les pleins pouvoirs à Pétain. Révoqué, surveillé comme franc-maçon, il est nommé président de la commission municipale en août 1944. Il disparaît le 24 décembre 1944 à Coutras. Son épouse lui succède à la mairie (cf. supra).

MADRELLE Bernard, né le 27 avril 1944 à Saint-Seurin-de-Cursac. Professeur d'espagnol. Conseiller général de Blaye depuis 1976. Maire de Saint-Seurin-de-Cursac de 1977 à 1989, date où il est élu maire de Blaye. Député de 1978 à 1986, puis de 1988 à 1993 et de nouveau depuis 1993 (11e circonscription). Président de l'Amicale des maires du canton de Blaye.

MADRELLE Jacques, né le 15 décembre 1911 à Bordeaux. Vit à Bordeaux et s'installe dans le Blayais lors de son mariage. Agent des contributions indirectes. Résistant actif, il combat sur les fronts du Médoc. Adhère à la S.F.I.O. à la Libération. Conseiller municipal de Saint-Seurin-de-Cursac en 1945 puis maire de 1947 à 1953, où il redevient conseiller municipal jusqu'en 1977. Le premier socialiste à être élu maire dans le Blayais, terre traditionnellement à droite. Un des hommes les plus influents du socialisme d'après-guerre. Ses fils Philippe et Bernard sont devenus parlementaires. Son petit-fils, Nicolas Madrelle, fils de Philippe, a continué la tradition familiale en devenant l'un des plus jeunes maires de Gironde à Mombrier dans le Blayais.

MADRELLE Philippe, né le 21 avril 1937 à Saint-Seurin-de-Cursac. Professeur d'anglais. Conseiller municipal d'Ambarès (mars 1965-1971). Suppléant de René Cassagne en 1967. Au décès de ce dernier, devient député de la 4e circonscription en novembre 1968 et conseiller général en janvier 1969. Maire-adjoint de Carbon-Blanc en 1971, puis maire en 1976. En mars de la même année, il devient le second président socialiste du Conseil général après Fernand Audeguil. En septembre 1980, élu sénateur constamment réélu. Le 27 novembre 1981, il accède à la présidence du Conseil régional. À la tête des deux collectivités locales, il met en place la décentralisation. En 1985, il perd la présidence du département au profit de Jacques Valade et il démissionne de la présidence du Conseil régional. L'année suivante, tête de liste aux élections régionales. En 1988, il obtient de nouveau la majorité au département. À l'automne 1993, minoritaire à la suite du décès de Marc Boeuf et d'une élection partielle, il reste président et réussit à obtenir une nouvelle majorité six mois plus tard lors des élections générales. Réélu président en 1998 avec l'une des majorités les plus conséquentes de toute l'histoire départementale.

MARCADE Roger, né le 19 décembre 1892 à Bordeaux. Médecin, croix de Guerre 1914-1915 et croix de Guerre 1939-1945. En 1929, succède à Jean Cordier comme maire de Pessac avant que ce dernier ne le remplace la même année. Apporte son soutien aux républicains espagnols. De nouveau maire de Pessac de 1935 à 1941. Résistant. Arrêté comme communiste et détenteur d'armes. Interné au fort du Hâ, il est condamné à trente mois de travaux forcés qu'il effectuera en déportation. Président du Comité départemental du M.L.N. De nouveau maire de 1944 à 1945 où il est remplacé par Roger Cohé. Mort le 15 juillet 1967 à Pessac.

MARCHAL Michel, né le 6 août 1942 à La Bourgonce. Professeur au lycée professionnel. Secrétaire de la section cantonale de Bazas. Conseiller général de Bazas de mars 1982 à septembre 1988. Conseiller municipal (1983-1989 et 1989-1995).

MARQUET Adrien, né le 6 octobre 1884 à Bordeaux. Chirurgien-dentiste. Membre du P.S.F. en 1902. Délégué au congrès international d'Amsterdam en 1904 à vingt ans et au congrès d'unification de 1905. Secrétaire de la Fédération de 1909 à 1914. Candidat aux élections législatives à Blaye en 1910 et 1914, il est décrit dans un rapport de police comme n'ayant : « aucune valeur personnelle et peu d'influence personnelle » (AD 3 M 254). À la mort de Calixte Camelle dont il était l'homme de confiance à la Fédération, il lui succède comme conseiller général de La Bastide en mars 1924 et s'impose comme l'homme fort de la Gironde. De nouveau secrétaire de la Fédération de juin 1920 à

1925. Tête de liste du « Cartel des gauches », il est élu député en mai 1924. Réélu député de la 3e circonscription (Bordeaux-Bègles) en 1928, 1932 et de 20 voix en 1936. Élu maire de Bordeaux le 17 mai 1925 (34 voix pour, 2 nuls). Réélu jusqu'à la Libération. il modernise considérablement la ville (stade municipal, Bourse du travail, piscine judaïque, abattoirs, régie d'électricité...). Souhaitant que la S.F.I.O. devienne un parti nationaliste, favorable à un pouvoir fort, et demandant qu'elle participe aux gouvernements centristes, Marquet refuse la discipline de vote à l'intérieur du groupe socialiste. Il est exclu le 5 novembre 1933 et avec Marcel Déat, il fonde le Parti socialiste de France. Devient ministre du Travail de Gaston Doumergue de février à novembre 1934. Se sépare de Déat en octobre 1934 et crée le Parti néo-socialiste de France. Défenseur des accords de Munich et de l'armistice, il est nommé ministre d'État en juin 1940 du maréchal Pétain, puis ministre de l'Intérieur de juin à septembre 1940. Refuse le poste de ministre proposé par Pierre Laval. Ne cache pas sa sympathie pour un ordre nouveau européen. Arrêté en août 1944, il est interné pendant trois ans à Fresnes et frappé de dix ans d'indignité nationale en janvier 1948. Tenant compte de ses interventions pour sauver des juifs et des résistants et des négociations menées avec les allemands pour éviter des destructions à Bordeaux, il est amnistié en 1953. La promulgation du décret ayant été retardée, il ne peut se présenter aux élections municipales de Bordeaux en 1953 mais soutient la liste de Paul Estèbe qui devance la liste socialiste. Meurt le 3 avril 1955 après un malaise subi la veille en sortant d'une réunion publique tenue à l'Athénée.

MAROIS Alain, né le 16 avril 1949 à Périgueux. Maire de Saint-Denis-de-Pile depuis 1977. Élu conseiller général de Guîtres en 1998.

MARTY Guy, né le 27 octobre 1946 à Libourne. Maire de Sainte-Terre depuis 1983. Élu conseiller général de Castillon-la-Bataille en 1994.

MAUGEIN Jacques, né le 11 juillet 1934 à Soulac. Enseignant. En 1967, animateur de la Convention des institutions républicaines, il est investi au titre de la F.G.D.S. et est élu député de la 10e circonscription jusqu'en 1968. Conseiller général depuis mars 1976. Vice-président du Conseil général. Élu maire de Saint-André-de-Cubzac en mars 1977. Président de l'Association des maires du canton de 1977 à 1995. Conseiller régional (1979-1982).

MAUMONT Michel, né le 7 octobre 1937 à Montpon-Ménestérol (Dordogne). Médecin. Conseiller général de Sainte-Foy-la-Grande (1988-1994). Maire de Sainte-Foy-la-Grande depuis 1989. Président des Rencontres musicales en pays foyen.

MAURIN Valentin, né le 9 mars 1865 à Saint-Loubès. Propriétaire-exploitant. Un des premiers militants du P.O.F. Candidat aux élections cantonales en 1901 et aux élections législatives de 1902 et 1906 dans la 1re circonscription de Libourne. Conseiller général de Pujols-sur-Dordogne (1928-1939).

MEUNIER André, dit également « Mureine », né le 26 avril 1905 à

Neuvic (Dordogne). Fils de Jeanne et Jean Meunier (cf. infra). International scolaire de rugby. Instituteur, puis moniteur d'enseignement à l'école de rééducation des mutilés. Succède à son père comme secrétaire de la Fédération en 1936 puis partage le secrétariat fédéral avec Robert Vielle en novembre 1937. Conseiller général du 6e canton de 1937 à 1939. L'un des tous premiers résistants, il est l'un des fondateurs du mouvement de résistance « Libé-Nord » puis de l'O.C.M. Arrêté le 4 août 1943 par les autorités d'occupation au titre des « mesures préventives d'ordre politique », il est enfermé au fort du Hâ et remis en liberté le 18 novembre 1943. Poursuit ses activités de résistance, notamment en organisant dans tout le département des groupes armés, il est de nouveau arrêté le 23 mai 1944. Déporté à Dachau puis à Hersbruck, il serait décédé le 20 décembre 1944 d'un œdème généralisé et enterré dans la fosse commune du camp. Sa disparition ne sera annoncée qu'en août 1946 à la suite du témoignage d'un codétenu. À la Libération, sa femme Germaine participa à la reconstruction de la Fédération et fut candidate aux élections cantonales de septembre 1945 (Bordeaux-VI). Par ses combats avant la guerre contre Adrien Marquet et Paul Faure et par son action contre l'occupant, André Mureine symbolise l'esprit de la Résistance.

MEUNIER Jean, dit « Mureine », né le 16 novembre 1876 à Meyrais (Dordogne). Instituteur. Adhérent du Parti ouvrier français en 1903. Milite quelque temps en Dordogne. Candidat aux législatives d'avril 1928 à Libourne et aux élections sénatoriales de 1932. S'oppose à Adrien Marquet lors d'une réunion publique en novembre 1934. En 1936, se présente aux législatives à Bazas contre Gabriel Lafaye, néo-socialiste qui sera élu. Secrétaire de la Fédération en 1934-1936. Animateur du mouvement socialiste clandestin pendant la guerre. Se présente dans le 2e canton en 1945 où il est battu. Meurt le 12 juillet 1962.

MEUNIER Jeanne, née Ménéchal le 31 août 1877 au Bugue (Dordogne). Épouse de Jean Meunier. Institutrice. Membre de la commission administrative en 1921. Auteur de poèmes intitulés *Le chant des morts*, *À Jean Jaurès* et *Le 1er mai de l'avenir* qu'elle lit lors de la fête fédérale du 1er mai 1927 à Saint-Médard-en-Jalles. En 1930, secrétaire des femmes socialistes de Gironde. L'une des 31 membres du Comité national des femmes socialistes à sa création en 1931, constamment réélue. Écrit dans la revue *Femmes socialistes* jusqu'en 1933. Présidente d'honneur de la Commission « Femmes » en avril 1948. Décédée le 25 avril 1967 à Alger.

MITTERRAND Gilbert, né le 4 février 1949 à Boulogne-Billancourt. Assistant d'université. Adhère à la Convention des institutions républicaines en 1965. Suppléant de Soulier à Lyon aux élections législatives. S'implante en Gironde où il devient suppléant de Pierre Lart, maire de Sainte-Foy-la-Grande aux législatives de 1978. Conseiller régional de 1981 à 1989. Secrétaire fédéral à la formation. Député de la 10e circonscription de 1981 à 1993. Conseiller municipal de Libourne en 1983. Premier secrétaire fédéral de mars 1987 à avril 1990, mandat pendant lequel la gauche obtient des succès municipaux remarqués. En 1989, il est lui-même élu maire de Libourne. De nouveau député en 1997.

MORA Pierre, né le 27 novembre 1897 à Saint-Vincent-de-Pertignas. Cheminot. Responsable syndical. Adhère à la S.F.I.O. en novembre 1920. Conseiller municipal de Bordeaux à la Libération jusqu'en 1947, puis de 1954 à 1965. Conseiller général de Bordeaux-VII (1964-1970). Disparaît le 25 avril 1980 à Podensac.

MOTY Élie, socialiste indépendant. Secrétaire de la Bourse du travail. Candidat de l'Association électorale des travailleurs républicains socialistes aux élections municipales de Bordeaux en 1892. Membre du P.O.F. Élu conseiller général de Bordeaux-IV en 1892.

MOURLANNE André, cheminot. Secrétaire du syndicat S.N.C.F.-F.O. Membre la commission administrative fédérale. Adjoint au maire de Langon.

MUR Christian, né le 28 juillet 1946 à Bordeaux. Informaticien. Maire de Saint-Quentin-de-Baron depuis 1977. Élu conseiller général de Branne en mars 1998 où il succède à Jean-Paul Fossat.

NABET Brigitte, née le 7 octobre 1959 à Alger. Chef de projet à la ville à Floirac. Secrétaire fédérale aux Droits des femmes.

NAPHLE André-François, né le 13 juin 1903 au Bouscat. Sa sœur épousera en 1927 Maxime Monichon, futur maire du Bouscat. Instituteur, il adhère à la S.F.I.O. en 1925. Secrétaire général du syndicat des instituteurs de Gironde. Député S.F.I.O., 1936-1940 (5e circonscription Bordeaux-Blanquefort-Pessac-Podensac) « paulfauriste ». Vote les pleins pouvoirs au maréchal Pétain. Abattu par la Gestapo le 26 juin 1941 à Sainte-Foy-la-Grande.

NOËL Jacques, né le 12 mai 1925. Résistant. Engagé volontaire, il devient sous-lieutenant. À la Libération, médecin, maire de Saint-Vivien-du-Médoc en 1965. Conseiller général de Saint-Vivien-du-Médoc (1979-1988). Conseiller régional. Décède le 8 décembre 1993. Selon André Treuillé « l'abbé Pierre en costume de laïc ».

PÉ Georges, né le 7 mai 1901 à Castelner (Landes). Douanier. Aux législatives de 1936, battu par Philippe Henriot dans la 4e circonscription. Secrétaire-adjoint d'André Mureine, secrétaire fédéral. Responsable du ravitaillement de la République espagnole. Préfet à la Libération. Meurt le 26 août 1953 à Fleury-les-Aubrais (Loiret).

PÉRINGUEY Jean, né le 20 juillet 1936 à Uzeste. Directeur d'école. Maire de Noaillan depuis 1995. Secrétaire fédéral. Conseiller général de Villandraut en 1998 où il succède à Gilbert Cardouat.

PÉRISSE Henri, né le 31 octobre 1889 à Bordeaux. Employé de commerce. Adhère à la S.F.I.O. en 1911. Fondateur du *Cri Populaire*. Adjoint de Marquet en 1925. Secrétaire de la Fédération de juillet 1917 à juin 1919. Délégué au congrès de Tours en 1920.

Accusé d'avoir adhéré à la Ligue des contribuables, démissionne de la S.F.I.O. en 1928. Rejoint le Parti républicain socialiste dont il devient membre du comité directeur. Candidat radical aux élections législatives de 1946. Meurt le 1er Février 1965.

PIERRE Maurice, né le 21 septembre 1944 à Ambès. Conseiller municipal d'Ambès depuis 1971. Maire d'Ambès de 1983 à ce jour.

PINÈDRE Marc, né le 29 avril 1882 à Bordeaux, décédé le 17 février 1954. Professeur à l'école dentaire. Trésorier fédéral en 1921. Secrétaire général de la Fédération des syndicats dentaires de France. Conseiller général de Bordeaux de 1925 à 1937. Élu sur la liste Marquet en 1925, il devient son adjoint, puis son premier adjoint en 1929 et suit ce dernier lors de la scission de 1933. Secrétaire de la Fédération, 1924.

PINSOLLE Joseph-Bertrand, né le 19 juin 1898 à Saint-Geours-de-Marenne. Directeur de l'hôpital Saint-André. Syndicaliste. Membre du comité central de la Résistance. Conseiller général de Bordeaux-III de 1945 à 1951. Adjoint au maire de Bordeaux en 1945. Conseiller municipal de Bordeaux en 1953. Décédé en 1980.

PLISSON Philippe, né le 12 janvier 1951. Instituteur. Maire de Saint-Caprais-de-Blaye. Suppléant de Bernard Madrelle, député de la 11e circonscription. Candidat dans le canton de Saint-Ciers-sur-Gironde en 1992, il est élu conseiller général et conseiller régional en 1998. Secrétaire fédéral chargé des élections.

PONS Alain, né le 19 avril 1946 à Bordeaux. Enseignant. Assistant parlementaire de Bernard Madrelle en mars 1978. Maire de Teuillac depuis 1979. Secrétaire fédéral à l'agriculture (1979). Premier secrétaire fédéral de 1981 à 1983.

POUMEYROL Max, né le 9 février 1908 à Saint-Loubès. Cheminot. Fait partie des premiers groupes de résistants. Syndicaliste, membre du conseil national F.O.-S.N.C.F. Secrétaire de la section de Bègles (1946-1952) puis de la section de Coutras (1964-1976).

PRÉVOT Bernard, né le 9 mars 1938 à Izon. Médecin. Maire de Lesparre depuis 1977. Conseiller général de Lesparre depuis 1982. Candidat aux élections sénatoriales de 1998.

PRIOL Jean, né le 19 février 1926 à Bassens. Capitaine de la marine marchande. Conseiller municipal de Bassens en mars 1959, maire-adjoint en 1977, maire depuis 1988.

RAMBAUD Christian, né le 21 avril 1943 à Biganos. Ingénieur. Responsable syndical C.F.D.T., délégué syndical des cadres. Président du comité de Parti du Nord-Bassin. Ex-secrétaire de section et conseiller fédéral. Conseiller régional (1992-1998).

REBEYROL Auguste, né le 8 avril 1870 à Sainte-Bazeille (Lot-et-Garonne), décédé le 2 février 1945. Instituteur, puis à sa retraite, avocat à Marmande. Militant de l'unité coopérative, administrateur de l'Union coopérative du Sud-Ouest. Candidat S.F.I.O. en 1919. Secrétaire de la Fédération au moment du congrès de

Tours en 1920. Rejoint le Parti communiste à Sainte-Bazeille en Lot-et-Garonne où il est né.

RENARD Alain, né le 15 février 1954 à Saint-Savin. Fonctionnaire territorial. Président fondateur de l'Association des animateurs de pays d'Aquitaine. Conseiller municipal de Saint-Savin depuis 1982, maire en 1995. Conseiller général de Saint-Savin-de-Blaye depuis 1988, vice-président depuis 1995. Président du syndicat de pays des Hauts-de-Gironde (1989).

RENVERSADE Jean-Marie, né le 13 juillet 1945 à Porchères. Directeur des relations internationales au Conseil régional d'Aquitaine. Membre du conseil fédéral depuis 1990. Secrétaire fédéral depuis 1993 chargé du *Populaire Girondin*. Conseiller municipal de Bruges (1995).

RESPAUD Jacques, né le 31 août 1947 à Saint-Paul-les-Dax. Proviseur. Secrétaire régional de la C.F.D.T. (1979-1989). Secrétaire fédéral. Membre du Conseil économique et social. Conseiller municipal de Bordeaux. Candidat en 1992, il est élu conseiller général de Bordeaux, 6e canton, en 1998.

RICART Georges, né le 13 août 1927 à Toulouge (66). Enseignant. Maire du Haillan depuis 1988. Conseiller communautaire depuis 1989.

ROUSSET Alain, né le 19 février 1951 à Chazelle-sur-Lyon. Ingénieur en économie. Directeur de cabinet successivement d'André Labarrère et de Philippe Madrelle, présidents du Conseil régional. Délégué à l'industrialisation du Bassin de Lacq (1986-1998). Conseiller général de 1988 à 1998. Premier vice-président du Conseil général de 1993 à 1998, date à laquelle il démissionne du fait du cumul des mandats. Élu maire de Pessac en 1989. Crée le Festival du film historique de Pessac dont il assure la présidence. Président du Groupe socialiste et vice-président de la Communauté urbaine. En 1998, élu président du Conseil régional d'Aquitaine.

SAINT-GERMAIN Amédée-Jean. Commis principal de la Compagnie du Midi. Un des leaders des cheminots lors des grandes grèves de 1898 et de 1910. Militant socialiste avant même 1905. Conseiller municipal de Bordeaux en 1900, battu en 1904, réélu en 1912, battu en 1919. Candidat aux élections législatives de 1906 et en 1919 dans la 3e circonscription. Conseiller général de Bordeaux-VI en 1913, il est battu en 1919.

SAINTE-MARIE Michel, né le 18 août 1938 à Bayonne. Enseignant. En 1959, Secrétaire national-adjoint de la jeunesse socialiste. Conseiller municipal et adjoint au maire de Mérignac en mars 1971. Met en place l'Office socio-culturel. Animateur de la Fédération Léo-Lagrange avec Pierre Mauroy dont il est proche. Succède à Robert Brettes comme maire de Mérignac en octobre 1974. Premier secrétaire fédéral du congrès d'Épinay en 1971 au congrès de Metz en 1979. Sous son mandat, la Fédération accèdera à la présidence du Conseil général et à celle de la Communauté urbaine. Conseiller régional de 1973 à 1986. Délégué national du Parti aux sports et aux loisirs en

1976. Conseiller général de novembre 1974 à 1982 où il ne se représente pas lors d'une division en deux du canton (Marcelle Amouroux et Michel Férillot lui succèdent). Suppléant de Robert Brettes depuis 1967, il devient député en mars 1973 jusqu'en 1993 où il est battu de 60 voix. Réélu député en 1997. De septembre 1977 à avril 1983, après de difficiles discussions entre socialistes et avec le maire de Bordeaux, il devient le premier président socialiste de la Communauté urbaine de Bordeaux. En 1981, président de la Confédération générale du temps libre. Depuis 1989, premier vice-président de la Communauté urbaine. Son épouse Bernadette Sainte-Marie est maire de Budos.

SANGO Jean, né le 21 décembre 1930 à Captieux. Secrétaire de la mairie de Captieux. Conseiller général de Captieux de septembre 1973 à 1990, vice-président. Conseiller régional (1981-1985 et d'avril 1989 à 1990). Suppléant du député (1981-1986). Décède le 1er janvier 1990 à Captieux.

SAUTEREAU Alain, né 17 septembre 1947 à Bourges. Fonctionnaire territorial. Conseiller général de Pessac de 1976 à 1982. Conseiller municipal de Pessac (1976-1982). Adjoint au maire de Peujard (1989-1991). Secrétaire de la section de Saint-André-de-Cubzac.

SAVARY Gilles, né le 6 décembre 1954 à Oradour-sur-Vayres. Enseignant. Conseiller technique au cabinet de Philippe Madrelle, président du Conseil régional (1982-1985), puis de Jean-Michel Baylet président du Conseil général du Tarn-et-Garonne (1985-1987) et auprès de ce dernier, secrétaire d'État chargé des Collectivités locales (1988). Directeur de cabinet de Philippe Madrelle, président du Conseil général (1988-1992). Tête de liste M.R.G.-dissident aux élections régionales de 1986. Tête de liste aux élections municipales de Bordeaux, il est élu conseiller municipal depuis 1995. Vice-président du Conseil régional (1998-1999). Collaborateur de Laurent Fabius, il est membre du bureau national et vice-président de la Fédération nationale des élus socialistes et républicains. Député européen (1999).

SERRANO René, né le 20 février 1947 à Talence. Cadre. Conseiller municipal de La Teste depuis 1983. Conseiller général de La Teste depuis 1988.

SERVANT Étienne-Robert, né le 7 août 1921 à Pessac. Instituteur puis professeur de collège. Adhère à la S.F.I.O. après la guerre. Secrétaire de la section de Monségur. Conseiller municipal en 1965, maire en 1971. Battu de quelques voix en 1967, il devient Conseiller général de Monségur (1973-1979). Député suppléant de Pierre Lagorce. Décède le 12 septembre 1978.

SOUBIE Jean-Pierre, né le 4 septembre 1941 à Tresses. Maire de Tresses depuis 1977. Suppléant de Pierre Garmendia, député de la 4e circonscription. En 1997, refusant que la circonscription soit réservée à une candidature féminine, il se présente contre Conchita Lacuey, candidate socialiste qui est élue. Exclu du Parti socialiste. En 1999, se présente contre Pierre Garmendia aux élections cantonales de Floirac et est élu.

TAIX Gabriel. Propriétaire-viticulteur à Lussac. Ingénieur Conseil, il préside l' A.P.A.V.E. Maire de Monbadon. Directeur de cabinet de Robert Lacoste, gouverneur d'Algérie. Membre de la Convention des institutions républicaines, il est candidat de la F.G.D.S. aux élections législatives contre Chaban-Delmas en 1967 (21,31 %), en 1968 (17,77 %) et en 1970 (7,76 %), année où il doit faire également face à la concurrence de Jean-Jacques Servan-Schreiber. Membre du Conseil économique et social. Auteur d'un livre *Non, Monsieur Mitterrand, vous n'êtes pas socialiste*.

TEXIER André, né en 3 octobre 1892 à Limoges. Professeur à l'École normale. Adhère en 1913 à la S.F.I.O.. L'un des premiers résistants. Président de la Fédération girondine des Droits de l'homme et membre du comité central. Animateur du Front populaire en Gironde. Candidat aux élections législatives de 1946. Secrétaire de la Fédération en 1947.

THOMAS Marcel, né le 2 février 1919. Conseiller général de Bordeaux-IV-Talence (1967-1979). Décédé le 25 juin 1986.

TOUZEAU Jean, né le 17 juillet 1949 à Lormont. Formateur. Conseiller général de Lormont depuis 1988, vice-président. Maire de Lormont en 1995 où il succède à Maurice Belleaud.

TREUILLÉ André, né le 21 novembre 1911 à Bordeaux. Directeur général de la Caisse d'Épargne. Adhère à la S.F.I.O. après la scission néo-socialiste de 1933. Secrétaire de la section de Bordeaux-V (section Édouard-Vaillant) en 1936. Anime la tendance « Marceau Pivert » en Gironde. Mobilisé, il est fait prisonnier et s'évade par deux fois. À son retour de captivité, il découvre qu'il a été désigné candidat aux élections cantonales. Élu conseiller général de Bordeaux-V de 1945 à 1951, puis de Bordeaux-I de 1964 à 1973, date à laquelle le canton est divisé en deux. Devient alors conseiller général du canton du Bouscat de 1973 à 1982. Candidat à la candidature aux élections municipales de Bordeaux en 1953. Tête de liste aux élections municipales à Bordeaux en 1959. De 1976 à 1982, président de la Commission départementale. Conseiller municipal de Bordeaux, puis conseiller municipal du Bouscat. Président de l'Union amicale des anciens conseillers généraux de la Gironde, il publie notamment le *Bulletin de liaison des anciens conseillers généraux*.

TRUPIN Guy, né le 16 décembre 1931 à Rabat (Maroc). Ingénieur hydrogéologue. Conseiller municipal de Camblanes-et-Meynac depuis 1971, maire depuis 1977. Conseiller général de Créon depuis 1980, vice-président depuis 1988.

TRUPIN Odette, née le 5 février 1935 à Rabat (Maroc). Institutrice à Rabat. Professeur de lettres à Camblanes-et-Meynac, elle devient inspectrice d'Académie, chargée de mission auprès du Recteur de Bordeaux. Présidente d'une association d'aide à domicile. Élue députée en 1997 (9e circonscription).

VALÉRY Victor, né le 15 octobre 1950 à Fort-de-France. Formateur. Conseiller municipal de Blanc-Mesnil, (Seine)

(1983-1989). Délégué syndical C.F.D.T. (1989-1994). Secrétaire fédéral à la culture et aux droits de l'homme.

VERDON Patrice, né le 1er septembre 1954 à Bordeaux. Ancien assistant parlementaire de Michel Sainte-Marie. Directeur d'association dans le secteur de l'environnement. Trésorier fédéral. Conseiller municipal délégué de Pessac (1989-1995), adjoint au maire de Pessac depuis 1995. Conseiller communautaire (1989-1995). Son père a été conseiller municipal de Cenon.

VÉRITÉ Charles, né le 7 février 1937 à Verdelais. Médecin. Conseiller municipal de Langon depuis 1971, adjoint en 1977, maire depuis 1989. Conseiller général de Langon (1982-1999). Conseiller régional (1992-1998, puis à partir de 1999). Président du conseil d'administration du Service départemental d'incendie et de secours, président du conseil d'administration de l'hôpital Pasteur de Langon.

VIELLE Robert, né le 11 octobre 1900 à Bordeaux. Instituteur. Militant C.G.T. Préside le meeting de Bordeaux en faveur du désarmement en mars 1932. Secrétaire de l'Union départementale de la C.G.T. en janvier 1933, il est l'un des hommes essentiels des manifestations ouvrières à partir de cette date et pendant le Front populaire. Organise la manifestation du 8 février 1934 à Bordeaux. Conseiller général. Candidat contre Adrien Marquet aux élections cantonales d'octobre 1934 et aux élections législatives de 1936. En 1933, secrétaire de la Fédération, il tient informé Paul Faure, secrétaire général de la S.F.I.O. des « séductions » du néo-socialisme. En 1937, il partage le secrétariat fédéral au titre de la tendance « paulfauriste » aux cotés d'André Meunier favorable à Léon Blum. En 1940, il est interdit de Bourse du travail et étroitement surveillé. Après la guerre, exclu du fait de ses positions « paulfauriste », il rejoint le Parti socialiste démocrate de Paul Faure. Il meurt le 21 mars 1974.

ANNEXE II
RÉSULTATS ÉLECTORAUX

Dans cette annexe sont présentés les résultats électoraux des socialistes en Gironde tels qu'ils ont pu être reconstitués.

LES ÉLECTIONS PRÉSIDENTIELLES

Élection présidentielle des 5 et 19 décembre 1965

1er tour	France	Gironde
Mitterrand	32,2	30,42
de Gaulle	43,7	42,32
Lecanuet	15,9	15,39
Marcilhacy	1,7	2,55
Tixier Vignancour	5,3	8,49
Barbu	1,2	1,12

2e tour	France	Gironde
Mitterrand	45,5	48,97
de Gaulle	54,5	51,03

Élection présidentielle des 1er et 15 juin 1969

1er tour	France	Gironde
Krivine	1,1	0,97
Duclos	21,5	18,38
Rocard	2,8	3,67
Defferre	5,1	6,70
Poher	23,4	28,67
Pompidou	44	40,56
Ducatel	1,2	1,06

2e tour	France	Gironde
Poher	42,4	49,49
Pompidou	57,6	50,50

Élection présidentielle des 5 et 19 mai 1974

1er tour	France	Gironde
Laguiller	2,33	2,02
Krivine	0,36	0,30
Mitterrand	43,24	42,37
Dumont	1,32	1,09
Muller	0,69	0,41
Giscard d'Estaing	32,60	14,53
Chaban	15,10	36,00
Le Pen	0,74	0,85
Héraud	0,07	0,04
Renouvin	0,17	0,13
Sebag	0,16	0,16
Royer	3,17	2,01

2e tour	France	Gironde
Mitterrand	49,19	54,57
Giscard	50,81	45,49

Élection présidentielle des 26 avril et 10 mai 1981

1er tour	France	Gironde
Mitterrand	25,84	33,2
Marchais	15,34	14,1
Crépeau	2,21	2,7
Lalonde	3,87	3,3
Laguiller	2,30	2,2
Bouchardeau	1,10	0,8
Giscard d'Estaing	28,31	23,4
Chirac	17,99	16,7
Debré	1,65	2,2
Garaud	1,33	1,4

2e tour	France	Gironde
Mitterrand	51,8	57,7
Giscard d'Estaing	48,2	42,3

Élection présidentielle des 24 avril et 8 mai 1988

1er tour	France	Gironde
Mitterrand	33,9	38,8
Lajoinie	6,76	6,3
Juquin	2,1	2,1
Waechter	3,78	3
Laguiller	1,99	2
Boussel	0,38	0,3
Barre	16,53	15,5
Chirac	19,55	19,3
Le Pen	14,38	12,3

2e tour	France	Gironde
Mitterrand	54%	56,96
Chirac	46%	43,04

Élection présidentielle des 23 avril et 7 mai 1995

1er tour	France	Gironde
Jospin	23,31	27,70
Hue	8,69	8,48
Voynet	3,32	3,01
Laguiller	5,92	5,95
de Villiers	4,75	4,61
Balladur	18,54	17,72
Chirac	20,73	19,50
Le Pen	15,07	12,77

2e tour	France	Gironde
Chirac	52,63	48,79
Jospin	47,37	51,22

LES ÉLECTIONS EUROPÉENNES

Élections européennes du 10 Juin 1979

Liste	France	Gironde
Mitterrand PS	23,53	30,57
PCF	20,52	19,39
ECO.	4,38	4,18
J. Chirac RPR	16,31	15,13
S. Veil UDF	27,60	23,72
FN	1,31	1,33
Laguiller LO	3,07	2,91
Malaud CNI,	1,39	1,29
Servan-Schreiber	1,84	1,44

Élections européennes du 17 juin 1984

Liste	France	Gironde
Jospin PS	20,76	26,50
Marchais P.C.F.	11,28	9,85
D. Anger ECO.	3,37	2,67
S. Veil UDF-RPR	42,88	42,11
DVD	3,57	3,29
Le Pen FN	11	9,17
Laguiller LO	2,06	1,95
PCI	0,90	0,80
PSU-CDU	0,72	0,65
Stirn, Lalonde, Doubin (ERE)	3,31	2,94
POE	0,08	0,00

Élections Européennes du 18 juin 1989

Liste	France	Gironde
Fabius PS	23,61	25,72
Herzog PCF	7,71	6,71
Waechter VERTS	10,59	8,26
Laguiller LO	1,42	1,31
Goustat CPNT	4,13	14,54
Giscard d'Estaing UDF-RPR	28,87	23,28
Veil S. DVD	8,42	7,16
Le Pen FN	11,73	10,01
Rén. Com.	0,40	0,39
Divers	2,44	2,59

Élections Européennes du 12 juin 1994

Liste	France	Gironde
Rocard PS	14,5	17,40
Wurtz PCF	6,9	6,51
Isler Béguin VERTS	2,94	2,25
Tapie MRG	12,03	10,99
Chevènement	2,54	2,32
Lalonde G.E.	2,01	1,67
Laguiller EXT G.	2,27	2,02
Schwartzenberg	1,56	1,51
de Villiers D. DTE	12,33	11,16
Le Pen F.N.	10,52	8,61
Goustat CPNT	3,95	9,50
Baudis UDF-RPR	25,58	23,64
Divers	2,82	2,28

Élections Européennes du 13 juin 1999

Liste	France	Gironde
Hollande PS-MDC-PRG	21,95	23,93
Hue PCF	6,78	6,43
Cohn Bendit VERTS	9,72	9,18
Laguiller EXT G.	5,18	5,27
Saint-Josse CPNT	6,77	12,49
Bayrou UDF	9,28	8,56
Sarkozy RPR	12,82	11,33
Pasqua D. DROITE	13,05	10,94
Le Pen FN	5,69	4,70
Mégret MN	3,28	2,30

Sur la liste de F. Hollande figurent 2 girondins, **Gilles Savary**, élu, **Ariane Guillerm,** non élue.

LES ÉLECTIONS LÉGISLATIVES

IIIe RÉPUBLIQUE

Élections législatives 8 Février 1871

Scrutin de liste, 14 sièges
Pas d'élus de gauche, ni républicains.
Autres élus : Adolphe Thiers (option Seine), J. Carayon-Latour, Duc Louis Decazes, Marquis A. de Lur-Saluces, Général N. Changarnier (option Somme), Général Martin des Pallières, Ch. Princeteau, Jules Dufaure (option Charente-inférieure), J. Journu, Général Marquis Louis Aurelle de Paladines (option Allier), Cl. Richier, Adrien Léon, Adrien Bonnet, Nathaniel Johnston.

Élections législatives partielles 2 juillet 1871

4 sièges à pourvoir à la suite des options :
Emile Fourcand, Amédée Larrieu, Alexandre Simiot, Pierre Sansas (tous républicains).

Élections législatives 20 février et 5 mars 1876

10 sièges
6 républicains : Léon Gambetta, républicain, qui est élu à Bordeaux mais également élu à Paris 20e, choisit cette dernière circonscription, remplacé par Simiot, Bernard Dupouy (Bordeaux, Blanquefort, Carbon-Blanc, Pessac, Castelnau, Saint-André), comte Thomas de Lur-Saluces (Audenge, Créon, Podensac), Bernard Roudier (Branne, Libourne, Ste-Foy), Ernest Lalanne (Castillon, Coutras), Pierre Sansas (Bordeaux), puis à son décès Louis Mie,
4 bonapartistes : baron Jérôme David (Bazas), Pierre Clauzet (Lesparre,), Ernest Dreolle (Blaye), Robert Mitchell (La Réole).

Élections législatives 14 et 29 Octobre 1877

10 sièges
Aucun élu de gauche
J. David (Bazas, bonapartiste), Ernest Dreolle (Blaye, bonapartiste), Alexandre Simiot (Bordeaux), Louis Mie (Bordeaux), Bernard Dupouy (Bordeaux), comte Thomas de Lur Saluces (Bordeaux), Robert Mitchell (La Réole, bonapartiste), comte Louis Grossin (Lesparre), Bernard Roudier (Libourne), Ernest Lalanne (Libourne).

Élections législatives partielles 1879

Le 20 avril, après le décès de Simiot, **Auguste Blanqui**, extrême gauche, est élu puis invalidé. Se représente en septembre mais est battu par Antoine Achard... étiqueté « extrême gauche ».
Autres élus : Jacques-Ludovic Trarieux (gauche républicaine).

Élections législatives 21 août et 4 septembre 1881

11 sièges
Élus : David Raynal (Audenge, Blanquefort, Carbon-Blanc, Pessac), Alfred Laroze (Bazas), Ernest Dreolle (Blaye, bonapartiste), Antoine Achard (Bordeaux), Jean Fourcand-Léon (Bordeaux), Jules Steeg (Bordeaux), Octave Cazauvielh (Belin, La Brède, La Teste, Podensac), Armand Caduc (La Réole), Armand Lalande (Lesparre), Bernard Roudier (Libourne), Ernest Lalanne (Libourne) puis Obissier Saint-Martin.

Élections législatives 4 et 18 octobre 1885

Scrutin de liste, 11 sièges
Aucun élu de gauche malgré une liste des groupes socialistes avec Antoine Jourde qui obtient 1 171 voix. Moyenne de la liste 553 voix.
Elus : O. Cazauvieilh, A. Lalande, Fernand Faure, Alfred Laroze, Louis Obissier Saint-Martin, Ernest Monis, Léon Laroze, André Gilbert, Pierre Mérillon, David Raynal, Jules Steeg.

Élections législatives 12 et 26 Octobre 1889

11 sièges
Antoine Jourde, socialiste, élu à Bordeaux (3e circ.) avec le soutien des comités boulangistes en même temps que cinq autres candidats boulangistes.
Autres élus : Marquis A. de Lur-Saluces (Bazas, boulangiste), Alcée Froin (Blaye, boulangiste), Albert Chiche (Bordeaux, boulangiste), Henri Aimel (Bordeaux, boulangiste), David Raynal (Bordeaux), O. Cazauvieilh (Bordeaux), Robert Mitchell (La Réole, boulangiste), comte H. du Périer de Larsan (Lesparre), Abel Surchamp (Libourne), Louis-Obissier Saint-Martin (Libourne).

Élections législatives 20 Août et 3 septembre 1893

11 sièges
Antoine Jourde (Bordeaux), réélu avec 6 847 voix.
Non élus socialistes : Camille Cousteau (2e), Martin (5e), Moty (Libourne). Total, y compris Jourde : 12 176 voix.
Autres élus : Emile Constant (Bazas), Théophile Goujon (Blaye), Henri Labat (Bordeaux), Charles Gruet (Bordeaux), David Raynal puis Decrais (Bordeaux), Jacques Duvigneau (Bordeaux), Pierre Laroze (La Réole), H. du Perrier de Larsan (Lesparre), Abel Surchamp (Libourne), Louis-Obissier Saint-Martin puis Chastenet (Libourne).

Élections législatives 8 et 22 mai 1898

11 sièges
Antoine Jourde (Bordeaux), réélu avec 8 253 voix.
Non élus socialistes : Surgand (4e), Dufourg (5e), Lacoste (Bazas), Gireau (Blaye), Sudraut (La Réole), Olivier (Lesparre), Marcel Cachin (Libourne), Bousquet (Libourne, 2e). Total : 20 231 voix.
Charles Bernard (Bordeaux), élu sous l'étiquette « socialiste », se proclamera député nationaliste et antisémite.
Autres élus : Emile Constant (Bazas), Théophile Goujon (Blaye), Albert Chiche (Bordeaux), Albert Decrais (Bordeaux), René Cazauvieilh (Bordeaux), Pierre Laroze (La Réole), H. du Perrier (Lesparre), Abel Surchamp (Libourne), Guillaume Chastenet (Libourne).

Élections législatives 27 avril et 11 mai 1902

12 sièges
Aucun élu socialiste : Jourde, candidat du PSF battu (3e, 6 220 voix) Camelle, PSF (Lesparre), Buscaillet, POF (1re, 1 512 voix), Jouhet (5e, 1 605 voix), Gireau (Blaye, 2 484 voix), Lussac. Total : 16 610 voix.

Autres élus : Emile Constant (Bazas), Pierre Dupuy (Blaye), Charles Chaumet (Bordeaux), André Ballande (Bordeaux), Albert Dormoy (Bordeaux), Albert Decrais puis Videau (Audenge, Blanquefort, Castelnau, Pessac), René Cazauvieilh (Belin, La Teste, Podensac), Georges Cazeaux Cazalet (Cadillac, Carbon-Blanc, St-André), Gabriel Chaigne (La Réole), Henri du Perrier (Lesparre), Joseph Brisson (Libourne), Guillaume Chastenet (Libourne).

Élections législatives 6 et 20 mai 1906

12 sièges
SFIO Gironde : 7,3 %
Antoine Jourde (Bordeaux), élu sous l'étiquette « socialiste indépendant ».
SFIO non élus : Buscaillet (1re), Dondicol (2e), Saint-Germain (3e), Larroque (4e), Jouhet (5e), Clauchard (6e), Sage (Bazas), Crouan (Blaye), Dufourg (La Réole), Olivier (Lesparre), Laporte (Libourne), Maurin (Libourne, 2e). Total 13 706 voix.

Autres élus : Emile Constant (Bazas), Pierre Dupuy (Blaye), Charles Chaumet (Bordeaux), André Ballande (Bordeaux), duc Louis de la Tremoille (Bordeaux), René Cazauvieilh (Belin, La Teste, Podensac), Georges Cazeaux Cazalet (Cadillac, Carbon-Blanc, St-André), Gabriel Chaigne (La Réole), Henri du Perrier de Larsan puis d'Ellissagaray (Lesparre), Gabriel Combrouze (Libourne), Guillaume Chastenet (Libourne).

Élections législatives 24 avril et 8 mai 1910

12 sièges
SFIO Gironde : 20 %
1 élu SFIO : **Calixte Camelle** (Bordeaux, 3e). Il bat Antoine Jourde, Socialiste indépendant.
SFIO non élus : Baylet (1re), Dondicol (2e), Camelle, Larroque (4e), Bonnard (5e), Dréan-Chapel (6e), Gibaud (Bazas), Marquet (Blaye), Luzzi (La Réole), Olivier (Lesparre), Mauprange (Libourne 1re). Total : 33 235 voix.

Autres élus : Emile Constant (Bazas), Pierre Dupuy (Blaye), Charles Chaumet (Bordeaux), André Ballande (Bordeaux), duc Louis de la Tremoille (Bordeaux), René Cazauvieilh (Belin, La Teste, Podensac), André Cassadou (Arcachon), Auguste Borderie (La Réole), Arnaud d'Ellissagaray (Lesparre), Gabriel Combrouze (Libourne), Guillaume Chastenet (Libourne).

Élections législatives 26 avril et 10 mai 1914

12 sièges
1 élu SFIO : **Calixte Camelle** (Bordeaux, 3e, 1er tour, 50,1%).
SFIO non élus : Baylet (1re), Edmond Costedoat (2e), Larroque (4e), Massip (5e), Vaillandet (6e), Gibaud (Bazas), Marquet (Blaye), Cayrel (La Réole), Sarget (Lesparre), Maurange (Libourne 1re), Lachaud (Libourne 2e). Total : 32 071 voix.

Autres élus : Emile Constant (Bazas), Pierre Dupuy (Blaye), Charles Chaumet (Bordeaux), André Ballande (Bordeaux), Calixte Camelle (Bordeaux), duc Louis de la Tremoille (Bordeaux), René Cazauvieilh (Belin, La Teste, Podensac), Henri Labroue (Arcachon), Georges Chaigne (La Réole), Félix Mesnard (Lesparre), Gabriel Combrouze (Libourne), Edouard Eymond (Libourne).

Élections législatives 16 novembre 1919

Scrutin de liste avec prime majoritaire, 12 sièges
SFIO Gironde : 15,8 %
Aucun élu sur la liste SFIO conduite par Camelle, (Camelle, Marquet, Larroque, Saint-Germain, Boisseau, Rebeyrol, Mourgues, Lafaye, Cayrel, Gibaud, Maurin).
Moyenne de liste : 24 488 voix sur un total de 159 336 voix.

Élus : Pierre Dignac, Louis Rothschild dit Mandel, colonel Yves Picot, Pierre Dupuy, Gabriel Combrouze, André Ballande, Edouard Eymond, Henri Lorin, Joseph Capus, Elisée Frouin, Paul Glotin, Georges Calmes.

Élections législatives 11 mai 1924

Scrutin de liste, 11 sièges
Cartel des gauches Gironde : 39,9 %

2 élus SFIO sur la liste du Cartel des gauches : **Adrien Marquet, Antoine Cayrel.**

Non élus SFIO : Gaston Cabannes, Henri Cazalet, Arthur Gibaud.

5 autres élus du Cartel : Adolphe Cauderon, Lucien Teyssier, Charles Cante, Adolphe Charoulet, Jean Dellac.

Autres élus : Abbé Daniel Bergey, colonel Yves Picot, Pierre Dignac, Joseph Capus.

Élections législatives 22 et 29 avril 1928

Scrutin d'arrondissement, 13 sièges
SFIO Gironde : 39 %

2 élus SFIO : **Gabriel Lafaye (Bazas) et Adrien Marquet (Bordeaux).**

Autres élus : Emile Gellie (Blaye), Gabriel Léglise (Bordeaux), Henri Lorin (Bordeaux), Abbé Daniel Bergey (Bordeaux), Jean Odin (Blanquefort, La Brède, Podensac, Pessac), Pierre Dignac (Arcachon, Audenge, Belin, La Teste), Henri Labroue (Bordeaux), Louis Faget (La Réole), Georges Mandel (Lesparre), Yves Picot (Libourne), Edouard Eymond (Libourne).

Élections législatives 1er et 8 mai 1932

13 sièges
SFIO Gironde : 30 %

7 élus SFIO : Gabriel **Lafaye** (Bazas, 55 % premier tour), Antoine **Cayrel** (Bordeaux, 1re circ., (57,8 %), Adrien **Marquet** (3e circ. de Bordeaux, 69 % premier tour), Gaston **Cabannes** (Bordeaux, 7e circ., 50 %), Justin **Luquot** (Libourne, 2e, 52 %), Henri **Cazalet** (Bordeaux, 5e, 52,1 %), Georges **Lasserre** (Bordeaux, (53,4 %).
En 1933, seul Cabannes demeure élu SFIO. Les six autres deviennent députés néo-socialistes.

6 autres élus : Emile Gellie (Blaye), Philippe Henriot (Bordeaux, 4e), Pierre Dignac (Bordeaux), Antoine Cluzan (La Réole), Georges Mandel (Lesparre), Emmanuel Roy (Libourne).

Élections législatives 26 avril et 3 mai 1936

13 sièges
SFIO France : 20,8 %
SFIO Gironde : 19 %, Néosocialistes : 18 %

3 élus SFIO : Ferdinand **Audeguil** (Bordeaux 2e, 50,7 %), Gaston **Cabannes** (Bordeaux 7e, 50,7 %), François **Naphle** (Bordeaux 5e, 50,5 %).

4 élus Néo-socialistes : Antoine Cayrel (Bordeaux 1re, 52,7 %), Adrien Marquet (Bordeaux 3e, 50 %), Gabriel Lafaye (Bazas, 69,8 %), Justin Luquot (Libourne, 2e, 51 %).

6 autres élus : Emile Gellie, R.G. (Blaye, 1er tour, 50,6 %), Philippe Henriot, UPR (Bordeaux-4), Pierre Dignac, radical de gauche (Bordeaux 6), René William Thorp, radical (La Réole), Georges Mandel, républicain indépendant (Lesparre, 1er tour, 54 %), Emmanuel Roy, radical (Libourne, 1re).

IV e RÉPUBLIQUE

Élections législatives 21 octobre 1945 (1re Assemblée constituante)

Scrutin de liste, 9 sièges
SFIO France : 24,6 %
SFIO Gironde : 35,76 %
PCF : 15,81 %
MRP :15,17 %
Unité républicaine 17,99 %

4 élus SFIO : Fernand **Audeguil**, Gaston **Cabannes**, Pierre-Emmanuel **Guillet,** Jean Raymond **Guyon.**

Non élus SFIO : Robert Brettes, André Texier, Antoinette Luquot, Pinsolle, Jean Costedoat.

2 PCF : Marc Dupuy, Charles Lahousse.

2 Unité républicaine : Jules Ramarony, Émile Gellie.

1 MRP : Henri Teitgen.

Élections législatives 2 juin 1946 (2e Assemblée constituante)

Scrutin de liste, 9 sièges)
SFIO France : 21,3 %
SFIO Gironde : 27,98 %
MRP : 25,65 %
PRL : 19,72 %
PCF : 15,90 %

3 élus SFIO : Fernand **Audeguil**, Jean-Raymond **Guyon**, Pierre-Emmanuel **Guillet**.

Non élus SFIO : Brettes, Bernadet, Antoinette Luquot, Texier, Cassagne, Pinsolle.

1 PCF : Marc Dupuy.

2 Parti républicain : Jules Ramarony, Jean Sourbet.

3 MRP : Henri Teitgen, Emile Liquard, Antoine Cornut.

Élections législatives 10 novembre 1946

Scrutin de liste, 10 sièges
SFIO France : 18,1 %
SFIO Gironde : 23,51 %
PCF : 19,25 %
MRP : 19,63 %
RGR : 18,62 %
Coalition républ. : 18,18 %

2 élus SFIO : Fernand **Audeguil**, Jean-Raymond **Guyon**.

Non élus SFIO : Guillet, Antoinette Luquot, Cassagne, Digneaux, Costedoat, Pinsolle, Baron, Seuve.

2 Rassemblement des gauches républicaines : Jacques Chaban-Delmas, Marceau Dupuy.

2 PCF : Marc Dupuy, Renée Reyraud.

2 Coalition républicaine : Jules Ramarony, Jean Sourbet.

2 MRP : Henri Teitgen, Emile Liquard.

Élections législatives 17 juin 1951

2 circonscriptions, 10 sièges
1re circonscription de Bordeaux-Lesparre sauf les cantons de Carbon-Blanc, Créon, Cadillac, Saint-André, Podensac : 6 sièges.
2e circonscription de Libourne-Blaye-Langon, plus les 5 cantons précédents : 4 sièges.

SFIO France : 15,3 %

1 élu SFIO : Fernand **Audeguil** (1re).

9 autres élus : Jacques Chaban-Delmas (1re), Marc Dupuy (1re), Paul Estèbe (1re), Lucien de Gracia (1re), Emile Liquard (1re), Henri Deliaune (2e), Jules Ramarony (2e), Jean Seynat (2e), Jean Sourbet (2e).

Élections législatives 2 janvier 1956

2 circonscriptions, 10 sièges
SFIO France : 15,2 %

2 élus SFIO : André **Le Floch** (1re circ.), Jean-Raymond **Guyon** (2e circ.)

2 PCF : Renée Reyraud (1re), Jean Rieu (2e).

6 autres élus : Jacques Chaban-Delmas (1re), Marc Dupuy (1re), Emile Liquard (1re), Luis Reoyo (1re), Albert Davoust (2e), Jean Sourbet (2e)

Ve RÉPUBLIQUE

Élections législatives 23 et 30 novembre 1958

10 sièges
SFIO France : 15,8 %

1 élu SFIO : René **Cassagne**, 4e circ.

9 autres élus : Arthur Richards (UNR, 1re), Jacques Chaban-Delmas (UNR, 2e), Jacques Lavigne (UNR, 3e), Henri Liquard (UNR, 5e), Jean-Claude Dalbos (UNR, 6e), Pierre de Gracia (UNR, 7e), Jean Sourbet (IPAS, 8e), Robert Boulin (UNR, 9e) puis en 1961, André Lathière (UNR), Gérard Deliaune (UNR, 10e).

Élections législatives 18 et 25 novembre 1962

10 sièges
SFIO France : 12,7 %
SFIO Gironde : 24,6 %

2 élus SFIO : René **Cassagne**, 4e circ. ; Robert **Brettes**, 6e circ.

8 autres élus : Arthur Richards (UNR, 1re), Jacques Chaban-Delmas (UNR, 2e), Jacques Lavigne (UNR, 3e), Aymard Achille-Fould (RD, 5e), Franck Cazenave (RD, 7e), Jean Sourbet (RD, 8e) puis Robert Barrière (RD), Robert Boulin (UNR, 9e) puis en 1963 André Lathière (UNR), puis en 1966, Jacques Boyer-Andrivet (RI), Gérard Deliaune (UNR, 10e).

Élections législatives 5 et 12 mars 1967

10 sièges
FGDS France : 19,3 %
FGDS Gironde : 24,59 %

4 élus SFIO-FGDS : Henri **Deschamps**, 3e circ ; René **Cassagne**, 4e circ. ; **Robert Brettes**, 6e circ. ; Pierre **Lagorce**, 8e circ.

1 Convention des institutions républicaines-FGDS : Jacques **Maugein**, CIR, (10e circ.).

Non élus FGDS : André Treuillé (1re), Gabriel Taix (2e), Gérard Gefen, CIR (5e), Jean Bayle, CIR (7e), Lucien Figeac, radical (9e).

Autres élus : Jean Valleix (UDVe, 1re), Jacques Chaban-Delmas (UDVe, 2e), Aymar Achille-Fould (PDM, 5e), Franck Cazenave (PDM, 7e), Robert Boulin (UNR, 9e).

Robert Boulin, ministre, est remplacé par Jacques Boyer-Andrivet (RI) en 1967.

Élections législatives 23 et 30 juin 1968

10 sièges
FGDS France : 16,6 %
FGDS Gironde : 26,81 %

3 élus SFIO-FGDS : René **Cassagne**, (4e) ; Robert **Brettes**, (6e) ; Pierre **Lagorce**, (8e)

René Cassagne, décédé, est remplacé par Philippe **Madrelle** en novembre 1968.

Non élus FGDS : Raymond-Georges Julien, radical (1re), Gabriel Taix (2e), Henri Deschamps, (3e) ; Gérard Gefen, CIR (5e) ; Daniel Brettes (7e) ; Lucien Figeac, radical (9e) ; Jacques Maugein, CIR, (10e).

7 autres élus : Jean Valleix (UDR, 1re), Jacques Chaban-Delmas (UDR, 2e), Jacques Grondeau (UDR, 3e), Aymar Achille-Fould (PDM, 5e), Franck Cazenave (PDM, 7e), Robert Boulin (UDR, 9e), Gérard Deliaune (UDR, 10e). Chaban-Delmas, premier ministre, est remplacé par Jacques Chabrat UDR (1969), puis au décès de ce dernier par Jacques Valade, UDR (1970). Robert Boulin, ministre, est remplacé par Bertrand des Garets, RPR, en 1968.

Élections législatives 4 mars 1973

10 sièges
UGDS France : 19,20 %
UGDS Gironde : 29,18 %

4 élus SFIO-UGDS : Henri **Deschamps**, 3e circ ; Philippe **Madrelle** 4e circ ; Michel **Sainte-Marie**, 6e circ. ; Pierre **Lagorce**, 8e circ.

Non élus UGDS : Pierre Lalumière (1re), Daniel Tran (2e), Raymond-Georges Julien, MRG (5e), Paul Euloge (7e), Lucien Figeac, MRG (9e), Jacques Maugein (10e).

Autres élus : Jean Valleix (UDR, 1re), Jacques Chaban-Delmas (UDR, 2e), Aymar Achille-Fould (UC, 5e) puis en 1973, Guy Antoune (UC), puis en 1976, Achille-Fould (UC), Franck Cazenave (RI, 7e) puis en 1974, Emile Durand (RI), Robert Boulin (UDR, 9e) puis en 1976, Gérard César (RPR), Gérard Deliaune (UDR, 10e).

Élections législatives 5 mars et 12 mars 1978

10 sièges
PS MRG France : 24,98 %
PS Gironde : 33,70 %

5 élus PS : Henri **Deschamps**, 3e circ., **Philippe Madrelle** 4e circ., Michel **Sainte-Marie**, 6e circ., Pierre **Lagorce,** 8e circ., Bernard **Madrelle**, 10e circ. Philippe Madrelle, sénateur, est remplacé par Pierre **Garmendia** en novembre 1980.

Non élus PS : Pierre Lalumière (1re), Pierre Biondini (2e), Kléber Haye (7e), Pierre Lart (9e).

1 MRG élu : Raymond Julien (5e).

4 autres élus : Jean Valleix (RPR, 1re), Jacques Chaban-Delmas (RPR, 2e), Pierre Lataillade (RPR, 7e), Robert Boulin (RPR, 9e).

Robert Boulin, ministre est remplacé par Gérard César (RPR) en 1978.

Élections législatives 7 et 14 juin 1981

10 sièges
PS France : 37,77 %
PS-MRG Gironde : 47,30 %
PCF : 12,10 %
RPR UDF : 38,9 %
Ext. G. : 0,80 %
Eco. : 0,60 %

7 élus PS : Catherine **Lalumière**, (3e), Pierre **Garmendia** (4e) ; Michel **Sainte-Marie**, (6e). ; Kléber **Haye**, (7e) ; Pierre **Lagorce**, (8e) ; Gilbert **Mitterrand**, (9e); Bernard **Madrelle**, (10e), Catherine Lalumière, ministre, est remplacée par Marcel **Join** en juillet 1981.

Non élus : Jacques Dangoumau (1re), Christian Danthez (2e).

1 élu MRG : Raymond Julien (5e).

2 autres élus : Jean Valleix (RPR, 1re), Jacques Chaban-Delmas (RPR, 2e).

Élections législatives 16 mars 1986

Scrutin de liste, 11 sièges
PS France : 31,8 %
PS Gironde : 36,63 %
PCF Gironde : 7,68 %
RPR-UDF Gironde : 43,11 %
FN (Sirgue) : 7,96 %
LO (Mas) : 1,25 %
LCR (Remoiville) : 0,3 %
DG (Roche) : 1,8 %
Ext. Dte (Michelet) : 0,9 %

4 élus PS : Catherine **Lalumière**, Michel **Sainte-Marie**, Pierre **Garmendia**, Gilbert **Mitterrand**.

Non élus : Pierre Brana, Kléber Haye, Pierre Lagorce, Marcel Join, Jean Sango, Laure Lataste, Bernard Prévot, Jean-Marie Billa, François-Xavier Bordeaux.

1 élu PCF : Michel Peyret
5 élus RPR-UDF : Jacques Chaban-Delmas (RPR), Jean Valleix (RPR), Gérard César (RPR), Aymar Achille-Fould (UDF), Robert Cazalet (UDF).
Aymar Achille-Fould est remplacé par J.-C. Dalbos, RPR, en 1986.

Élections législatives 6 et 13 juin 1988

11 sièges
PS France : 36,1 %
PS Gironde : 46,50 %

8 élus PS : Catherine **Lalumière**, (3e) ; Pierre **Garmendia** (4e); Pierre **Brana**, (5e) ; Michel **Sainte-Marie**, (6e) ; Pierre **ducout**, (7e) ; Pierre **Lagorce**, (9e), Gilbert **Mitterrand**, (10e) ; Bernard **Madrelle**, (11e) Catherine Lalumière, secrétaire générale du Conseil de l'Europe, est remplacée par Claude **Barande** en 1989.

Non élus : François-Xavier Bordeaux (1re), Philippe Rouyer (2e), Kléber Haye (8e).

3 élus RPR-UDF : Jean Valleix (RPR, 1re), Jacques Chaban-Delmas (RPR, 2e), Robert Cazalet (UDF, 8e).

Élections législatives 21 et 28 mars 1993

11 sièges
PS France : 18,4 %
PS Gironde : 23,68 %

2 élus PS : Pierre **Garmendia** 4e circ. ; Pierre **Ducout**, 7e circ.

Non élus : Joëlle Dusseau (1re), Claude Barande (3e), Pierre Brana (5e), Michel Sainte-Marie (6e), Jean-François Acot-Mirande (8e), Bernard Castagnet (9e), Gilbert Mitterrand (10e), Bernard Madrelle (11e), François Tournier MRG (2e).

9 élus RPR-UDF : Jean Valleix (RPR, 1re), Jacques Chaban-Delmas (RPR, 2e), Jean-Claude Barran (RPR, 3e), Pintat (UDF, 5e), Pierre Favre (UDF, 6e), Robert Cazalet (UDF, 8e), Philippe Dubourg (RPR, 9e), Jean-Claude Bireau (RPR, 10e), Daniel Picotin (UDF, 11e).

Élections législatives 25 mai et 1er juin 1997	11 sièges PS France : 23,7 % PS Gironde : 33,90 % *8 élus PS :* Conchita **Lacuey** 4e circ. ; Pierre **Brana**, 5e circ. ; Michel **Sainte-Marie**, 6e circ. ; Pierre **Ducout**, 7e circ. ; François **Deluga**, 8e circ. ; Odette **Trupin**, 9e circ. ; Gilbert **Mitterrand**, 10e circ. ; Bernard **Madrelle**, 11e circ. *PS non élus :* Béatrice Desaigues (1re), Gilles Savary (2e). 1 Vert élu : Noël Mamère (3e). 2 RPR élus : Jean Valleix (1re), Alain Juppé (2e).

LES ÉLECTIONS SÉNATORIALES

IIIe RÉPUBLIQUE

décembre 1875	Emile Fourcand, républicain, Adrien Léon, Adrien Bonnet.
1876	Hubert-Delisle, Behic, Raoul Duval, vicomte de Pelleport-Burete. (tous bonapartistes).
1879	Comte Henry de Lur-Saluces, Dupouy, Callen, Issartier. (tous républicains).
1885	Comte Henry de Lur-Saluces, Dupouy, Callen, Issartier., Caduc.
1888	Comte Henry de Lur-Saluces, Dupouy, Trarieux, Caduc, Lavertujon.
1892	Dupouy, Trarieux, Caduc, Lavertujon, Monis.
1897	Caduc, Monis, Obissier Saint-Martin, Raynal, Trarieux.
1903	Monis, Obissier Saint-Martin, Raynal, Trarieux.
1904	Decrais, Monis, Obissier Saint-Martin, Thounens, Trarieux.
1905	Courregelongue, Decrais, Monis, Obissier Saint-Martin, Thounens.
1912	Courregelongue, Decrais, Monis, Thounens.
1913	Chastenet, Courregelongue, Decrais, Monis, Thounens.
1918	Chastenet, Courregelongue, Monis, Thounens.
1921	Chastenet, Courregelongue, David, Vayssière, Buhan.
1923	Buhan, Chastenet, Courregelongue, David, Chaumet.
1924	Chastenet, Chaumet, Buhan, F. Faure puis décédé, Capus, Armand Calmel, puis décédé Caillier.
1932	Capus, Calmel, Caillier, Odin, Portmann.

IV e RÉPUBLIQUE (Conseil de la République)

1 élu SFIO : Robert Brettes (non élu : Jean Meunier) 1 MRP : François Leuret 1 R.G.R. : Maxime Teyssandier 1 PCF : René Duhourquet	***décembre 1946-1948***
1 élu SFIO : Robert Brettes Autres élus : Lucien de Gracia puis Georges Milh (1951), Jean Durand, Jean Sourbet puis Max Monichon en novembre 1948.	***novembre 1948-1955***
1 élu SFIO : Robert Brettes Autres élus : Max Monichon, Georges Portmann, Marc Pauzet.	***juin 1955-1958***

Ve RÉPUBLIQUE

Aucun élu socialiste. Élus : Georges Portmann, Max Monichon, Raymond Brun, Marc Pauzet	***1959*** ***scrutin uninominal***
Aucun élu socialiste (candidat : Jean Depayre, avocat, ex-conseiller municipal de Bordeaux). Élus : Georges Portmann, Max Monichon, Raymond Brun, Marc Pauzet.	***1962*** ***scrutin uninominal***
Aucun élu socialiste (Maurice Belleaud, candidat, obtient le plus de voix sur la liste Maurice Belleaud, André Dartigue, Yvan Bric, P. Icharc). Élus : Max Monichon puis en 1977 (décès), Armand-Bastit Saint-Martin, Raymond Brun, Jacques Boyer-Andrivet, Jean-François Pintat	***1971*** ***scrutin uninominal***
2 élus PS : Philippe Madrelle, Marc Boeuf. Non élu : Pierre Brana, Pierre Lalumière, Kléber Haye. 3 élus RPR-UDF : Jean-François Pintat (UDF), Raymond Brun (UFF), Jacques Valade (RPR) puis en 1987 (ministre), Jacques Boyer-Andrivet.	***1980*** ***scrutin de liste*** ***5 sièges***
3 élus PS : Philippe Madrelle, Marc Boeuf, Bernard Dussaut. Non élus : Joëlle Dusseau, Jean-Marie Billa. (Marc Boeuf, décédé, est remplacé par Joëlle Dusseau en septembre 1993) 2 élus RPR : Jacques Valade (RPR), Gérard César (RPR).	***1989*** ***scrutin de liste***
2 élus PS : Philippe Madrelle, Bernard Dussaut. Non élus : Alain Anziani, Ghyslaine Boeuf, Bernard Prévot. 3 élus RPR-UDF : Jacques Valade (RPR), Gérard César (RPR), Xavier Pintat (UDF).	***1998*** ***scrutin de liste***

ÉLECTIONS RÉGIONALES

De 1974 à 1986, la région avait le statut d'Établissement public. Ses membres étaient soit des membres de droit – les parlementaires – soit des membres désignés par les conseils généraux et des conseils municipaux.
À partir de 1986, les conseillers régionaux sont élus pour six ans au suffrage universel lors d'un scrutin de liste départementale à la proportionnelle. À compter de l'élection de 2004, les conseillers régionaux seront élus pour cinq ans dans un cadre régional.

Présidents jusqu'en 1986 :

Jacques Chaban-Delmas (1974-1979)
André Labarrère (1979-1982)
Philippe Madrelle (1981-1985)
Jacques Chaban-Delmas (1985-1986)

Élections Régionales de 16 mars 1986

France PS : 29,70 %
- Philippe Madrelle PS-MRG : 35,51 %

13 élus : Philippe Madrelle, Pierre Lagorce, Kléber Haye, Pierre Brana, Marcel Join, Raymond-Georges Julien (MRG), Jean Badet, Gilbert Mitterrand, Joëlle Dusseau, Bernard Madrelle, François Joly, Michel Capdenat (MRG), Maurice Belleaud.
- Jean Barrière PCF : 7,99 % (3 élus)
- Gilles Savary MRG : dissident 1,77 %
- Roche, Divers : 2,04 %
- Mas LO : 1,72 %
- Jacques Chaban-Delmas RPR-UDF : 43,10 % (16 élus)
- Jacques Colombier FN : 7,13 % (2 élus) ;
- Michelet FN diss. : 0,70 %.

– Nouveau Conseil : 8 PC, 30 PS, 2 MRG, 5 UDF, 4 UDF Rad., 6 UDF-CDS, 2 UDR-PR, 18 RPR, 3 CNIP, 1 DD, 4 FN.

Président : J. Chaban-Delmas (RPR) puis **J. Tavernier** (RPR) en 1988.

Élections Régionales de 23 mars 1992

France PS : 18,3 %.
- Alain Anziani (PS) : 18,23 %

7 élus : Alain Anziani, Michel Férillot, Joëlle Dusseau, Maurice Belleaud, Yves Lecaudey, Charles Vérité, Christian Rambaud.
- Barrière (PCF) : 6,35 % (2 élus)
- Noël Mamère : (Gén. éco.) 10,90 % (4 élus)
- Le Bars (Verts) : 5,35 % (2 élus)
- Barthélémy LO : 2,36 %
- Valade (RPR-UDF) : 29 % (12 élus)
- Colombier FN : 12 % (4 élus)
- Hennequin (CNI) : 2,93 %
- Seinlary (CPNT) : 12,9 % (5 élus)

– Composition du nouveau Conseil (85 sièges) : 20 PS, 6 PCF, 7 Gén. éco., 2 Verts, 10 CPNT, 33 RPR-UDF, 8 FN.

Président : J. Valade (RPR).

Élections Régionales de 15 mars 1998

• Alain Rousset PS PRG : 27,72 %.

12 élus : Alain Rousset, Françoise Cartron, François Deluga, Philippe Plisson, Gilles Savary, Alain Anziani, Annick Aguirre, Michel Jouanno, Mireille Kerbaol, Michel Férillot, Henri Houdebert, Philippe Dorthe
En octobre 1999, Charles Vérité succède à Gilles Savary, démissionnaire.

• Pierre Auger (PCF) : 7,23 %

3 élus : Pierre Auger, Annie Guilhamet, Claude Mellier

• Noël Mamère (Verts) : 6,58 %

2 élus : Jean Pierre Dufour, Pierre Hurmic

• Jacques Valade (RPR-UDF) : 27,77 %

12 élus : Valade, Mau, Pons, Marie-Thérèse des Esgaux, Ducassou, Garissou, Bébéar, Bron, Espied, Paris, Cazabonne, Picotin

• Sabarot (CPNT) : 7,34 %

3 élus : Sabarot, Magentie, de Cerval

• J. Colombier (FN) : 11,7 %

4 élus : Colombier, Le Gentil, Taveau, de Perreti puis Taveau, de Perreti (MN).

– Composition du nouveau Conseil (85 sièges) : 28 PS, 8 PCF, 3 Verts, 1 MDC, 8 CPNT, 13 RPR, 4 DLS, 11 UDF, 9 FN (puis 4 FN et 5 MN).

Président : Alain Rousset (PS).

ÉLECTIONS CANTONALES

Créé par la loi du 28 pluviose an VII (17 février 1800), le Conseil général de la Gironde comptait, à son origine, 24 membres nommés par Napoléon à partir de listes de notables. Après la loi du 22 juin 1833, les conseillers généraux sont élus pour neuf ans, renouvelables par tiers. La loi de 1871 réduit le mandat à six ans, renouvelables par moitié. Plusieurs redécoupages sont intervenus et le nombre de conseillers généraux s'est modifié.
Il n'a pas été possible de collecter la totalité des résultats depuis 1871. Les tableaux ci-dessous sont ainsi incomplets et partiels.

18 octobre 1871

Après l'effondrement de l'empire, des élections générales sont organisées.
Composition du Conseil général :
19 républicains sur 30 élus. Aucun socialiste.
Président : Émile Fourcand,
gauche républicaine, maire de Bordeaux, conseiller général de Bordeaux-III (1871-1880).

octobre 1874

Président : duc Louis **Amanieu-Decazes,**
orléaniste, ministre des Affaires étrangères, conseiller général de Guîtres.

août 1876

Adrien Léon,
député orléaniste.

octobre 1877

Président : Emile Fourcand,
républicain, maire de Bordeaux.

août 1878

Président : Hubert Delisle.

août 1879

Président : Emile Fourcand.

août 1880

Président : Eugène Dupouy,
républicain, député, conseiller général de Bourg.

août 1892

Élus socialistes indépendants : Elie Moty (Bordeaux, 4e), Lagrange (Bordeaux 6e), Camille Cousteau (Bordeaux 5e) .
Président : Reinhold Dezeimeris, conseiller général de Cadillac (1877-1899).

août 1893

Président : Jacques Duvigneau,
conseiller général d'Audenge (1871-1902), député, républicain radical.

28 juillet 1895

6 candidats socialistes (3 POF), 2 (POSR), 1 indépendant.
aucun élu. Lagrange battu.

1898

Élu : Calixte Camelle (Bordeaux-VII).

1899

Président : Albert Thounens,
gauche démocratique, sénateur, maire de Coirac.

juillet 1901

Candidatures socialistes :
Au titre du POF, Cachin est candidat dans de nombreux cantons : Bordeaux-IV, Branne, Cadillac, Saint-Savin, Castillon. Guesde, également : Saint-Savin, Langon, Sauveterre, Pauillac, Saint-Vivien.
Au titre de la Fédération autonome, Camelle se présente (Bordeaux-VII).
Calixte Camelle réélu.
Président : Albert Thounens,
gauche démocratique, sénateur, maire de Coirac.

juillet 1904

Calixte Camelle réélu au premier tour (Bordeaux-VII). Adolphe Buscaillet, élu (Bordeaux-I-Bordeaux-Bruges-Le Bouscat).
Président : Albert Thounens,
gauche démocratique, sénateur, maire de Coirac.

28 juillet 1907

7 candidats SFIO : Sarda, Luzzy, Haurigot, Sage, Ferbos, Lacoste, Dubourg, aucun élu.
Président : Ernest Monis,
républicain, conseiller général d'Auros, (37 voix contre 41), sénateur, ministre de la Justice.

1910

Buscaillet élu (Bordeaux-I), Camelle réélu (Bordeaux-VII). Dréan-Chapel (Bordeaux -V), Hébrard (Bordeaux-III), battus.
Président : Ernest Monis, républicain, conseiller général d'Auros, sénateur, président du Conseil.

Saint-Germain (Bordeaux-VI, Bordeaux-Bègles). **Président : Ernest Monis,** républicain, conseiller général d'Auros, (37 voix contre 41), sénateur, ministre de la Marine.	***1913***
SFIO : 1 élu. Camelle (Bordeaux-VII, 1er tour). Saint-Germain battu.	***14 décembre 1919***
Président : Georges Mandel, radical, député, conseiller général de Lesparre, ministre.	***janvier 1920***
Président : Joseph Callen, conseiller général et maire de St-Symphorien.	***5 septembre 1921***
SFIO élus : Camelle (Bordeaux-VII, 1er tour), Pinèdre (Bordeaux-VI, 1er tour), Cayrel (Bordeaux-I), Edmond Costedoat, Lasserre (Bordeaux-IV). **Président : Joseph Callen,** conseiller général et maire de St-Symphorien.	***14 et 21 mai 1922***
Adrien Marquet succède à Calixte Camelle, décédé (Bordeaux-VII). **Président : Ernest Barraud,** conseiller général de Coutras.	***1924***
Au total : 8 SFIO. SFIO (Cartel des gauches) : Marc Pinèdre (Bordeaux-VI), Georges Lasserre (Bordeaux-IV), Birolet (Sauveterre), Lassauguette (Carbon-Blanc). **Président : Ernest Barraud,** conseiller général de Coutras.	***19 et 25 juillet 1925***
Au total : 4 SFIO. Réélus : Adrien Marquet (Bordeaux-VII), Valentin Maurin (Pujols), Daniel Digneaux (Audenge), Antoine Cayrel.(Bordeaux-I). **Président : Ernest Barraud,** conseiller général de Coutras.	***octobre 1928***
Au total : 7 SFIO. SFIO élus : Saint-Symphorien, Saint-Macaire, La Réole. SFIO réélus : Marc Pinèdre (Bordeaux-VI), Georges Lasserre (Bordeaux-IV), Birolet (Sauveterre), Lassauguette (Carbon-Blanc). **Président : Ernest Barraud,** conseiller général de Coutras.	***15 et 22 octobre 1931***
SFIO Gironde : 19,89 % PCF : 6,28 % Soc. de France : 11,99 % Radicaux socialistes : 14,97 % Modérés : 40,3 % ***SFIO élus :*** Cabannes (Carbon-Blanc), Guyon (Sainte-Foy, élection complémentaire 9 mai 1937). Vielle battu par Marquet (Bordeaux-VII). ***PSF réelus :*** Marquet (58,7 %, 1er tour), Cayrel (Bordeaux-I), Lafaye (Auros, 1er tour, 94,2 %). Composition du Conseil général : ***SFIO :*** Pinèdre (Bordeaux-VI), Digneaux (Audenge), Cazenave (Belin), Cabannes (Carbon-Blanc), Maurin (Pujols), Guyon (Sainte-Foy). 4 soc. de France, 11 radicaux socialistes, 3 radicaux indépendants, 16 républicains de gauche, 1 républicain, 7 U.R.D. **Président : Ernest Barraud,** conseiller général de Coutras.	***7 et 14 octobre 1934***

10 et 17 octobre 1937

SFIO Gironde : 21 %
7 SFIO élus : Digneaux (Audenge, 1er tour), Cazenave (Belin, 1er tour, 51,5 %), Cabannes (Carbon-Blanc), Birolet (Sauveterre), Costedoat (Bordeaux-IV, 54,6 %), Meunier (Bordeaux-VI, 75 %), Maurin (Pujols, 61,2 %).
Néo-socialistes : Marquet (Bordeaux-VII), Cayrel (Bordeaux-I), Lafaye (Auros),
Composition du Conseil général : 2 USR, 13 radicaux socialistes, 16 républicains de gauche, 1 républicain, 7 URD.
Président : Ernest Barraud,
conseiller général de Coutras.

23 et 30 septembre 1945 Renouvellement général, 50 cantons

SFIO Gironde : 30,9 %
Radicaux socialistes : 17,9 %
PCF : 15,9 %
Unité républicaine : 12,5 %
ACPG : 7,3 %
Indépendants ; 5,8 %

20 élus SFIO : Costedoat (Bordeaux-I, 63,3 %), Pinsolle (Bordeaux-III, 50 %), Guillet (Bordeaux-IV, 60,8 %), Treuillé (Bordeaux-V, 48,6 %), Audeguil (Bordeaux-VII, 1er tour, 51,4 %), Digneaux (Audenge, 1er tour, 54,4 %), Cabannes (Carbon-Blanc, 1er tour, 55 %), Corbeil (Captieux, 1er tour, 100 %), Birolet (Sauveterre, 1er tour, 79,5 %), Bordessoules (Villandraut, 1er tour, 53,8 %), Larroque (Blanquefort, 57,1 %), Mouline (Créon, 57,5 %), Brettes (Pessac, 99,6 %), Reynal (Podensac, 45,8 %), Guichard (Castillon, 59,2 %), Jambon (Coutras, 52,9 %), Bernadet (Libourne, 66 %), Guyon (Sainte-Foy, 96,6 %), Duphil (Pauillac, 45,9 %), Gauthier (Grignols).

1 socialiste indépendant : Thomas (Saint-Macaire).

1 républicain Socialiste : Régnier (Bourg).

11 radicaux socialistes : Étie (Saint-André-de-Cubzac, 1er tour), Roy (Branne, 1er tour), Teyssandier (Fronsac 1er tour), Dupuy (Lussac, 1er tour), Chanus (Pellegrue, 1er tour), Berteaud (Saint-Savin), Plante (Pujols), Sarrazin (Auros), Langlois (Langon), Destouesse (Saint-Laurent), Poirier (Saint-Vivien).

1 communiste : R. Duhourquet (Bordeaux, 6e).
1 union des gauches : Coquet (Saint-Symphorien, 1er tour, futur adhérent PCF).

2 union des résistants : De Gracia (Arcachon, 1er tour), Seynat (Castelnau).

2 ACPG : Doublet (La Brède, 1er tour), Lacampagne (Targon).
4 indépendants : Martin (La Teste), Pauzet (Blaye), Martin (Bazas, 1er tour), Sourbet (La Réole).
2 républicains : Brun (Belin, 1er tour), David (Cadillac, 1er tour),
4 unité républicaine : Bourda (Saint-Ciers-sur-Gironde), Liquard (Lesparre, 1er tour), Ramarony (Bordeaux-II), Pellet (Monségur).
1 URD : Sansuc (Guitres, 1er tour).
Composition du Conseil général (50 sièges) : 20 SFIO, 12 radicaux socialistes, 1 PCF, 7 unité républicaine
Président : Fernand Audeguil (SFIO).

---

20 et 27 mars 1949

3 sièges SFIO perdus : Bordeaux-IV, Pauillac, Libourne (Bernadet).
3 sièges SFIO gagnés : Saint-Symphorien, Auros, Bourg-sur-Gironde.
PCF : perte de Bègles-Bordeaux 6 (Duhourquet).
Composition du Conseil général : 17 SFIO, 1 DG, 12 rad., 20 droite.
Président : F. Audeguil, réélu
(27 voix pour, 21 voix Roy, conseiller général de Branne).

---

7 et 14 avril 1951

SFIO : 20 candidats SFIO
7 sièges SFIO perdus : Pessac-Mérignac (Brettes), Bordeaux-VII (Audeguil), Bordeaux-I (Costedoat), Bordeaux-III (Pinsolle), Bordeaux-V (Treuillé), Pellegrue (Chanut) et Podensac (Raynal).
Réélus : Guichard, Jambon, Guyon, Gauthier, Lamboley, Mouline, Martin (soutien SFIO).
Composition du Conseil général : 13 SFIO, 9 indépendants et paysans, 5 RI, 12 RRS, 1 RGR, 9 rép. sociaux, 1 soc. indépendant.
Président : Raymond Brun, conseiller général de Belin (27 voix contre 22 à Roy, conseiller général radical de Branne qui a le soutien des socialistes).

---

7 et 24 avril 1955

1 canton gagné par la SFIO : Libourne (Bernadet).
1 canton perdu par la SFIO : Sauveterre(Birollet).
1 canton gagné par le PRS : Castelnau (Dartigues).
1 canton gagné par le PC (Bègles-Bordeaux-VI (Duhourquet).
Composition du Conseil général : 13 SFIO, 1 PC, 6 indépendants et paysans, 2 indépendants, 5 RI, 14 RRS, 1 RGR, 7 rép. sociaux, 1 soc. indépendant.
Président : Raymond Brun.

---

20 et 27 avril 1958

2 cantons perdus par la SFIO : St-Vivien (Lartigue), Mérignac (Brettes).
1 canton perdu par la SFIO : Grignols (Gauthier ne se représente pas).
Composition du Conseil général : 11 SFIO, 13 RAD, 9 rép soc, 11 RI, 6 CNIP, 1 SI.
Président : Raymond Brun.

---

4 et 11 juin 1961

Joseph Bonnemaison succède à Jean-Raymond Guyon décédé (Ste-Foy).
André Henriot succède à Flament (St-Symphorien), Francis Caillaud succède Henri Corbeil décédé (Captieux).
1 canton gagné par un div. gauche (Créon).
Composition du Conseil général : 9 SFIO, 1 DG, 6 RAD, 11 UNR, 11 RI, 10 CNIP, 3 SI.
Président : Raymond Brun.

---

8 et 15 mars 1964

Cantons gagnés : Bordeaux-I (Treuillé), Bordeaux-VII (Mora).
Cantons perdus : St-Vivien (Lartigue) et Blanquefort (Lamboley).
À Langon, Jean-Louis Langlois, soc. ind, succède à Louis Langlois (rad).
À Audenge, Dartiguelongue succède à Digneaux.
Composition du Conseil général : 1 PC, 12 SFIO, 1 DG, 8 RAD, 9 UNR, 11 RI, 7 CNIP, 2 SI.
Président : Raymond Brun.

---

24 septembre et 1er octobre 1967

Canton gagné par la SFIO à Talence (Thomas).
Canton perdu : Sainte-Foy (Bonnemaison).
Canton gagné par le PCF à Bordeaux-VI-Bègles (Scipion).
Composition du Conseil général : 1PC, 12 SFIO, 1 DG, 8 RAD, 6 UNR, 13 RI, 7 CNIP, 2 SI.
Président : Raymond Brun.

8 et 15 mars 1970

Canton gagné : Podensac (Lagorce).
Composition du Conseil général :
1 PC, 13 SFIO, 7 radicaux, 5 divers gauche, 1 CDP, 6 UDR, 2 RI, 13 indépendants et paysans, 2 « sans étiquette ».
Président : Raymond Brun.

23 et 30 septembre 1973

Création de six nouveaux cantons par dédoublement :
Bègles devient Bègles et Bordeaux-VI (sud), Le Bouscat devient Le Bouscat et Bordeaux-I.
Talence devient Talence et Villenave-d'Ornon, Bordeaux-II devient Bordeaux-II (Gd-Parc-Chartrons) et Bordeaux-VIII (Caudéran), Bordeaux-III devient Bordeaux-III et Bordeaux-IV.
Carbon-Blanc devient Carbon-Blanc et Cenon.
6 nouveaux élus PS : Claude Barande (Villenave) Pierre Biondini (Bordeaux-VI), Jean-Paul Fossat (Branne) ainsi que Marc Boeuf élu dans le nouveau canton de Bordeaux-I et René Bonnac élu dans celui de Cenon.
Composition du Conseil général : 1 PC, 17 PS, 4 DG, 3 MRG et 32 droite.
Président : Raymond Brun.

Lors d'une partielle en mars 1975, Volny Favory est élu à Sauveterre-de-Guyenne.

8 et 15 mars 1976

6 nouveaux élus PS : Bernard Madrelle (Blaye), Pierre Lart (Sainte-Foy la-Grande), Alain Sautereau (Pessac), Jacques Maugein (Saint-André-de-Cubzac), Jacques Noël (Saint-Vivien-du-Médoc) et Georges Delord (Lussac). Pierre Castets remplace Pierre Mora à Bordeaux-VII (La Bastide).
1 nouveau radical de gauche : Raymond Julien (Blanquefort).
Composition du Conseil général : 25 PS, 2 PCF, 2 radicaux de gauche, 2 divers gauche soit une majorité de 33 sièges.
2 centre gauche, 5 UDR, 2 RI, 3 CDP, 12 indépendants soit une minorité de 26 sièges.
Président : Philippe Madrelle.

18 et 25 mars 1979

3 cantons perdus : Libourne (Jean Bernadet ne se représente pas). Castelnau où A. Dartigues (MRG) est battu et G. Belouard battu à Villandraut.
3 cantons gagnés : Saint-Ciers-sur-Gironde (Paul Crotte), Cadillac (Bernard Callen) et Bourg (Claude Broy).
À Saint-Symphorien Gérard Lagors remplace André Henriot.
À Talence, Yves Buffet remplace Marcel Thomas.
En 1980, Guy Trupin succède à Michel Bastiat (Créon).
Composition du Conseil général : 3 PC, 26 PS, 1 MRG et 2 DG 25 droite.
Président : Philippe Madrelle.

14 et 21 mars 1982

PS Gironde : 38,46 %
Création de 6 nouveaux cantons (St-Médard, Lormont, Mérignac-II, Pessac-II, Floirac et Gradignan) par dédoublement des cantons de Blanquefort, Carbon-Blanc, Mérignac, Pessac, Cenon et Villenave d'Ornon.
7 nouveaux conseillers socialistes : Michel Marchal à Bazas, Pierre Ducout à Gradignan, Bernard Prévot à Lesparre, Maurice Belleaud à Lormont, Marcelle Amouroux à Mérignac-I, Michel Férillot à Mérignac-II. Pierre Brana succède à Raymond Julien à Blanquefort et Daniel Jault à Pierre Castets à Bordeaux-VII.
Perte de 4 cantons : Bouscat-Bruges (André Treuillé ne se représente pas), Pessac-I (Alain Sautereau battu par Jean-Claude Dalbos), Podensac (Pierre Lagorce ne se représente pas, Dubourg, RPR, élu), St-Médard-en-Jalles (Abel Laporte battu par J.-G. Meyniac, CNIP).
Composition du Conseil général : 3 PC, 25 PS, 1 Dg, 29 droite.
Président : Philippe Madrelle.

10 et 17 mars 1985

France PS : 26,4 %
Gironde : 33,32 %
Cantons perdus : Sauveterre (Favory), Bordeaux-VI (Pierre Biondini), Mérignac-II (Michel Férillot), Talence (Yves Buffet), Saint-Ciers-sur-Gironde (Paul Crotte).
Nouveaux élus PS : Villandraut (Gilbert Cardouat).
Composition du Conseil général : PS 25 élus, PC 4, droite 34.
Président : Jacques Valade,
RPR, conseiller général de Bordeaux-IV.

25 septembre et 2 octobre 1988

France PS : 31,7 %
Gironde : 43,22%
7 nouveaux élus PS : Joëlle Dusseau (Le Bouscat), René Serrano (La Teste), Michel Frouin (Fronsac), Alain Rousset (Pessac-II), Serge Lamaison (Saint-Médard-en-Jalles), Alain Renard (Saint-Savin-de-Blaye).
Jean Touzeau succède à Maurice Belleaud (Lormont), Michel Maumont succède à Pierre Lart (Sainte-Foy-la-Grande), Bernard Garandeau à Marcelle Amouroux (Mérignac-I).
Composition du Conseil général : 63 sièges : PS 29, PCF 3, droite 31.
Président : Philippe Madrelle.
En cours de mandat, Yves Lecaudey, protestant contre l'alliance entre la droite et le Front national à la Région où il est également élu, rejoint la majorité départementale.

22 et 29 mars 1992

France PS : 19,9 %
Gironde : 26,23%
La gauche conserve la majorité d'une voix.
Canton gagné : Pessac-I (Pierre Auger bat Dalbos).
Cantons perdus : Floirac (Jean Darriet battu par Thomilla (RPR), et Castelnau (Yves Lecaudey battu par Michel Lescoutra).
À Bègles, Jean-Jacques Paris (PC) remplace Claude Scipion (PC).
À Cenon, Pierre Garmendia (PS) succède à René Bonnac (PS).
Composition du Conseil général : 63 sièges : PS 29 élus, PC 3, droite 31.
Président : Philippe Madrelle.

octobre 1993 élections partielles

Bordeaux-I, suite au décès de Marc Boeuf : Ghyslaine Boeuf bat Mme Simone Noailles. Bouscat-Bruges, suite à la démission de Dusseau : Alain Anziani battu par Vincent. Philippe Madrelle demeure président dans une assemblée où la gauche est minoritaire.

13 et 20 mars 1994

France PS : 23,28%
Gironde : 39,73%
Sièges perdus : Sainte-Foy (Michel Maumont, battu par J.-P. Chalard).
3 nouveaux élus PS : Guy Marty (Castillon), Yvon Le Yondre (Grignols), et Alain Leveau (Targon).
Composition du Conseil général : 3 PC, 30 PS 30 droite.
Président : Philippe Madrelle.

15 et 22 mars 1998

France PS : 25,9 %

Gironde PS : 34,28%

10 nouveaux cantons gagnés par le PS : Yves Buffet (Talence), Sébastien Hournau (Pauillac), Yves Lecaudey (Castelnau), Alain Marois (Guîtres), Jacques Fergeau (Mérignac-II), Philippe Plisson (Saint-Ciers), Martine Faure (Auros), Jacques Respaud (Bordeaux-VI), Bernard Fath (La Brède), et Pierre Bernard (Libourne).

Nouveaux élus PS dans des cantons PS : Alain David (à Cenon à la place de Pierre Garmendia), Christian Mur (à Branne à la place de Jean-Pierre Fossat), Guy Dupiol (à Saint-Symphorien à la place de Gérard Lagors), Jean Péringuey (à Villandraut à la place de Guy Cardouat).

Réélus PS : Marc Lalanne (Captieux, 1er tour), Philippe Madrelle (Carbon-Blanc, 1er tour), Bernard Dussaut (Monségur, 1er tour), Claude Broy (Bourg), Pierre Auger (Pessac-I).
À Floirac J.-P. Soubie (DVG) bat le conseiller général sortant Thomila. À Cadillac (Hervé de Gabory) et Saint-Laurent (Roger Brousse), les candidats PRG soutenus par le PS sont battus.

Composition du Conseil général : PS 40, PCF 3, DVG 1, droite 19.

Président : Philippe Madrelle.

juin 1998

Lors d'une partielle en **juin 1998**, Jean-Jacques Benoît remplace Alain Rousset, démissionnaire après son élection à la présidence de la région Aquitaine.

décembre 1999

Trois partielles : Langon (Philippe Plagnol, candidat PS), Bordeaux-I (Philippe Dorthe, candidat PS), Bordeaux-III (Denis Teisseire, « Transcub » soutenu par le PS).

LES CANTONS DE GIRONDE

La liste des élus par canton a été établie à partir des travaux d'André Treuillé, la liste des candidats socialistes ou soutenus par le Parti socialiste a été arrêtée par Bruno Sibé. Elle n'est ni complète ni acquise avec certitude.

Les conseillers socialistes ou membre de la majorité socialiste sont **en gras.**

Canton d'ARCACHON

Conseillers généraux : Jean-Baptiste Veyrier-Montagnères (1909-1925), maire d'Arcachon, Ramon Bon (1925-1931), Lucien de Gracia, maire d'Arcachon, député (1945-1967), Frank Cazenave, maire de Belin, député (1967-1973), Robert Fleury, maire d'Arcachon (1973-1975), Pierre Lataillade, député, maire d'Arcachon (1975-1985), Yves Foulon (depuis 1988).

Candidats socialistes ou soutenus par les socialistes : Jean Dousset (1973), Josette Trépeau (1979), Anne-Marie Pouyadou (1985, 1992), Jean-François Acot-Mirande (1998).

Canton d'AUDENGE

Conseillers généraux : Sauvage (1833-1834), P.J. Baleste-Morichon (1834-1852), Léopold Laval (1852-1861), A. Lamarque de Plaisance (1861-1870), Jacques Duvigneau (1871-1902), député, maire d'Audenge, président du Conseil général, Louis David (1902-1925), maire d'Andernos, sénateur, Edgar Daron (1925-1931**), Daniel Digneaux SFIO** (1932-1939, 1945-1964), **Georges Dartiguelongue** (1964-1973), Robert Cazalet, UDF, député, maire de Lège-Cap-Ferret (1973-1998), Frédéric Cazentre (depuis 1998).

Candidats socialistes ou soutenus par les socialistes : Gaston Flament (1973-1979) Yves Berbille (1985), Xavier Daney (1992), Christian Rambaud (1998).

Canton d'AUROS

Conseillers généraux : M. Alary (1846, 1867-1874), Dr Baritault (1875-1888), maire de Castillon, légitimiste, Etienne de Gascq, (1889-1895), maire d'Aillas, monarchiste, Amédée Becquet (1895-1907), Ernest Monis (1907-1922), président du Conseil général, député, sénateur, ministre, président du Conseil, républicain de gauche, Mauriac (1922-1934), **Gabriel Lafaye SFIO puis néo-socialiste** (1934-1939), Albert Sarrazin, maire d'Aillias (1945-1963), A. Tach (1963-1973), J.E. Cazemajou (1973-1998), **Martine Faure (PS, 1998),**

Candidats socialistes ou soutenus par les socialistes : Henri Dulac (1973), Robert Crouzet (1979), Claude Gaubert (1985), Claude Hambye (1992).

Canton de BAZAS

Conseillers généraux : Saige (1800), Dubaquié (1846, 1874-1878), Drouilhet de Sigalas (1878-1880), maire de Bazas, légitimiste, Théophile Servière (1880-1892), républicain, Camille Darquey (1892-

1898), républicain, Marcel Courregelongue (1898-1929), maire de Bazas, sénateur, républicain de gauche, Peyri (1934-1939), M. Martin (1945-1970), E. Durand (1970-1982), **Michel Marchal (PS, 1982-1988),** Jean Darremont depuis 1988.

Candidats socialistes ou soutenus par les socialistes : M. Delayre (1970), Guicheney (1976), Michel Marchal (1988, 1994).

Canton de BÈGLES

Conseillers généraux : Claude Scipion PCF (1973-1985), Jean-Jacques Paris PCF depuis 1985.

Candidats socialistes ou soutenus par les socialistes : Michel Mercier (1973, 1979), Guy Moll-Escarpenter (1985, 1992), Robert Pinaud (1998).

Canton de BELIN-BELIET

Conseillers généraux : J.-B. Cazauvielh (1848-1870), L. Laroza (1870), Octave Cazauvielh (1871-1893), républicain modéré, maire de Belin, René Cazauvielh (1893-1938), républicain de gauche, maire de Belin, député, L. Cazenave (1938-1940), Raymond Brun, maire de Salles, sénateur, président du Conseil général (1945-1992), Alain Peronnau depuis 1992.

Candidats socialistes ou soutenus par les socialistes : Jean Gorry (1973), Pierre Nicoulaud (1979), Patrice Lalanne (1985), Denise Greslard (1992), Pierre Clavé (1998).

Canton de BLANQUEFORT

Conseillers généraux : Avril (1846-1874), Amédée Tastet, orléaniste, (1874-1880), Pierre Hyvert, (1880-1886), républicain, maire d'Eysines, Jean-Baptiste Cavalie (1886-1892), républicain modéré, maire de Blanquefort, Many (1892-1904), Ferdinand Marot (1904...), Miqueau (1920-1939), **Antonin Larroque** SFIO (1945-1946), **Gabriel Lamboley** SFIO (1947-1964), Christian Dussedat, maire de Saint-Médard-en-Jalles (1964-1976), **R.G. Julien**, MRG (1976-1982), **Pierre Brana** PS (1982-1988 - 1994).

Canton de BLAYE

Conseillers généraux : Chéri (1800), J.-B. Régnier (1831-1837), A.V. Merlet (1837-1839), P. Brun (1839-1848), Jean Gervais (1871-1898), orléaniste, Joseph Tardy (1898-1904), républicain, **Jean-Emile Gireau** (1904-1910), POF puis « réactionnaire », Maxime Chasseloup (1910-1940), républicain de gauche, maire de Blaye, Marc Pauzet (1945-1957), Gérard Deliaune (1957-1976), **Bernard Madrelle** PS (depuis 1976).

Candidats socialistes ou soutenus par les socialistes : Raymond (1970) **Bernard Madrelle** PS (1976-1982 - 1988-1994),

Canton de BORDEAUX-I

Conseillers généraux : Joseph Brun (1833), Paulet (1846, 1871-1873), Métadier (1874-1887), Auguste Ferret (1887-1896), républicain radical, Olanet (1897-1904), radical, **Adolphe Buscaillet** Soc. révolutionnaires puis SFIO (1904-1919), **Antoine Cayrel** SFIO (1922-

1939), **Jean Costedoat** SFIO (1945-1951), Richards (1951-1964), **André Treuillé** SFIO (1964-1973), **Marc Boeuf** PS (1973-1976 - 1985 – 1992), **Ghyslaine Boeuf** PS (depuis nov. 93), **Philippe Dorthe** candidat PS (partielle, décembre 1999).

Canton de BORDEAUX-II

Conseillers généraux : Wustenberg, Montagut, David Raynal (1871-1880), député, sénateur, ministre de l'Intérieur, républicain, Jean-Victor Larrey, Plumeau, Edouard Bertin (1895-1914), Glotin (1922-1934), Emile Henriot (1934-1939), Jules Ramarony (1945-1948), M. Casteran (1948-1956), Armand Faulat, maire de Caudéran (1956-1961), Williams Lacoste (1961-1974), Simone Noailles, RPR, (1974-1992), Chantal Bourragué, RPR, (depuis 1992).

Candidats socialistes ou soutenus par les socialistes : Jean-Georges Fumé (1973), Antoine Lachaize (1979, 1985), Bertrand Planté (1992), Philippe Dorthe (1998).

CANTON DE BORDEAUX-III

Conseillers généraux : Th. ducos (1833-1846), Emile Fourcand (1871-1880), président du Conseil général, sénateur, maire de Bordeaux, Emile Counord (1880-1892), **Charles Bernard** (1892-1898), socialiste, député, Georges Périé (1898...), Doumeng (1920), Toulet (1928-1934), Monier (1934-1939), **Bertrand Pinsolle** SFIO (1945-1941), M. FLeuret (1951-1956), Raymond Moynet (1956-1980), Hugues Martin (depuis 1980), RPR.

Candidats socialistes ou soutenus par les socialistes : Hourceau (1970), Christian Danthez (1976), Philippe Rouyer (p 1979), Jean Huguet (PS, 1982), Laurence Eberhard-Harribey (1988), Gilles Savary (1994), Denis Teisseire, « Transcub » (partielle, décembre 1999).

Canton de BORDEAUX-IV

Conseillers généraux : Raoul (1833-1840), Bernard Devez (1840-1848), Ravez (1848-1849), J.-B. Tandonnet (1849-1852), Denis Puydebat (1852-1867), Duprada (1867-1869), Michel Laporte (1871-1883), Daniel Mérillon (1833-1889), républicain, Frédéric Gruet (1889-1895), député, Emile Couturier (1895-1907), Alphonse Dupeux (1907), radical, Jean Boyer (1919-1925), **Georges Lasserre** SFIO puis néo-socialiste (1925), **Edmond Costedoat** SFIO (1937-1939), **P.E. Guillet** SFIO (1945-1948), Jacques Lavigne (1948-1967), UNR, député, **Marcel Thomas** SFIO (1967-1979), Jacques Valade, RPR (1979-1989), sénateur, Stéphane Delaux, RPR, (depuis 1989).

Candidats socialistes ou soutenus par les socialistes : Daniel Tran (1973, 1976), Christian Danthez (1982), Gérard Boulanger (1988), Denis Vignolles (p, 1990), Marion Paoletti (1994).

Canton de BORDEAUX-V

Conseillers généraux : Fonfrède (1833-1846), Saugeon (1874-1888), Olagnier (1889-1892), **Camille Cousteau** (1892-1895), socialiste, Bordes (1895-1898), Silmon Peytoureau (1898-1910), Jean-Baptiste Bourbouley (1910-1920), Malet (1920-1934), Rechou (1934-1939), **André Treuillé** (1945-1951), Grondeau (1951-1988), Henri Pons (depuis 1988).

Candidats socialistes ou soutenus par les socialistes : Claude Jaumouillié (1970), Joëlle Dusseau (1976), Claude Clément (1982), Étienne Parin (1988, 1994).

Canton de BORDEAUX-VI

Conseillers généraux : Portal (1834-1840), Pierre Delboy (1871-1913), **Jean Saint-Germain**, SFIO (1913-1919), Pradet (1919-1922), **Pinèdre** (1922-1937), **André Meunier dit Mureine**, SFIO (1937-1939), René Duhourquet PCF (1945-1948), M. Costes (1948-1956), René Duhourquet PCF (1956-1961), Pierre Pineau (1961-1967), Claude Scipion, PCF (1967-1973), **Pierre Biondini** PS (1973-1985), J.-C. Baran (1985-1998), **Jacques Respaud**, PS (depuis 1998).

Candidats socialistes ou soutenus par les socialistes : Pierre Biondini (1973-1979) Pierre Biondini (1985), Jacques Respaud (1992), Jacques Respaud (1998).

Canton de BORDEAUX-VII

Conseillers généraux : Marius Faget (1888-1892), républicain modéré, Honoré Picon (1892-1893), Chabrely (1893-1895), républicain, Gérard Chabrely (1895-1898), **Calixte Camelle**, guesdiste puis SFIO (1898-1923), **Adrien Marquet**, SFIO puis néo-socialiste, maire de Bordeaux (1924-1939), **Fernand Audeguil** SFIO, maire de Bordeaux, président du Conseil général (1945-1951), M. Goussebaire (1951-1965), **Pierre Mora** (1965-1976), **Pierre Castets** (1976-1982), **Daniel Jault**, PS (depuis 1982).

Candidats socialistes ou soutenus par les socialistes : Pierre Mora (Sfio, 1965-1970), Pierre Castets (1976), Daniel Jault (1982-1988 - 1994).

Canton de BORDEAUX-VIII (créé en 1973)

Conseillers généraux : William Lacoste (1974-1985), Jacques Matharan (1985-1998), Pierre Lothaire depuis 1998.

Candidats socialistes ou soutenus par les socialistes : Jean Saclier (1974, 1979), François-Xavier Bordeaux (1985), Jacques Lahon (1992), Béatrice Desaigues (1998).

Canton de BOURG-SUR-GIRONDE

Conseillers généraux : Eugène-Bernard Dupouy (1871-1889), républicain conservateur, sénateur, président du Conseil général, Théophile Goujon (1889-1901), maire de Bourg, député, Cailleure (1901-1907), Roger Chanu Laffitte (1907-1908), André Abadie (1908-1939), républicain de gauche, Pessonnier (1939), Louis Régnier (1945-1967), Etienne Lucas (1967-1979), **Claude Broy**, PS, (depuis 1979).

Candidats socialistes ou soutenus par les socialistes : Souilhe (1973), Claude Broy (1979-1985 - 1992-1998).

Canton du BOUSCAT-BRUGES (créé en 1974)

Conseillers généraux : **André Treuillé**, PS, (1974-1982), Henri Vibert, (1982-1988), **Joëlle Dusseau** PS (1988-1994), Dominique Vincent (depuis 1994).

Candidats socialistes ou soutenus par les socialistes : André Treuillé, Pierre Lalumière (1982), Joëlle Dusseau (1988), Alain Anziani (p, nov.1993, 1994).

Canton de BRANNE

Conseillers généraux : Jean David (1853-1859), Chicou-Lamy (1877-1882, bonapartiste, Alfred Esquissaud (1883-1887), maire de Branne, bonapartiste, Jean Rivière (1889-1907), maire de Saint-Germain-du-Puch, républicain, Gaston Antoine (1907-1920), Large (1922-1934), Emmanuel Roy (1934-1939 et 1945-1962), député, Yves Chatelard (1962-1973), maire de Romagne, **Jean-Paul Fossat**, PS, (1973-1998), maire de Nérigean, **Christian Mur**, PS, (depuis 1998), maire Saint-Quentin-de-baron.

Candidats socialistes ou soutenus par les socialistes : Jean-Paul Fossat (1973-1979 - 1985-1992), Christian Mur (1998).

Canton de CADILLAC

Conseillers généraux : Joseph Dupuy (1871-1877), républicain, Dezeimeris (1878-1888), maire de Loupiac, Georges Cazeau Cazalet (1899-1911), maire de Cadillac, républicain de gauche, Camille Mathelot (1911), maire de Cadillac, Capus (1920-1934), Cousseau (1934-1939), Jean David (1945-1955), Jean Caussil, maire de Cadillac, (1955-1967), Pompadou (1967-1979), **Bernard Callen** (1979-1985), J.-J. Dumas (depuis 1985).

Candidats socialistes ou soutenus par les socialistes : Bernard Callen (1973), Bernard Callen (1979), Jean-Henri Laffont (1985), Régis Durand (1992), Hervé de Gabory (PRG, 1998).

Canton de CAPTIEUX

Conseillers généraux : Alexandre Léon (1857-1877), républicain modéré, Armand Behic (1877-1880), Alexandre Léon (1880-1886), Aurélien de Sèze (1886-1887), légitimiste, Alexandre Léon (1887-1891), Aurélien de Sèze (1891-1895), Edmond Halphen (1895-1907), républicain, Abel Joret (1907-1928), maire de Captieux, républicain de gauche, Dussillol 1928-1939, **Henri Corbeil**, maire de Captieux, SFIO (1945-1960), Caillaud (1960-1967), Jean-Roger Brèthes, sans étiquette, (1967-1973), **Jean Sango** (1973-1990), **Marc Lalanne** (depuis janvier 1990).

Candidats socialistes ou soutenus par les socialistes : Jean Sango (1973-1979 – 1985), Marc Lalanne (p, Janv.1990-1992 - 1998).

Canton de CARBON-BLANC

Conseillers généraux : Frédéric Lesnier (1871-1883), républicain, Georges Chaigneau (1883-1886), républicain, maire de Floirac, Henri Savariaud (1886-1891), républicain, Edouard Eymond (1891-1904), député, républicain, Charles Bénard (1904-1913), républicain de gauche, Alfred Pousson (1914-1925), maire de Sainte-Eulalie, républicain de gauche, **Lassauguette** (1925-1934), **Gaston Cabannes** SFIO (1934-1939 et 1945-1951), maire de Floirac, député, **René Cassagne** (1951-1968), maire de Cenon, député, **Philippe Madrelle** (depuis 1968), maire de Carbon-Blanc, député, sénateur.

Canton de CASTELNAU-DU-MÉDOC

Conseillers généraux : du Périer de Larsan (1841-1847), Félix Clauzel (1867-1877), Camille Lanoire (1877-1904), Romain Videau (1904-1907), député, maire de Castelnau, républicain de gauche, Louis de La Tremoille (1907-1919), député, maire de Margaux, du Peyrier, Dr J. Seynat (1945-1955), A. Dartigues (1955-1979), **Y. Lecaudey** ADD, puis DVG, (1979-1992), M. Lescoutra, **Y. Lecaudey** PS, (depuis 1998).

Candidats socialistes ou soutenus par les socialistes : André Dartigues (MRG, 1973), Claude Jaumouillié (1979, p avril 80), Jacques Martinet (1985), Yves Lecaudey (ADD, 1992), Yves Lecaudey (1998).

Canton de CASTILLON-LA-BATAILLE

Conseillers généraux : Musset (1870-1874), républicain, Louis Aymen (1874-1886), maire de Castillon, Edouard Troplong (1886-1892), bonapartiste, maire de Combes, Musset (1892-1893), Léon Gagnard (1893-1907), maire de Castillon, républicain, Louis Petit (1910), maire de Castillon, républicain de gauche, Reynaud (1920), Viarnaud (1922-1928), Arnaud (1928-1934), Gergouil (1934-1939), **Robert Guichard**, SFIO (1945-1970), maire de Castillon, Jacques Boyer-Andrivet (1970-1990), sénateur, maire de Castillon, Daniel Thibeau (1990-1993), maire de Sainte-Colombe, **Guy Marty**, PS, (depuis 1994), maire de Sainte-Terre.

Candidats socialistes ou soutenus par les socialistes : Michel Jouanno (1976-1982 - 1988), Guy Marty (1988 - p 1990), Guy Marty (1994).

Canton de CENON (créé en 1974)

Conseillers généraux : **René Bonnac** PS (1974-1992), **Pierre Garmendia** PS, (1992-1998), **Alain David**, PS, (depuis 1998).

Canton de COUTRAS

Conseillers généraux : Jean Baptiste dit Ernest Lalanne (1867-1880), républicain, député, maire de Coutras, Caussade (1880-1898), radical, Dulaurier (1898-1904), maire de Saint-Antoine-de-l'Isle, Ernest Barraud (1904-1939), président du Conseil général, maire de Coutras, **Jean-Elien Jambon**, PS, (1945-1994), maire de Coutras, **Pierre Barrau**, PS, (depuis 1994), maire de Porchères.

Candidats socialistes ou soutenus par les socialistes : Jean-Elien Jambon (PS, puis Dg), (1947-1970 - 1976), Michel Rateau (1982), Jean-Elien Jambon (1988), Pierre Barrau (1994).

Canton de CRÉON

Conseillers généraux : Gras (1871-1880), Albert Decrais (1880-1886), député, sénateur, ancien préfet de la Gironde, républicain, comte de La Chassaigne (1886-1887), maire de Baurech, Durat (1887-1888), maire de Quinsac, Jean Laffargue (1907-1912), maire de Latresnes, Jacques Casanouve-Soule (1912-1928), républicain de gauche, Labroue (1928-1934), Fauché (1934-1939), **Marc Mouline**, SFIO (1945-1964), Michel Bastiat (1964-1980), **Guy Trupin** PS, (depuis 1980).

Candidats socialistes ou soutenus par les socialistes : Michel Bastiat (DG, 1970-1976), - Guy Trupin, (p, mars.1980-1982 - 1988-1994).

Canton de FLOIRAC (créé en 1982)
Conseillers généraux : **Jean Darriet** PS, (1982-1992), J.-C. Thomilla (1992-1998), J.-P. Soubie (depuis 1998).
Candidats socialistes ou soutenus par les socialistes : Jean Darriet (1982-1985), Jean Darriet (1992), Pierre Garmendia (1998).

Canton de FRONSAC
Conseillers généraux : Eugène Lacaze (1851-1880), bonapartiste, maire de Lugon, Elie Guénon (1880-1886), républicain, maire de Fronsac, Raymond Chaperon (1886-1892), bonapartiste, Boiteau (1892-1904), républicain, Edouard Eymond (1904), républicain, député, maire de Lugon, Maxime Teyssandier (1930-1939, puis 1945-1974), maire de Lugon, Henri Dubos (1974-1988), maire de Fronsac, **Michel Frouin** PS, (depuis 1988), maire de Lugon.
Candidats socialistes ou soutenus par les socialistes : Michel Frouin (1976), André Lartigue (1982), Michel Frouin (1988-1994);

Canton de GRADIGNAN (créé en 1982)
Conseillers généraux : Pierre Ducout (depuis 1982).

Canton de GRIGNOLS
Conseillers généraux : Bagot (1800), Mathieu Faugeres (1867-1885), bonapartiste, maire de Grignols, marquis de Ponteves Sabran (1886-1892), légitimiste, Dutrenit (1892-1898), républicain modéré, Mothes Morin (1898-1900), Georges Ferrand (1900), républicain de gauche, Blanchard (1922-1939), **Jacques Gauthier** (1945-1960), Pierre Darcos (1960-1970), Henri Magescas, maire de Grignols (1970-1976), Pierre Espagnet (1976-1994), **Yvon Le Yondre** PS, (depuis 1994).
Candidats socialistes ou soutenus par les socialistes : Rambaud (1976), Jacques Mothes (1982), Jean-Pierre Jean (1988), Yvon Le Yondre (1994).

Canton de GUÎTRES
Conseillers généraux : Hovyn de Tranchère (1848-1851), Emile Morange (1852-1864), duc Amanieu Decazes (1864-1877), orléaniste, député, Louis Obissier Saint-Martin, (1877-1878), républicain, député, sénateur, Edmond Lapeyre (1878-1888), Jean Defarges (1888-1889), monarchiste, Etienne Barbe (1889-1907), républicain, maire de Saint-Denis-de-Pile, Jean-Jacques Gueydon (1907), radical maire de Lagorce, Musset (1920), Fernand Sansuc (1938-1939 puis 1945-1956), maire de Saint-Denis-de-Pile, Marc Duhard (1956-1974), Gérard Bertet (1974-1979), Jean-Claude Bireau (1979-1998), RPR, député, **Alain Marois,** PS, (depuis 1998), maire de Saint-Denis-de-Pile.
Candidats socialistes ou soutenus par les socialistes : Aubain (1973), Michel Carrère (1979), Francis Schwarz (1985), Alain Marois (1992), Alain Marois (1998).

Canton de LA BRÈDE
Conseillers généraux : Des Grottes (1871-1888), légitimiste, Gaston Montesquieu (1888-1907), maire de La Brède, Marcel Vayssière (1907-1922), sénateur, maire de Martillac, Cante (1922-1939), Henri Doublet

(1945-1961), UDR, maire de Beautiran, Hubert Lagoueyte (1961-1998), **Bernard Fath** PS, (depuis 1998), maire de Léognan.

Candidats socialistes ou soutenus par les socialistes : Valade (1973), Claude Jouve (1979), Kléber Haye (1985), Gilles Pezat (1992), Bernard Fath (1998).

Canton de LANGON

Conseillers généraux : Derancy, Jean-Pierre Théry (1871-1874), républicain, maire de Langon, baron Jérôme David (1874-1880), bonapartiste, député, Jean-Pierre Théry (1880-1886), Louis Lamothe (1886-1892), maire de Roaillan, Louis Fabre (1892-1898), Armand Papon (1899-1904), Louis Fabre (1904), Louis Langlois (1932-1939, puis 1945-1964), **Jean-Louis Langlois** (1964-1982), **Charles Vérité** PS, (1982-1999), maire de Langon.

Candidats socialistes ou soutenus par les socialistes : Jean-Louis Langlois (PS, 1970-1976), Charles Vérité (PS 1982-1988 -1994), Philippe Plagnol (partielles, décembre 1999).

Canton de LESPARRE

Conseillers généraux : ducasse, Lynch, Mandavy, Ulysse Clauzet (1874-1880), bonapartiste, député, Gasqueton (1882-1886), bonapartiste, Eugène Coiffard (1886-1892), Etienne Jeanty (1892-1898), républicain, maire de Blaignan, François Alibert (1898-1904), nationaliste, maire de Queyrac, Ferdinand Lartigue (1904-1906), républicain de gauche, Edouard Lenourichel (1906), progressiste, Georges Mandel (1920-1939), président du Conseil général, ministre, Emile Liquard (1945-1964), Norbert Andron, maire de Lesparre, (1964-1982), **Bernard Prévot** PS, (depuis 1982), maire de Lesparre.

Candidats socialistes ou soutenus par les socialistes : Gasqueton (1976), Bernard Prévot PS, (1982-1988 -1994).

Canton de LIBOURNE

Conseillers généraux : Durand Lagrangère, Michel Decazes, Augustin Coriton (1801), Charles Durège de Ribebon (1816-1830), Léonard de Vassal, Gaston Lacaze, Desaygnes de Sales, Jean Louis Guimard, Jean David (1839-1847), Emile Morange (1847-1848), Simon Boutin (1848-1852), H. Danglade (1852-1870), E. Morange (1870-1871), Jacques Lataste (1871-1883), républicain, maire de Libourne, Abel Surchamp (1883-1895), républicain, maire de Libourne, député, L. Durand Degrange (1895-1907), républicain, maire de Libourne, Pierre-Jules Lataste (1907-1913), radical, Gabriel Combrouze (1913-1931), maire de Saint-Emilion, républicain de gauche, **Jean Bernadet** SFIO (1945-1949), maire de Libourne, M. Boireau (1949-1955), maire de Libourne, **J. Bernadet** SFIO (1955-1979), André Teurlay (1979-1998)**, Pierre Bernard** PS, (depuis 1998).

Candidats socialistes ou soutenus par les socialistes : Jean Bernadet (1967-1973), Pierre Bernard (1979), Guy Lamaud (1985), Michel Galand (1992), Pierre Bernard (1998).

Canton de LORMONT

Conseillers généraux : **Maurice Belleaud** (1982-1988), PS, maire de Lormont, **Jean Touzeau** PS, (depuis 1988), maire de Lormont.

Canton de LUSSAC

Conseillers généraux : Combret (1846), Poitou (1874-1898), républicain, Joseph Petit (1898-1939), républicain, maire de Lussac, Marceau Dupuy (1945-1970), radical, maire de Puisseguin, Bertrand des Garets (1970-1976), maire de Saint-Médard-de-Guizières, député, **Georges Delord** (1976-1982), Jean Trocard (depuis 1982).

Candidats socialistes ou soutenus par les socialistes : Georges Delord (1976), Georges Delord (1982), Patrick Nivet (1988), Patrick Nivet MDC (1994).

Canton de MKRIGNAC créé en 1951, divisé en 1982

Conseillers généraux : **Robert Brettes** PS (1951-1975), maire de Mérignac, député, sénateur, **Michel Sainte-Marie** PS (1975-1982), maire de Mérignac, député.

Canton de MÉRIGNAC-I

Conseillers généraux : **Marcelle Amouroux** PS (1982-1988), **Bernard Garandeau** PS (depuis 1988).

Canton de MÉRIGNAC-II

Conseillers généraux : **Michel Férillot** PS (1982-1985), Pierre Favre (1985-1998), **Jacques Fergeau** PS (depuis 1998).

Candidats socialistes ou soutenus par les socialistes : Michel Férillot (1982), Michel Férillot (1985), Jean-Michel Tavart (1992), Jacques Fergeau (1998).

Canton de MONSÉGUR

Conseillers généraux : Joseph Laroze, François Baysselance (1848-1852), Fabien Guerre (1852-1866), Henri Issartier (1866-1877), républicain, maire de Monségur, sénateur, Robert Mitchell (1877-1889), député, bonapartiste, Léon Laroze (1889-1907), républicain, maire de Saint-Martin-de-Lerm, Auguste Borderie (1907-1925), Léon Arbouin (1925-1937), André Pellet (1937-1939, puis 1945-1951), Pierre Martaut, maire de Monségur, (1951-1963), Armand Gaillard (1963-1967), Yves Renard, maire de Monségur, (1967-1973), **Robert-Étienne Servant**, maire de Monségur, PS (1973-1979), **Bernard Dussaut** PS, maire de Monségur, sénateur, (depuis 1979).

Canton de PAUILLAC

Conseillers généraux : Maurice Casteja (1863-1884), bonapartiste, Eugène Casteja (1884-1912), monarchiste, Jean Casteja (1912), Teyssier (1922-1934), Jean Odin (1934-1939), sénateur, Alban Duphil (1945-1948), Ferrand (1948-1956), André Cazes, maire de Pauillac, (1956-1992), Louis Senillon (1992-1998), **Sébastien Hournau PS**, (depuis 1998).

Candidats socialistes ou soutenus par les socialistes : Marcel Soulier (1973-1979), Jean-Antoine Faure (1985), Christian Ollier (1992), Sébastien Hournau (1998).

Canton de PELLEGRUE
Conseillers généraux : Largeteau, Gustave Chaix d'Estange (1880), bonapartiste, député, Pierre Deynaud (1880-1898), bonapartiste, maire de Pellegrue, Daniel Rol (1898-1910), républicain de gauche, maire de Pellegrue, Léopold Duthil (1910), Lagune (1922-1928), Duthil (1929-1939), Pierre Chanut (1945-1951), Pebeyre (1951-1960), Georges Faure, maire de Pellegrue, (1960-1974), Goudard DG, (1974-1985), Guy Riffaud (depuis 1985).
Candidats socialistes ou soutenus par les socialistes : André Goudard DG (1970-1976), Alain Pimouguet (1982), André Goudard Un. Prog (1988), Daniel Birot (1994).

Canton de PESSAC-MÉRIGNAC
Conseillers généraux : Ferndinand Clouzet (1846-1898), maire de Pessac, républicain modéré, Ranie (1898-1904), maire de Mérignac, Julien Ducourt (1904), Saufrignon (1929-1939), maire de Mérignac, **Robert Brettes** (1945-1951), maire de Mérignac, sénateur, député, Alphonse-Bertrand Lafont (1951-1964), maire de Cestas, radical-socialiste, J.C. Dalbos (1964-1976), maire de Pessac, UNRD, **Alain Sautereau**, PS, (1976-1982).
Candidats socialistes ou soutenus par les socialistes : Antich (1970), Alain Sautereau (1976).

Canton de PESSAC-I (créé en 1982)
Conseillers généraux : J.C. Dalbos (1982-1992), RPR, **Pierre Auger** PS, (depuis 1992).
Candidats socialistes ou soutenus par les socialistes : André Pujol (1982), Alain Rousset (1985), Pierre Auger (1992-1998).

Canton de PESSAC-II (créé en 1982)
Conseillers généraux : Robert Sicre (1982-1988), **Alain Rousset** PS (1988-1998), **Jean-Jacques Benoît** PS (depuis l'élection partielle de 1998).
Candidats socialistes ou soutenus par les socialistes : Alain Sautereau (1982), Alain Rousset (1988-1994), Jean-Jacques Benoît (partielles, juin 98).

Canton de PODENSAC
Conseillers généraux : Leblanc Nouguès, Lur Saluces (1863-1873), Ribet (1874-1884), Barreyre (1884-1898), radical, comte Pierre de Lur-Saluces (1898-1910), républicain, Jean-Pierre Compans (1910-1928), maire de Podensac, Lafitte (1928-1934), Moreau (1934-1939), Gabriel Reynal (1945-1951), Elichondo (1951-1954), Jacques Lillet (1954-1970), **Pierre Lagorce** PS (1970-1982), maire de Langon, Philippe Dubourg (depuis 1982), maire de Podensac, RPR.
Candidats socialistes ou soutenus par les socialistes : Pierre Lagorce, PS (1970-1976), Jean-Pierre Manceau (1982), Pierre Biondini (1988), Etienne Dupin (DG, 1994).

Canton de PUJOLS-SUR-DORDOGNE
Conseillers généraux : Ernest Pascal (1877-1883), bonapartiste,

Dupuy (1883-1887), républicain, du Foussat (1887-1895), royaliste, maire de Bossugan, Laffon (1895-1898), républicain, maire de Rauzan, Louis Coustou (1898), républicain, Théodore Steeg (1925-1928), sénateur de la Seine, ministre, président du Conseil, **Valentin Maurin** (1928-1939), Marcel Plante (1945-1973), Gérard César (depuis 1973), maire de Rauzan, sénateur.

Candidats socialistes ou soutenus par les socialistes : M. Plante (1967), Lapeyronie (1973), Jean-Pierre Granger (1979), Jean-Claude Gachinard (1985), Michel Bordier (DG, 1992), Raymond Farré (1998).

Canton de LA RÉOLE

Conseillers généraux : César Faucher, Jean-Camille Braylens (1874-1878), républicain, Charles Dumoulin (1978-1886), Armand Boutaricq (1886-1904), Gabriel Chaigne (1904-1910), républicain de gauche, Léonce Grangey (1910-1912), Georges Chaigne (1912-1915), député, républicain de gauche, Chaigne (1939), Jean Sourbet (1945-1962), ancien ministre, Jean Delsol (1962-1976), ancien maire de La Réole, Jean Pauly, PCF (depuis 1976).

Candidats socialistes ou soutenus par les socialistes : Rabot (1976), Max Jautard (1982), Michel Cazeaux (1988), Josiane Marrassé (1994).

Canton de SAINT-ANDRÉ-DE-CUBZAC

Conseillers généraux : Laurent Courau, Laussade (1871-1874), républicain, Henri-Hubert Delisle (1874-1882), bonapartiste, sénateur, Jean-Michel Castanet (1882-1886), Paul Levraud (1886-1892), bonapartiste, Jean Quancart (1892), maire de Pineuilh, républicain modéré, Bardeau (1922-1934), Pioceau 1934-1939, **Henri Étié** (1945-1970), Robert Simon (1970-1976), **Jacques Maugein** PS, (depuis 1976).

Candidats socialistes ou soutenus par les socialistes : Henri Étié (PS, 1970), Jacques Maugein (PS, 1976-1982 - 1988-1994).

Canton de SAINT-CIERS-SUR-GIRONDE

Conseillers généraux : Alcée Frouin (1871-1894), bonapartiste, maire de Saint-Ciers, député, Léopold Doussin, (1894-1913), républicain modéré, maire de Reignac, Georges Perrault (1913-1933), maire d'Étauliers, républicain de gauche, Bourda (1934-1939), Robert Penaud (1956-1979), **Paul Crotte** PS, (1979-1985), maire de Saint-Ciers, Daniel Picotin (1985-1998), UDF, député, maire de Saint-Ciers, **Philippe Plisson** PS, (depuis 1998), maire de Saint-Caprais.

Candidats socialistes ou soutenus par les socialistes : Chaintrier (1973), Paul Crotte (1979, 1985), Philippe Plisson (1992), Philippe Plisson (1998).

Canton de SAINTE-FOY-LA-GRANDE

Conseillers généraux : Jean-Baptiste Borderie (1874-1880), bonapartiste, maire de Sainte-Foy-la-Grande, Dieudonné Brugière (1880-1886), républicain, Aimable Martin (1886-1892), monarchiste, Alfred Sivadon (1892-1904), républicain, maire de Pineuilh, Léonce Chavaroche (1904-1910), Ernest Flageol (1910), maire de Sainte-Foy, républicain, Faucher (1928-1934), **Jean-Raymond Guyon,** SFIO

(1934-1939, puis de 1945 à 1961) maire de Floirac, député, ministre, Joseph Bonnemaison (1961-1976), **Pierre Lart** PS (1976-1988), maire de Sainte-Foy, **Michel Maumont** PS, (1988-1998), maire de Sainte-Foy, Jean-Pierre Chalard (depuis 1998), maire de Pineuilh.

Candidats socialistes ou soutenus par les socialistes : Pierre Lart (PS, 1970), Pierre Lart PS (1976-1982), Michel Maumont (1988), Michel Maumont (1994).

Canton de SAINT-LAURENT-DU-MÉDOC

Conseillers généraux : Joseph Guillot (1871-1877), républicain, Alfred Morange (1877-1889), bonapartiste, maire de Lesparre, Philippe Dupré (1889-1898), comte Charles de Luetkens (1898-1901), Petot (1901-1907), comte Henri de Périer de Larsan (1907-1908), député, républicain de gauche, Adrien Mothes (1908), maire de Saint-Laurent, Kappelhoff (1919-1922), Mothes (1922-1934), Henri Destouesse, PRS, maire de Saint-Laurent, (1934-1939 puis 1945-1961), Aymard Achille-Fould (1961-1986), ancien ministre, Michel Faure (depuis 1986).

Candidats socialistes ou soutenus par les socialistes : Sempey (1973), Albert Mazar (1979), Christian Dupouy (1985), Jack Costes (1992), André-Roger Brousse MRG (1998).

Canton de SAINT-MACAIRE

Conseillers généraux : Etienne Ferbos (1885), maire de Saint-Macaire, républicain modéré, Adrien Jullidière (1885-1889) maire de Saint-Germain-des-Graves, Alexandre Laveau (1889-1895), Adrien Jullidière (1895), Pujols, Gueyrens, Jean Thomas (1945-1948), Roger Paule (1948-1968), Jean-François Poutays, maire de Saint-Macaire, (1968-1979), Jean Lafourcade, PCF, (1979-1998), Michel Hilaire PCF, (depuis 1998).

Candidats socialistes ou soutenus par les socialistes : Hart (1973), Jack Cadi (1979), Jean-Marie Billa (1985, 1992), Jean-Marie Billa (MDC, 1998).

Canton de SAINT-MÉDARD-EN-JALLES (créé en 1982)

Conseillers généraux : Georges Meyniac (1982-1988), **Serge Lamaison** PS (depuis 1988).

Candidats socialistes ou soutenus par les socialistes : Roger Dulout (1982), Serge Lamaison (1988-1994).

Canton de SAINT-SAVIN-DE-BLAYE

Conseillers généraux : Faure Saint Hubert, Pierre Chausse (1871-1874), maire de Saint-Savin, Jean-Baptiste Dufaure (1874-1875), Ernest Dreolle (1876-1887), député, bonapartiste, baron Eugène de Brezetz (1887-1892), bonapartiste, Albert Page (1892-1919), républicain, maire de Saint-Androny, Vincent (1922-1934), Céleste Berteaud (1934-1939 puis de 1945 à 1961), Armand Guindron (1961-1968), Alain Guirriec (1969-1988), **Alain Renard** PS, (depuis 1988), maire de Saint-Savin.

Candidats socialistes ou soutenus par les socialistes : Rousset (1976), Jacques Cottreau (1982), Alain Renard (DG, 1988 puis PS, 1994).

Canton de SAINT-SYMPHORIEN

Conseillers généraux : Jules Lapeyre (1848-1871), maire de Saint-Symphorien, Numa Callen (1871-1883) sénateur, Dupart (1883-1888), Joseph Callen (1895-1925), maire de Saint-Symphorien, président du Conseil général, de Groc (1928), Dubernet, Lacoste (1934-1939), Marcel Coquet (1945-1948), Flament (1948-1961), maire de Saint-Symphorien, **André Henriot** (1961-1979), maire de Saint-Symphorien, **Gérard Lagors** PS, (1979-1998), maire de Saint-Symphorien, **Guy Dupiol**, PS (depuis 1998), maire de Saint-Symphorien.

Candidats socialistes ou soutenus par les socialistes : André Henriot (1961-1979), Gérard Lagors (1979-1985 - 1992), Guy Dupiol (1998).

Canton de SAINT-VIVIEN-DU-MÉDOC

Conseillers généraux : Delhomme (1874-1880), républicain, Goudineau (1880-1898), radical, comte Joseph Lahens (1898-1910), Félix Ménard (1910-1914), républicain de gauche, maire de Soulac, député, Boymier (1920-1928), Guilhem (1928-1939), Georges Poirier (1945-1958), maire du Verdon, Guy Lartigue (1958-1964), maire de Grayan-et-l'Hopital, Jean-François Pintat (1964-1976), sénateur, député, maire de Soulac, **Dr Jacques Noël** PS, (1976-1988), maire de Saint-Vivien, Xavier Pintat (depuis 1988), député, maire de Soulac.

Candidats socialistes ou soutenus par les socialistes : Faux (1970), Jacques Noël PS, (1976-1982), Jacques Noël (1988), Pierre Le Pezennec DG, (1994).

Canton de SAUVETERRE-DE-GUYENNE

Conseillers généraux : Bignon Belleassise (1800), Cournuaud, Eugène Thounens (1871-1877), Icard (1877-1883), bonapartiste, Albert Thounens (1883-1919), républicain, sénateur, président du Conseil général, maire de Coirac, Serizier (1920-1925), **Armand Birolet,** SFIO (1925-1939), puis (1945-1955), Robert Barrière, ind. et paysans, maire de Sauveterre, (1955-1975), **Volny Favory** PS (1975-1985), Francis Naboulet (depuis 1985).

Candidats socialistes ou soutenus par les socialistes : Volny Favory (1967, 1970), Volny Favory (p, mars 1975, 1979-1985), Pierre Lhomme (1992), Pierre Teulet (1998);

Canton de TALENCE (créé en 1967)

Conseillers généraux : **Marcel Thomas** SFIO (1967-1979), **Yves Buffet** PS, (1979-1985), Alain Cazabonne (1985-1998), **Yves Buffet** PS, (depuis 1998).

Candidats socialistes ou soutenus par les socialistes : Marcel Thomas (1967-1973), Yves Buffet (1979), Yves Buffet (1985), François Joly (1992), Yves Buffet (1998).

Canton de TARGON

Conseillers généraux : baron du Boscq, (1852-1890), légitimiste, Jean Louis Domec (1890-1910), maire d'Arbis, républicain, Louis Faget (1910-1913), républicain, maire de Targon, Théophile Saric (1913-1920), progressite, Faget (1922-1934), Pierre Deloubis (1934-1939),

Jean Lacampagne (1945-1951), Henri Deloubis (1964-1993), **Alain Leveau** PS, (depuis 1993).

Candidats socialistes ou soutenus par les socialistes : Jean Claude Rousset (1970-1976 - 1982-1988), Alain Leveau (PS, 1994).

Canton de LA TESTE-DE-BUCH

Conseillers généraux : Turgan (1800), Sauvage (1833), Lalesque (1846), Dumora (1849-1855), Ange duchesne (1855-1864), Rhone Pereire (1864-1871), Lalesque (1871-1874), Léon Lesca (1874-1898) républicain modéré, Veyrier-Montagnères (1898-1904), monarchiste, maire d'Arcachon, Pierre Dignac (1904-1940), maire de La Teste, député, républicain de gauche, Charles Martin (1945-1951), Jean-Louis Bezian (1951-1964), maire de Gujan, Aristide Ichard, (1964-1976), Michel Bezian (1976-1982), Fouilhac (1982-1988), maire de Gujan, Fouilhac (1982-1988), **René Serrano** PS, (depuis 1988).

Candidats socialistes ou soutenus par les socialistes : Dufaure (1970), Paul Euloge (1976), Kléber Haye (1982), René Serrano (1988-1994).

Canton de VILLANDRAUT

Conseillers généraux : marquis de Ponteves Sabran (1871-1883), légitimiste, Edouard Fontans (1883-1887), Léopold Lalanne (1888-1889), bonapartiste, maire de Préchac, Anatole Flous (1893-1896), républicain modéré, Maurice Bentejac (1896-1919), maire de Villandraut, Raymond Bentejac (1919-1940), **Jean Bordessoules** PS, (1945-1973), **Georges Belouard** PS, maire de Préchac, (1973-1979), Lestage (1979-1985), **Gilbert Cardouat** PS, maire de Préchac, (1985-1998), **Jean Péringuey** PS, (depuis 1998).

Candidats socialistes ou soutenus par les socialistes : Jean Bordessoules (1964), Georges Belouard (1973-1979), Georges Belouard (1979), Gilbert Cardouat (1985-1992), Jean Péringuey (1998).

Canton de VILLENAVE-D'ORNON

Conseillers généraux : **Claude Barande** PS, (1974-1989), maire de Villenave, **Silvère Dutil** PS, (depuis 1989).

SIGLES

AD	Archives départementales de la Gironde
CERES	Centre d'études et de recherche socialiste (Chevènement)
CIR	Convention des institutions républicaines
CNIP	Centre national des indépendants et paysans
CUB	Communauté urbaine de Bordeaux
FGDS	Fédération de la gauche démocratique et socialiste
FN	Front national
FTS	Fédération des travailleurs socialistes (P. Brousse, réformiste)
MRD	Mouvement républicain populaire
MRG	Mouvement des radicaux de gauche (cf PRG)
MRP	Mouvement républicain populaire
OURS	Office universitaire de recherches socialistes
PCF	Parti communiste français
PDM	Progrès et démocratie moderne (centre)
PNS	Parti néo-socialiste (scission PSF, Marquet)
POF	Parti ouvrier français (Guesde)
PRG	Parti radical de gauche (cf MRG)
PRL	Parti républicain de la liberté
PSA	Parti socialiste autonome
PSF	Parti socialiste de France (Déat, Marquet)
PSOR	Parti socialiste ouvrier révolutionnaire (Alleman, scission du FTS)
PSU	Parti socialiste unifié
PS	Parti socialiste
RAD	Républicain d'action démocratique
RGR	Rassemblement des gardes républicains
RPF	Rassemblement du peuple français (gaulliste)
RRS	Radicaux-radicaux socialistes
SFIO	Section française de l'Internationale socialistes
SFIC	Section française de l'Internationale communiste (futur PCF)
UDR	Union pour la défense de la République
UDSR	Union démocratique et socialiste de la Résistance
UNR	Union pour la nouvelle République
URR	Union républicaine et résistante
USR	Union socialiste et républicaine (scission PCF, Lafaye)
RS	Républicains socialistes

ANNEXE 3

BIBLIOGRAPHIE

I - Dictionnaires historiques

BONHOMME Eric et autres, *Députés et sénateurs de l'Aquitaine sous la IIIe République*, Éd. de la Maison des sciences de l'homme d'Aquitaine, 1995.

Dictionnaire des parlementaires français 1884 à 1940, Éd. Bourloton, 1891.

Dictionnaire des parlementaires d'Aquitaine sous la IIIe République, Sylvie GUILLAUME et Bernard LACHAISE, PUF, 1998.

Dictionnaire des parlementaires français 1940 à 1958, Éd. Documentation française, 1988.

Dictionnaire des parlementaires français 1958, PUF, 1963.

Dictionnaire historique de la vie politique française au XXe siècle, sous la direction de J.F. SIRINELLI, PUF, 1980.

MAITRON Jean et autres, *Dictionnaire biographique du mouvement ouvrier français*, Éd. ouvrières, 1964.

Personnel politique français 1870-1988, PUF, 1989.

II - Ouvrages généraux sur la Gironde

AMOUROUX Henri, SANDERICHIN Pierre, l'équipe de SUD OUEST, *La bataille de Bordeaux*, Fayard, 1970.

BONIN Hubert, GUILLAUME Sylvie, LACHAISE Bernard, *Bordeaux et la Gironde pendant la reconstruction 1945-1954*, Éd. de la Maison des sciences de l'homme d'Aquitaine, 1997.

CAPDEVIELLE Christian, *Les Élections législatives à Bordeaux de 1893 à 1914*, D.E.S., 1966, Bibliothèque de l'institut de l'université de Bordeaux III.

DESGRAVES Louis et DUGOUX Georges (sous la direction de), *Bordeaux au XIXe siècle*, Fédération historique du Sud-Ouest, 1919.

LAJUGIE Joseph (sous la direction de), *Bordeaux au XXe siècle*, Fédération historique du Sud-Ouest, 1971.

GUILLAUME Pierre et autres, *Gaullisme et antigaullisme en Aquitaine*, Presses universitaires de Bordeaux, 1990.

GUILLAUME Pierre et Sylvie, « La vie politique en Aquitaine », *50 ans en Aquitaine (1945-1995)*, L'horizon chimérique, 1995.

Institut régional C.G.T. d'histoire sociale d'Aquitaine, actes du Colloque *« Centenaire de la Confédération générale du travail»*, 1995.

LORMIER Dominique, *Le livre d'or de la résistance dans le Sud-Ouest*, Édition Sud Ouest.

SLITINSKY Michel, « La Résistance girondine », *Les cahiers de la Résistance*, 1970.

SOUBEYROL J., « Les élections législatives à Bordeaux de 1914 à nos jours », *Annales de la Faculté de droit de Bordeaux*, 1957.

TERRASSE René, *Bordeaux 1940-1944*, Perrin, 1993.

TREUILLÉ André, *Bulletin de liaison des conseillers généraux honoraires et anciens conseillers généraux.*

III - Ouvrages généraux sur le socialisme girondin

BERGÈS M., BRANA Pierre, CAVIGNAC Jean. CUQ Yves, DUSSEAU Joëlle., « Les néo-socialistes girondins », *Cahiers de l'I.A.E.S.* n° 7, 1988.

BÉZIAT P., *Essai sur le Parti socialiste en Gironde depuis 1945*, mémoire C.E.R.V.L., IEP, 1958.

BRANA Pierre, CAVIGNAC Jean, CUQ Yves, « Le mouvement ouvrier en Gironde, 1870-1939 », *Cahiers de l'I.A.E.S.* n° 2, 1971.

CHARON Guy, *Le Parti socialiste à Bordeaux sous la IIIe République*, mémoire C.E.R.V.L., IEP, 1962.

COGNIÉ Maurice, *Histoire du mouvement ouvrier à Bordeaux de 1870 à 1917*, D.E.S., Faculté des lettres et sciences humaines de Bordeaux, 1962.

COMPÈRE-MOREL et autres, *Encyclopédie socialiste syndicale et coopérative de l'Internationale ouvrière*, Éd. Quillet, 1921.

DELLU Arnaud, *Le Parti socialiste en Gironde*, 1971-1981, mémoire de maitrîse, Université de Bordeaux III, 1995.

HEINRICH Francis, *René Cassagne*, association « Les amis de René Cassagne », 1993.

HEINRICH Francis, « La Fédération socialiste S.F.I.O. de la Gironde de 1944 à 1948 », *Recherche Socialiste*, n°4, septembre 1998.

LACHAISE Bernard, *Mémoires sous sa direction portant sur les conseillers généraux*, Université de Bordeaux III, (Grégoire Turlotte, 1800-1832, Aude Decoster, 1955-1973, Marine Céline Dessuge 1955-1973, Elsa Lescoumeres, 1955-1973).

LAVOIS Eugénie, *Les Madrelle, une famille politique en Gironde*, mémoire de maîtrise, sous la direction de Bernard Lachaise, 1997-1998, Université de Bordeaux III.

LAURENT Quintin, *La Fédération socialiste de la Gironde, 1914-1924*, mémoire, sous la direction de Mme Sylvie Guillaume, Université de Bordeaux III, 1992.

MOLINA Sandrine, *Michel Sainte-Marie*, Université de Bordeaux III, sous la direction de Mme Sylvie Guillaume et de Pierre Guillaume, 1992-1993.

POATI Paule-Nadine, *La Fédération socialiste en Gironde, 1924-1940*, T.E.R. d'histoire contemporaine, Université de Bordeaux III, 1998-1999 (sous la direction de Bernard LACHAISE).

RABAU-DAUDON Maurice, *La presse socialiste de la Gironde de 1905 à 1971*, thèse de doctorat, C.E.R.V.L., IEP 1978.

IV - Archives et sources internes au Parti socialiste

Archives départementales de la Gironde.

Office Universitaire de Recherche Socialiste, O.U.R.S., correspondance avec la Fédération et autres documents, notamment les cahiers et revues de l'O.U.R.S.
86, rue de Lille, 75007 Paris, (tél. 01 45 55 08 60).

Parti socialiste, Fédération de la Gironde, archives de la Fédération de Gironde du Parti socialiste (*Le Populaire girondin*, *Spécial Responsable*...).

Parti socialiste, Fédération de la Gironde, commission « histoire et mémoire du Parti », Vincent Feltesse, Maurice Rabau-Daudon, 1997, puis Bruno Sibé, 1999.

Sud Ouest, archives.

Achevé d'imprimer
en décembre 1999
à Bordeaux
par l'imprimerie Pleine Page